朱自清 / 著　赵长征 / 注析

【详细注析版】

经典常谈

人民文学出版社

图书在版编目（CIP）数据

经典常谈：详细注析版 / 朱自清著；赵长征注析 .-- 北京：人民文学出版社，2024
（2024.3重印）
　ISBN 978-7-02-018463-7

Ⅰ.①经… Ⅱ.①朱… ②赵… Ⅲ.①社会科学—古籍—介绍—中国 Ⅳ.① Z835

中国国家版本馆 CIP 数据核字（2023）第 244815 号

责任编辑　廉　萍　周方舟
装帧设计　黄云香
责任校对　李　雪
责任印制　张　娜

出版发行　**人民文学出版社**
社　　址　北京市朝内大街166号
邮政编码　100705

印　　刷　三河市鑫金马印装有限公司
经　　销　全国新华书店等

字　　数　213千字
开　　本　710毫米×1000毫米　1/16
印　　张　16　插页3
印　　数　20001—25000
版　　次　2024年1月北京第1版
印　　次　2024年3月第2次印刷

书　　号　978-7-02-018463-7
定　　价　39.80元

如有印装质量问题，请与本社图书销售中心调换。电话：010-65233595

目　次

前　言

朱自清《经典常谈》是一部久负盛名的国学普及著作，但是内容比较简略，知识点比较密集，有一些地方，初学者理解起来还是有些困难。为了帮助大家更好地学习这本书，更好地了解我们的经典，我们编写了这部详细注析版。

本书采用左右对开的版式，右页为《经典常谈》原文，左页为详析文字，方便读者阅读、比对。

我们的解说文字，有如下几种：

一、对《经典常谈》中提到，但是没有仔细解释的古文和知识点，加以比较详细的解说。

二、对《经典常谈》中没有提到，但是比较重要的相关内容，酌情做一些补充。这种补充不会太远离《经典常谈》的原文，不过度地扩展、引申和发挥。

三、《经典常谈》是1942年初版的，有一些学术观点已经过时，或并没有成为学术界普遍接受的主流观点。所以我们也介绍当代新的学术观点，以跟上学术前沿。作者有个别疏忽、错漏之处，我们也加以指出、订正。

另外，古代文献注解很多，歧义纷出，今天的人们对经典也有不同的理解。我们只能选择比较常见的解释，并不能说就是标准答案。

在每个专题之后，我们还增加了"补充参考书目"和"思考题"两项，以帮助大家进一步地学习、思考和研究。我们的目标读者主要是中学师生和初入门的国学爱好者，所以参考书目中，多推荐便于阅读、学习的译注本。

另有一些总括性的参考书，涵盖面比较广，无法列入某一个专题之后，书后另列一个"总参考书目"，供读者选择、参考。

因为水平有限，缺点、错误在所难免，请各位读者和方家不吝指正赐教。

赵长征

2023年2月27日

导　读

　　中国封建时代的教育是以读经为核心的。世世代代的读书人，从童蒙时代开始，就接触"四书五经"，这是他们必须熟悉的功课。直到20世纪初，随着最后一个封建王朝清朝的垮台，教育改革才轰轰烈烈地进行起来。特别是经过新文化运动之后，儒家经典原本至高无上的地位遭到了致命的打击，新式的多学科教育取代了传统的经学教育。然而，这并不意味着可以抛弃对学生进行经典阅读的训练。我国几千年积累的丰厚的文化遗产该怎样来继承，在中小学教育里应该怎样把握经典训练的"度"，就成为了一个人们争论纷纷的问题。在民国时代，曾经有人发起过几次读经的运动，但是都没有成功。也有一些人尝试用浅显的白话来介绍或翻译古代经典，启发人们对经典的学习兴趣，起到了较好的效果。在这一类型的书中，朱自清的《经典常谈》是非常出色的一种，直到今天仍然深受欢迎。

　　《经典常谈》一书，写作时间在1938到1942年间，于1942年出版。当时朱自清在昆明西南联合大学任教。它的写作，是由当时负责统筹中小学国文教科书编写工作的杨振声建议的。编写这类普及传统经典知识的书籍，其思想来源应该是胡适于1923年发起的"整理国故"运动。

　　这本小册子分十三个专题介绍了一些主要的古代经典，分别是：《说文解字》《周易》《尚书》《诗经》"三礼""春秋三传""四书"《战国策》《史记》《汉书》、诸子、辞赋、诗、文。可见书中提及的"经典"，并不仅仅限于儒家的"十三经"，而是取其广义，包括了群经、先秦诸子、几种史书和一些集部。尤其能够表现作者独到眼光的是，书中还介绍了"小学"的代表性著作《说文解字》。这样，《经典常谈》的选材也就覆盖了古代典籍的几大主要门类了。这就让一般的读者能够更多地了解我国古籍的基本情况。朱自清对于经典的把握能力还体现在他对各专题比重的处理上。他对最重要的经部著作做了重点介绍；而集部书则用《辞赋》《诗》《文》三篇统一论述，所以这三篇实际上是具体而微的分体文学史。要在这短短的三篇里把我国诗赋文章的源流叙述清楚，实非易事。所谓"厚积薄发"的功夫，在这里就表现出来了。作者就像一个善于说故事的人，把原本很复杂的事情剖析得清清楚楚，然后用通俗简易的文字，深入浅出地娓娓道来，让读者在一种很轻松的气氛中学习到知识。朱自清曾经做过中学教师，所以在普及式教育方面比一般的大学教授更有经验，这恐怕是《经典常谈》一书取得成功的重要原因之一。

　　在写作这本书的时候，朱自清的着眼点虽然主要在于普及性，但是他也并没有放弃学术性。他在书中吸收了清代以来、直到当时最新的研究成果。他在自序中说："各篇的讨论，尽量采择近人新说；这中间并无编撰者自己的创见，编撰者的工作只是编撰罢了。"朱先生是很谦虚的。实际上，不管是介绍古人旧说，还是"采择近人新说"，都需要作者有深入广泛的阅读，然后在各种学说之间进行甄别、推敲和选择，这需要长期艰辛的努力，更需要独到的学术眼光。虽然最后写出来的字数只有那么一点，但它后面做支撑的，是作者多年的苦功。正如我们常常拿来做比喻的冰山，真正露出海面的只是其总体量的很小一部分。

举一个具体的例子。清朝后期，今文学派复兴，对古文经进行攻击，说它们是伪作。其中《左传》的真伪问题是争论的核心。刘逢禄《左氏春秋考证》认为《左传》是西汉末年刘歆把古书《左氏春秋》改造而成的。今文学派的代表康有为在《新学伪经考》（1891年刊行）中，认定西汉末年刘歆所力争立博士的《周礼》《逸礼》《左传》《毛诗》，全都是刘歆伪造的，都是"伪经"；而其《孔子改制考》（1898年刊行）则认定《春秋》是孔子为了改制而托古创作的书。20世纪20年代形成的"古史辨派"，把今文学派的疑古思想做了进一步的发挥。"古史辨派"的领军人物是朱自清在北京大学的同学顾颉刚。他提出"层累地造成的古史观"，1930年又发表重要论文《五德终始说下的政治和历史》，也同意刘歆伪造《左传》的说法。而钱穆、杨向奎等学者则撰文反对伪作说。一时之间，争论极其热烈。"古史辨派"受今文学派疑古思想的影响，又在新文化运动民主、科学思想的洗礼下，探求古史真相，敢于革新，敢于质疑，开创了一代新的学风，具有打破旧时代思想枷锁，反封建、反保守的重要意义，但是他们疑古过甚，否定了许多古籍的真实性，又难免有偏颇之处。

由于抗日战争爆发，"古史辨派"的主将分散到各地，其思潮也开始渐渐回落，但仍然在学界有着很大的影响力。朱自清在《经典常谈》受"古史辨派"的影响不小，充分地吸收了其学说中有益的部分。他在"《周易》第二""《尚书》第三""《诗经》第四"这三个专题后，都把《古史辨》杂志列为参考资料。但是他对于"古史辨派"过分的疑古，明显是有所保留的。在其"春秋三传第六"中，朱先生并没有采纳今文学家和顾颉刚等人的观点，而是仍然把《左传》当成是可信的经典，只是说明"《左传》的著者我们也不知道。说是左丘明，但矛盾太多，不能教人相信"。

　　所以，被朱自清自称为"尽量采择近人新说"的《经典常谈》，实际上对于各派学说是狠下了一番斟酌、取舍功夫的。这取舍之间，就体现了朱先生自己的观点。在今天看来，他的观点基本上是不偏不倚的。这似乎并没有太多出奇之处，然而要经受住时间的考验，却是需要卓越独到的识见才能做得到的。正是因为这一点，《经典常谈》才能够葆有长久的生命力，其观点直到今天仍然可以被大家接受。

　　有一种很常见的误解，认为知识普及性文章的档次低，找一般作者写就好了，不必水平高的人去写。其实写普及文章并不容易，一般人往往写不好。尤其是普及艰深的知识，最需要功力，最需要专家甚至大家来写。只有专家才有深厚的学问，不会犯低级错误；了解治学的门道，知道该如何引导初学者入门。而朱自清先生比其他学问家又多了一个优点，他自己就是一个顶级的散文家，写得一手最漂亮的白话文。所以在文字表达上，他是有自己独特的优势的，是很便于读者理解的。

　　当然，那些艰深的学问知识，毕竟还是有门槛的，介绍文字不可能完全明白如话，阅读起来终究还是要费一番精神，否则它们就不能被称作艰深的知识。我们不能指望所有知识都可以用最简单的话来说清楚，读者可以毫不费力地理解，这也是大家学习时要注意的一点。学习本身就不是一件容易的事情，是要面对困难的，不管哪一科，都是如此。这一点，应该成为常识。

　　所以，我不会特别强调朱先生这本书的通俗易懂来吸引读者。我反倒想对年轻朋友们说几句"吓唬"的话。一味追求学习的容易，想找到一种事半功倍的捷径，并不是一种美德，而是一种不切实际的幻想。对于热爱传统文化，想要了解国学经典的朋友，应该一开始就树立这样一种认识：学习国学不像打游戏、刷视频那么轻松愉快，是要准备攻坚克难的，在大部分的时候，很辛苦乏味。兴趣如果没有恒心和毅力做支撑，是浅薄的，也是无法持久的。阅读《经典常谈》这样入门的普及著作，也并不是一件特别轻易就可以完成的工作，需要思考和咀嚼。在被它带入门之后，还要去阅读古籍原文，才能真正地亲近经典，更好地领会《经典常谈》画出的理论框架。

　　我们常常面临两个问题：什么样的国学老师才是好的老师？什么样的书才是好的国学普及著作？就老师来说，我们要看他能不能把一篇古文老老实实逐字逐句解读清楚，把一部古籍的基本面貌言简意赅地说明白，能够正面回答相关理论问题，而且要准确，不能有大的硬伤，不能顾左右而言他。能够做到这一点的，才是真正的有学问的好老师。同样，好的国学普及著作也应该如此，知识的准确性应该是第一位的。在文字表达上，既不能太艰深，拒人于千里之外；也不能太媚俗，过分追求阅读快感。入门须正，立意须高。有志于学习传统经典的读者，要选择那些能够去伪存真、去粗取精、剔除糟粕、弘扬精华、帮助读者获得真知、打开通向知识殿堂的道路的作品。在这方面，朱自清的《经典常谈》无疑可算一个标杆。朱先生毕生致力于我国的教育事业，振兴祖国教育的神圣使命感，使他在教学和研究工作中始终保持了严谨负责的态度。即使是写作像《经典常谈》这样的普及著作，他也是字斟句酌，一丝不苟，保证了学术质量。也正因为如此，这本书才得以经受住时间的考验，在八十年间不断重印，到今天仍然保持着旺盛的生命力。

　　这样一本看似简单的小书，倾注了朱自清先生许多的心血和对后学的殷殷关爱。叶圣陶先生在1980年写的《重印〈经典常谈〉序》中这样评论道："朱先生逝世已经三十二年，重看这本书，他的声音笑貌宛然在面前，表现在字里行间的他那种嚼饭哺人的孜孜不倦的精神，使我追怀不已，痛惜他死得太早了。"他这种可贵的精神，值得我们细细体会，更值得我们认真学习，代代传承。我们期待着，有更多的读者通过《经典常谈》来亲近我们的经典古籍和传统文化；我们也期待着，有更多像《经典常谈》这样优秀的普及著作面世。

　　本书以文光书店1946年刊本为底本，为最大限度保留作品原貌和时代特色，文中用词、用字及引文、注释等格式，未按现行出版规范强行统一。另，本书写于20世纪上半叶，近七八十年来，学术界在很多领域取得的新进展，为作者当时所不及见。为保证相关知识的准确性，个别地方采用"编者按"的方式做了补充说明。不当之处，敬请读者批评。

赵长征

序

在中等以上的教育里，经典训练应该是一个必要的项目。经典训练的价值不在实用，而在文化。有一位外国教授说过，阅读经典的用处，就在教人见识经典一番。这是很明达的议论。再说做一个有相当教育的国民，至少对于本国的经典，也有接触的义务。本书所谓经典是广义的用法，包括群经、先秦诸子、几种史书、一些集部；要读懂这些书，特别是经、子，得懂"小学"，就是文字学，所以《说文解字》等书也是经典的一部分。我国旧日的教育，可以说整个儿是读经的教育。经典训练成为教育的唯一的项目，自然偏枯失调；况且从幼童时代就开始，学生食而不化，也徒然摧残了他们的精力和兴趣。新式教育施行以后，读经渐渐废止。民国以来虽然还有一两回中小学读经运动，可是都失败了，大家认为是开倒车。另一方面，教育部制定的初中国文课程标准里却有"使学生从本国语言文字上，了解固有文化"的话，高中的标准里更有"培养学生读解古书，欣赏中国文学名著之能力"的话。初高中的国文教材，从经典选录的也不少。可见读经的废止并不就是经典训练的废止，经典训练不但没有废止，而且扩大了范围，不以经为限，又按着学生程度选材，可以免掉他们囫囵吞枣的弊病。这实在是一种进步。

我国经典，未经整理，读起来特别难，一般人往往望而生畏，结果是敬而远之。朱子似乎见到了这个，他注"四书"，一种作用就是使"四书"普及于一般人。他是成功的，他的"四书"注后来成了小学教科书。又如清初人选注的《史记菁华录》，价值和影响虽然远在"四书"注之下，可是也风行了几百年，帮助初学不少。但到了现在这时代，这些书都不适用了。我们知道清代"汉学家"对于经典的校勘和训诂贡献极大。我们理想中一般人的经典读本——有些该是全书，有些只该是选本节本——应该尽可能地采取他们的结论：一面将本文分段，仔细地标点，并用白话文做简要的注释。每种读本还得有一篇切实而浅明的白话文导言。这需要见解、学力和经验，不是一个人一个时期所能成就的。商务印书馆编印的一些《学生国学丛书》，似乎就是这番用意，但离我们理想的标准还远着呢。理想的经典读本既然一时不容易出现，有些人便想着先从治标下手。顾颉刚先生用浅明的白话文译《尚书》，又用同样的文体写《汉代学术史略》，用意便在这里。这样办虽然不能教一般人直接亲近经典，却能启发他们的兴趣，引他们到经典的大路上去。这部小书也只是向这方面努力的工作。如果读者能把它当作一只船，航到经典的海里去，编撰者将自己庆幸，在经典训练上，尽了他做尖兵的一份儿。可是如果读者念了这部书，便以为已经受到了经典训练，不再想去见识经典，那就是以筌为鱼，未免辜负编撰者的本心了。

这部书不是"国学概论"一类。照编撰者现在的意见，"概论"这名字容易教读者感到自己满足；"概论"里好像什么都有了，再用不着别的——其实什么都只有一点儿！ "国学"这名字，和西洋人所谓"汉学"一般，都未免笼统的毛病。国立中央研究院的历史语言研究所分别标明历史和语言，不再浑称"国学"，确是正办。这部书以经典为主，以书为主，不以"经学""史学""诸子学"等作纲领。但"诗""文"两篇，却还只能叙述源流；因为书太多了，没法子一一详论，而集部书的问题，也不像经、史、子的那样重要，在这儿也无需详论。书中各篇的排列按照传统的经史子集的顺序；并照传统的意见将"小学"书放在最前头。各篇的讨论，尽量采择近人新说；这中间并无编撰者自己的创见，编撰者的工作只是编撰罢了。全篇的参考资料，开列在各篇后面；局部的，随处分别注明。也有袭用成说而没有注出的，那是为了节省读者的注意力；一般的读物和考据的著作不同，是无需乎那样严格的。末了儿编撰者得谢谢杨振声先生，他鼓励编撰者写下这些篇常谈。还得谢谢雷海宗先生允许引用他还没有正式印行的《中国通史选读》讲义，陈梦家先生允许引用他的《中国文字学》稿本。还得谢谢董庶先生，他给我钞了全份清稿，让排印时不致有太多的错字。

朱自清

三十一年二月，昆明西南联合大学

详析

❶   一切文化的学习，识字是其基础。而在中国古代的字典中，东汉许慎的《说文解字》无疑是最重要的一部。它不是一部普通的字典，而是一部内容博大、体例完备的奠基之作、经典之作，代表了那个时代文字学的最高成就，后来一直是研究中国文字最重要的参考书。清代学者王鸣盛在《说文解字正义序》中说："《说文》为天下第一种书，读遍天下书，不读《说文》，犹不读也。但能通《说文》，余书皆未读，不可谓非通儒也。"朱自清把它放到《经典常谈》的开篇，应该也是基于类似的看法，可见对其的重视。

❷   仓颉造字，只是一个传说。一个独立的文字体系，从孕育、发展到成熟，需要经过漫长的过程，绝不是一个人可以完成，甚至也绝不是几代人可以完成的。根据学者的研究，第一批能够粗略记录汉语的符号大概出现在距今5500年前后。到了前1600年左右，也就是距今约3600年的夏商之际，汉字体系走向成熟。商代的甲骨文已经能够完整地记录汉语，但是还保留了一些比较原始的文字现象。

《说文解字》第一 ❶

　　中国文字相传是黄帝的史官叫仓颉的造的。这仓颉据说有四只眼睛，他看见了地上的兽蹄儿鸟爪儿印着的痕迹，灵感涌上心头，便造起文字来。文字的作用太伟大了，太奇妙了，造字真是一件神圣的工作。但是文字可以增进人的能力，也可以增进人的巧诈。仓颉泄漏了天机，却将人教坏了。所以他造字的时候，"天雨粟，鬼夜哭。"人有了文字，会变机灵了，会争着去作那容易赚钱的商人，辛辛苦苦去种地的便少了。天怕人不够吃的，所以降下米来让他们存着救急。鬼也怕这些机灵人用文字来制他们，所以夜里嚎哭；①文字原是有巫术的作用的。但仓颉造字的传说，战国末期才有。那时人并不都相信；如《易·系辞》里就只说文字是"后世圣人"造出来的。这"后世圣人"不止一人，是许多人。我们知道，文字不断地在演变着；说是一人独创，是不可能的。《系辞》的话自然合理得多 ❷。

　　"仓颉造字说"也不是凭空起来的。秦以前是文字发生与演化的时

---

　　① 《淮南子·本经训》及高诱注。

❸ 许慎（约58—约147），字叔重，东汉著名的古文经学家、文字学家，汝南召陵（今河南漯河召陵）人。他从小就博览经籍，当时的人们称赞他说："五经无双许叔重。"他在汉和帝永元十二年（100）写出了《说文解字》的初稿，后来又用了二十余年的时间进行修改增补，到汉安帝建光元年（121）最终完成，让他的儿子许冲进献给朝廷。

《说文解字》是中国第一部按照部首编排的字典，全书共分540个部首，收字9353个，另有"重文"（即异体字）1163个，共10516字。许慎从汉字的结构上来对其加以分析，把它们分为"文""字"两类。"文"指独体字，如：日、月、水、火、山、人、木、工。"字"指合体字，也就是由两个或两个以上的独体字合成的字，如：明、江、休、投、美。"文"的本义是"文身"，引申为"花纹"。最先的象形图案，就是类似于花纹的东西，从其发展而来的独体字，就称为"文"。而"字"的本义是生育、养育、哺乳，因为合体字是从独体的"文"生育出来的，所以叫作"字"。到了后世，"文""字"意义趋同，在一般人的心目中已经没有区别，但是在发展的早期，它们是完全不同的。

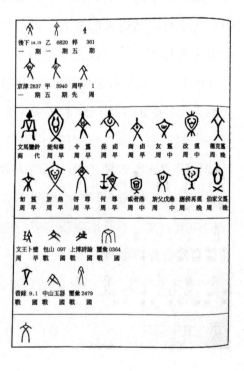

"文"的字形。在甲骨文、金文的许多字形中，可以看出"文"字表现的就是人的文身。图片采自高明、涂白奎编著《古文字类编（增订本）》（上海古籍出版社，2008年）第148页。

代，字体因世因国而不同，官书虽是系统相承，民间书却极为庞杂。到了战国末期，政治方面，学术方面，都感到统一的需要了，鼓吹的也有人了；文字统一的需要，自然也在一般意识之中。这时候抬出一个造字的圣人，实在是统一文字的预备工夫，好教人知道"一个"圣人造的字当然是该一致的。《荀子·解蔽篇》说，"好书者众矣，而仓颉独传者，一也"，"一"是"专一"的意思，这儿只说仓颉是个整理文字的专家，并不曾说他是造字的人；可见得那时"仓颉造字说"还没有凝成定型。但是，仓颉究竟是什么人呢？照近人的解释，"仓颉"的字音近于"商契"，造字的也许指的是商契。商契是商民族的祖宗。"契"有"刀刻"的义；古代用刀笔刻字，文字有"书契"的名称。可能因为这点联系，商契便传为造字的圣人。事实上商契也许和造字全然无涉，但这个传说却暗示着文字起于夏商之间。这个暗示也许是值得相信的。至于仓颉是黄帝的史官，始见于《说文序》。"仓颉造字说"大概凝定于汉初，那时还没有定出他是哪一代的人；《说文序》所称，显然是后来加添的枝叶了。

识字是教育的初步。《周礼·保氏》说贵族子弟八岁入小学，先生教给他们识字。秦以前字体非常庞杂，贵族子弟所学的，大约只是官书罢了。秦始皇统一了天下，他也统一了文字；小篆成了国书，别体渐归淘汰，识字便简易多了。这时候贵族阶级已经没有了，所以渐渐注重一般的识字教育。到了汉代，考试史、尚书史（书记秘书）等官儿，都只凭识字的程度；识字教育更注重了。识字需要字书。相传最古的字书是《史籀篇》，是周宣王的太史籀作的。这部书已经佚去，但许慎《说文解字》里收了好些"籀文"，又称为"大篆"，字体和小篆差不多，和始皇以前三百年的碑碣器物上的秦篆简直一样。所以现在相信这只是始皇以前秦国的字书。"史籀"是"书记必读"的意思，只是书名。不是人名。

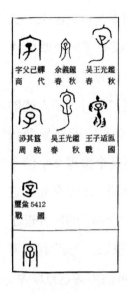

"字"的字形。表现的就是在房子里有一个孩子的情景，意思是生育、养育孩子。图片采自高明、涂白奎编著《古文字类编（增订本）》（上海古籍出版社，2008年）第201页。

许慎给他的书取名叫《说文解字》，"说"和"解"的意思也是不一样的。"说"的意思就是"阐释"；而"解"的意思是"判"，就是解剖，其字形的意思是用刀劈开牛角。"说文解字"的意思就是，对于独体的"文"，就进行阐释；对于合体的"字"，就不仅仅阐释其意义，还要对其形体结构进行解剖、分析，弄清每一个部件在记录语词的意义、声音中分别起到了什么作用。

许慎建立了先进的文字研究理论，从字形入手来分析汉字，找到它的本义。他用部首来给汉字分类，便于释义，也便于检索，这种方式一直沿用到今天。他用小篆字体来作为分析字形的基础，将其放在每一个字的字头，同时参考了流传于世的部分古籀文等先秦文字，搜集、保存了当时最全面的字形字库。小篆还在相当程度上保留了早期文字象形的特征，对于分析字义颇为有利。《说文解字》建立了一套完整而精密的汉字阐释体系，是中国文字学的奠基之作。后代的学者要研究汉字的形音义，研究汉字的发展史，都离不开它。新出土的古文字材料，要进行释读，也仍然要依托它。虽然随着学术的发展、进步和新材料的不断出现，《说文解字》有越来越多的内容被证明是有缺陷的，甚至是不正确的，但是它的经典地位仍然不可动摇，它的参考价值仍然是巨大而不可替代的。

　　始皇为了统一文字，教李斯作了《仓颉篇》七章，赵高作了《爰历篇》六章，胡母敬作了《博学篇》七章。所选的字，大部分还是《史籀篇》里的，但字体以当时通用的小篆为准，便与籀文略有不同。这些是当时官定的标准字书。有了标准字书，文字统一就容易进行了。汉初，教书先生将这三篇合为一书，单称为《仓颉篇》。秦代那三种字书都不传了；汉代这个《仓颉篇》，现在残存着一部分。西汉时期还有些人作了些字书，所选的字大致和这个《仓颉篇》差不多。其中只有史游的《急就篇》还存留着。《仓颉》残篇四字一句，两句一韵。《急就篇》不分章而分部，前半三字一句，后半七字一句，两句一韵；所收的都是名姓、器物、官名等日常用字，没有说解。这些书和后世"日用杂字"相似，按事类收字——所谓分章或分部，都据事类而言。这些一面供教授学童用，一面供民众检阅用，所收约三千三百字，是通俗的字书。

　　东汉和帝时，有个许慎，作了一部《说文解字》。这是一部划时代的字书。经典和别的字书里的字，他都搜罗在他的书里，所以有九千字。而且小篆之外，兼收籀文"古文"；"古文"是鲁恭王所得孔子宅"壁中书"及张仓所献《春秋左氏传》的字体，大概是晚周民间的别体字。许氏又分析偏旁，定出部首，将九千字分属五百四十部首。书中每字都有说解，用晚周人作的《尔雅》，扬雄的《方言》，以及经典的注文的体例。这部书意在帮助人通读古书，并非只供通俗之用，和秦代及西汉的字书是大不相同的。它保存了小篆和一些晚周文字，让后人可以溯源沿流；现在我们要认识商周文字，探寻汉以来字体演变的轨迹，都得凭这部书。而且不但研究字形得靠它，研究字音字义也得靠它。研究文字的形音义的，以前叫"小学"，现在叫文字学。从前学问限于经典，所以说研究学问必须从小学入手；现在学问的范围是广了，但要研究古典、古史、古文化，也还得从文字学入手。《说文解字》是文字学的古典，又是一切古典的工具或门径。❸

❹　许慎没有见过甲骨文，金文、战国竹木简和帛书上的文字应该也见得很少，这是时代条件的局限。因此，他只能主要依托小篆来研究字形结构，也就不可避免地犯了一些错误。从19世纪末甲骨文被发现至今，考古发掘取得了很大进展，许多商周金文、战国乃至秦汉三国的文字材料纷纷出土，极大推进了我们对于古文字的认识，并进而使我们加强了对上古时代历史、文化的了解。《经典常谈》写作于1942年，朱自清说"竹木简、帛、纸，都容易坏，汉以前的，已经荡然无存了"，是因为他没能看见此后陆续出土的大量汉之前的帛书、简牍材料，如长沙子弹库楚帛书、信阳楚简、望山楚简、包山楚简、郭店楚简、上博简、清华简、云梦秦简、里耶秦简等。

但是，对于这些古文字的释读，仍然是很困难的。甲骨文目前已经发现大约四千五百个单字，但是能够释读出来的大概只有三分之一。

❺　"六书"之名，最早见于战国时的著作《周礼·地官·保氏》，但是《周礼》并没有具体说明其内容。汉代学者班固、郑众、许慎都对"六书"的名称做了记录，但是其名称和次序并不完全一致。清代以后，学者们一般采用班固在《汉书·艺文志》里排列的次序，和许慎在《说文解字·叙》中所定的名称。这样，"六书"的次序及名称如下：

1.象形　2.指事　3.会意　4.形声　5.转注　6.假借

我们在这里引用一下许慎《说文解字·叙》对于"六书"的论述：

> 周礼八岁入小学，保氏教国子，先以六书。一曰指事。指事者，视而可识，察而见意，"上""下"是也。二曰象形。象形者，画成其物，随体诘诎，"日""月"是也。三曰形声。形声者，以事为名，取譬相成，"江""河"是也。四曰会意。会意者，比类合谊，以见指㧑，"武""信"是也。五曰转注。转注者，建类一首，同意相受，"考""老"是也。六曰假借。假借者，本无其字，依声托事，"令""长"是也。

"六书"是一个理论体系，用来说明汉字是如何记录汉语的。清代学者戴震在其《六书论》中做了一个归纳，认为前面四种"象形""指事""会意""形声"都是字之"体"，也就是创造新字的方法；而后面两种"转注""假借"则是字之"用"，并不创造新字，

　　《说文序》提起出土的古器物，说是书里也搜罗了古器物铭的文字，便是"古文"的一部分，但是汉代出土的古器物很少；而拓墨的法子到南北朝才有，当时也不会有拓本，那些铭文，许慎能见到的怕是更少。所以他的书里还只有秦篆和一些晚周民间书，再古的可以说是没有。到了宋代，古器物出土的多了，拓本也流行了，那时有了好些金石图录考释的书。"金"是铜器，铜器的铭文称为金文。铜器里钟鼎最是重器，所以也称为钟鼎文。这些铭文都是记事的。而宋以来发见的铜器大都是周代所作，所以金文多是两周的文字。清代古器物出土的更多，而光绪二十五年（西元一八九九）河南安阳发现了商代的甲骨，尤其是划时代的。甲是龟的腹甲，骨是牛胛骨。商人钻灼甲骨，以卜吉凶，卜完了就在上面刻字纪录。这称为甲骨文，又称为卜辞，是盘庚（约西元前一三〇〇）以后的商代文字。这大概是最古的文字了。甲骨文、金文，以及《说文》里所谓"古文"，还有籀文，现在统统算作古文字，这些大部分是文字统一以前的官书。甲骨文是"契"的；金文是"铸"的。铸是先在模子上刻字，再倒铜。古代书写文字的方法除"契"和"铸"外，还有"书"和"印"，因用的材料而异。"书"用笔，竹木简以及帛和纸上用"书"。"印"是在模子上刻字，印在陶器或封泥上①。古代用竹木简最多，战国才有帛；纸是汉代才有的。笔出现于商代，却只用竹木削成。竹木简、帛、纸，都容易坏，汉以前的，已经荡然无存了。❹

　　造字和用字有六个条例，称为"六书"❺。"六书"这个总名初见于《周礼》，但六书的各个的名字到汉人的书里才见。一是"象形"，象物形的大概，如"日""月"等字。二是"指事"，用抽象的符号，指示那无形的事类，如"二"（上）"二"（下）两个字，短画和长画都是抽象的

---

　　① 古代简牍用泥封口，在泥上盖印。

而是对已有的字的运用。

　　许慎用来当作会意字代表的"武""信"二字，其实都有问题。现代大多数的学者都认为"信"本是从"言""人"声的形声字，并非会意字。而"武"字情况则更加复杂。《左传·宣公十二年》记载，在晋楚邲之战中大败晋军之后，楚庄王说了一段名言："夫文，止戈为武。……夫武，禁暴、戢兵、保大、定功、安民、和众、丰财者也。"从字形来看，止、戈合在一起就是武。楚庄王把"止"解释为制止、止息，他口中的"止戈为武"，意思就是，能够制止战争，才叫作"武"。战争的目的是制止战争、消灭战争。楚庄王的这段话非常符合儒家的理念，后来广泛流传，深入人心。许慎也就据此把"武"作为会意字的代表。但是，"武"字的本义并非如此。

　　"武"字确实是从"止"从"戈"的。在甲骨文、金文、小篆等字形中，它都是由"止"和"戈"两个独体字组成的，只不过在隶书以后，戈的右边一撇被挪到了左上方，渐渐变成了一横，使得字形不易辨认了。

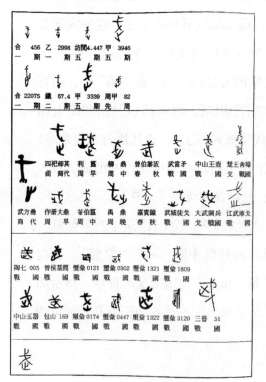

"武"的字形。图片采自高明、涂白奎编著《古文字类编（增订本）》（上海古籍出版社，2008年）第702页。

符号，各代表着一个物类。"二"指示甲物在乙物之上，"二"指示甲物在乙物之下。这"上"和"下"两种关系便是无形的事类。又如"刃"字，在"刀"形上加一点，指示刃之所在，也是的。三是"会意"，会合两个或两个以上的字为一个字，这一个字的意义是那几个字的意义积成的，如"止""戈"为"武"，"人""言"为"信"等。四是"形声"，也是两个字合成一个字，但一个字是形，一个字是声；形是意符，声是音标。如"江""河"两字，"氵"（水）是形，"工""可"是声。但声也有兼义的。如"浅""钱""贱"三字，"水""金""贝"是形，同以"戋"为声；但水小为"浅"，金小为"钱"，贝小为"贱"，三字共有的这个"小"的意义，正是从"戋"字来的。象形、指事、会意、形声，都是造字的条例；形声最便，用处最大，所以我们的形声字最多。

　　五是"转注"，就是互训。两个字或两个以上的字，意义全部相同或一部相同，可以互相解释的，便是转注字，也可以叫作同义字。如"考""老"等字，又如"初""哉""首""基"等字；前者同形同部，后者不同形不同部，却都可以"转注"。同义字的孳生，大概是各地方言不同和古今语言演变的缘故。六是"假借"，语言里有许多有音无形的字，借了别的同音的字，当作那个意义用。如代名词，"予""汝""彼"等，形况字"犹豫""孟浪""关关""突如"等，虚助字"于""以""与""而""则""然""也""乎""哉"等，都是假借字。又如"令"，本义是"发号"，借为县令的"令"；"长"本义是"久远"，借为县长的"长"。"县令""县长"是"令""长"的引申义。假借本因有音无字，但以后本来有字的也借用别的字。所以我们现在所用的字，本义的少，引申义的多，一字数义，便是这样来的。这可见假借的用处也很广大。但一字借成数义，颇不容易分别。晋以来通行了四声，这才将同一字分读几个音，让意义分得开些。如"久远"的"长"平声，"县长"

甲骨文　　　金文

货币文　　　小篆　　　石经古文

隶书　　草书　　楷书　　行书

"武"的字形。图片采自陈炜湛《古文字趣谈》
（上海古籍出版社，2005年）第157页。

但这里的"止"字的本义是脚趾，也可以指足，引申为前进、行动。把"止"和"戈"两个独体字拼在一起，意思是人手里拿着武器前进，这是为了进行征伐、示威，而不是为了制止干戈之事。直到今天，汉语中"武"字的含义都是很明确的，勇武、威武、神武、武力、武功、武将、武库、武艺，以及文武双全、文治武功、文韬武略、整军经武等等，在这些词汇中，"武"都是勇力、战斗的代名词，往往与"文"相对应。楚庄王的说法，并不是对它的准确解释，可以说，恰好说反了。但因为这种解释包含了一种有价值的军事哲学思想，就是珍爱和平、控制武力、制止战争，所以被人们广泛接受并传诵。不过，这种军事哲学明显不是最初造字者所要表达的意思。人类只有在经历了漫长而丰富的战争实践之后，进行深刻反思，才能产生这种抽象的哲学思辨。造字者恐怕很难有这样的思维高度。

如果按照"武"的本义来看，它真的是会意字吗？能不能算是一个象形字呢？好像两种说法都可以说得通。在现代文字学家看来，象形、指事、会意三者之间的界线并不是特别明显。

❻ 许慎对转注的解释是："建类一首，同意相受。"直接翻译为今天的话，大概是说，建立一个统一的部首，在这个部首下，意思相同的字可以互相通用。但是"转注"二字的具体含义，以及许慎的这种解释，都比较模糊含混，不太容易理解。后代的学者

的"长"读上声之类。这样，一个字便变成几个字了。转注假借都是用字的条例。

象形字本于图画。初民常以画记名，以画记事；这便是象形的源头。但文字本于语言，语言发于声音，以某声命物，某声便是那物的名字。这是"名"；"名"该只指声音而言。画出那物形的大概，是象形字。"文字"与"字"都是通称；分析的说，象形的字该叫做"文"，"文"是"错画"的意思①。"文"本于"名"，如先有"日"名，才会有"日"这个"文"；"名"就是"文"的声音。但物类无穷，不能一一造"文"，便只得用假借字。假借字以声为主，也可以叫做"名"。一字借为数字，后世用四声分别，古代却用偏旁分别，这便是形声字。如"囟"本像箕形，是"文"，它的"名"是"ㄐ"。而日期的"期"，旗帜的"旗"，麒麟的"麒"等，在语言中与"囟"同声，却无专字，便都借用"囟"字。后来才加"月"为"期"，加"㫃"为"旗"，加"鹿"为"麒"，一个字变成了几个字。严格地说，形声字才该叫做"字"，"字"是"孳乳而渐多"的意思。②象形有抽象作用，如一画可以代表任何一物，"二"（上）、"二"（下）、"一"、"二"、"三"其实都可以说是象形。象形又有指示作用，如"刀"字上加一点，表明刃在那里。这样，旧时所谓指事字其实都可以归入象形字。象形还有会合作用，会合两个或两个以上的分子，表示一个意义；那么，旧时所谓会意字其实也可以归入象形字。但会合成功的不是"文"，也该是"字"。象形字、假借字、形声字，是文字发展的逻辑的程序，但甲骨文里三种字都已经有了。这里所说的程序，是近人新说，和"六书说"颇有出入。六书说原有些不完备不清楚的地方，新说加以补充修正，似乎更可信些。❻

----

① 《说文·文部》。

② 《说文序》。

们众说纷纭，仍然没有一个令大家都满意的结论。当代著名文字学家裘锡圭认为，"在今天研究汉字，根本不用去管转注这个术语。不讲转注，完全能够把汉字的构造讲清楚。"［裘锡圭《文字学概要（修订本）》，商务印书馆，2013年，第107页］主张撇开转注问题，不要再去为它花费精力。

　　而假借则是一个非常重要的方法。所谓假借，就是借用某个字或者某种事物的图形，作为表音符号，来记录跟这个字或这种事物的名称同音或音近的词。汉语中假借字很多。比如"花"字，本来是指植物的繁殖器官，此时它是一个形声字。但是我们今天经常说"花钱""花时间"，这里的"花"就是一个假借字，借用了发音相同的"花"字，来表达一个全新的意思。其实这和我们喜欢玩的许多文字游戏，如谜语、歇后语中的"谐音"，都是同一个道理。

　　许慎在《说文解字》中给假借字下的定义是："本无其字，依声托事。"这好像与我们今天的定义有些类似。但是，许慎用来为假借字举例的"令""长"二字，却并不是我们今天意义上的假借字。它们只能用来说明语义的引申。"令"本来的意思是"命令"，后来引申为官名，比如"中书令""尚书令""郎中令""县令"。"长"本来是长短的"长"（cháng），后来引申为少长的"长"（zhǎng），并进一步引申为官名之"长"，比如"左庶长""亭长""队长""保长""省长""市长""村长""军长"。这给后代学者们带来了不小的困惑。大概汉代学者对于引申和借字表音，并没有很严格的区分，只要是用某个字表示与其本义不同的意义，他们就认为算是假借了。

　　另外，今天我们常常说的"通假字"，是指有本字的假借，不符合许慎的原始定义，但是从用字的方法来看，与本无其字的假借是完全一样的，所以也可以算入假借一类。

　　"六书"说的提出，是有很大的历史功绩的。后来的历代学者都将其奉为圭臬，不敢违背，只敢提出各种解释。但是到了现代，文字学家们对"六书"的缺陷认识得越来越充分，意识到它已经成为了文字学发展的桎梏。1935年，唐兰在《古文字学导论》中批评"六书说"，认为它并不像从前学者们所想象的那么完善，而是很粗疏的。他提出了"三书说"：象形、象意、形声。1956年，陈梦家在《殷墟卜辞综述》一书中，修正了秦以后只是书体演变的时代。演变的主因是应用，演变的方向是简易。始皇用小篆统一了文字，不久便又有了"隶书"。当时公事忙，文书多，书记虽遵用小篆，有些下行文书，却不免写得草率些。日子长了，这样写的人多了，便自然而然成了一体，称为"隶书"；因为是给徒隶等下级办公人看的。这种字体究竟和小篆差不多。到了汉末，才渐渐变了，椭圆的变为扁方的，"敛笔"变为"挑笔"。这是所谓汉隶，是隶书的标准。晋唐之间，又称为"八分书"。汉初还有草书，从隶书变化，更为简便。这从清末以来在新疆和敦煌发现的汉晋间的木简里最能见出。这种草书，各字分开，还带着挑笔，称为"章草"。魏晋之际，又嫌挑笔费事，改为敛笔，字字连书，以一行或一节为单位。这称为"今草"。隶书方整，去了挑笔，又变为"正书"。这起于魏代。晋唐之间，却称为"隶书"，而称汉隶为"八分书"。晋代也称为"楷书"。宋代又改称为"真书"。正书本也是扁方的，到陈隋的时候，渐渐变方了。到了唐代，又渐渐变长了。这是为了好看。正书简化，便成"行书"，起于晋代。大概正书不免于拘，草书不免于放，行书介乎两者之间，最为适用。但现在还通用着正书，而辅以行草。一方面却提倡民间的"简笔字"，将正书行书再行简化；这也还是求应用便利的缘故。❼

[参考资料]

《说文解字》叙。

容庚《中国文字学》。

陈梦家《中国文字学》稿本。

唐兰的意见，提出新的"三书说"：象形、假借、形声。其实早在抗战期间，他在西南联大讲授"中国文字学"课时，就提出了这个见解。朱自清正是参考了陈梦家《中国文字学》尚未正式出版的稿本，而写了上面一段。这是当时最新的研究成果。

1988年，裘锡圭在《文字学概要》中认为，陈梦家的"三书说"基本上是合理的，不过象形字应该改为表意字，因为"象形"并不能概括全部表意字。所以他提出自己的"三书说"：表意、假借、形声。此外，还有的学者提出了"二书说"等其他理论。

❼　秦始皇用小篆统一了全国的文字，虽然使得战国字形的丰富性被消灭，但是对于文字的规范、文化的整合、文献的传承、政治的统一有着重大的意义。此时中国文字已经完全成熟，后面的变化主要就是书写方式的变化了。这一段就简略地介绍了一下书体演变史。

"敛笔"指的是在笔画的末尾往回收，不出锋，我们今天叫作"回笔"。"挑笔"则是指在笔画的末尾往上挑起出锋，隶书的横、捺两种笔画往往是这种写法。

【补充参考书目】

【汉】许慎撰，【宋】徐铉等校定《说文解字》，中华书局，2013年。

【汉】许慎撰，【宋】徐铉等校定，愚若注音《注音版说文解字》，中华书局，2015年。

【清】段玉裁《说文解字注》，中华书局，2013年。

胡安顺主编《说文部首段注疏义》，中华书局，2018年。

汤可敬《说文解字今释（增订本）》，上海古籍出版社，2018年。

陆宗达《说文解字通论》，中华书局，2015年。

黄天树《说文解字通论》，北京大学出版社，2014年。

裘锡圭《文字学概要（修订本）》，商务印书馆，2013年。

高明《中国古文字学通论》，北京大学出版社，1996年。

【思考题】

1.许慎《说文解字》是一部什么书？有哪些内容？在文字学史上有什么意义？

2.结合学过的汉字，谈谈你对"六书"的认识。

3.你对汉字的奥秘感兴趣吗？是否愿意也学着通过甲骨文、金文、战国简帛文字、小篆的字形，去探讨一下汉字的本来意义和后来的引申、演变的过程呢？

详析

❶ 从这一篇起，朱自清开始介绍儒家的主要经典"四书五经"。"五经"各用一篇，"四书"用一篇，共六个专题。在汉代，"五经"的顺序是《易》《书》《诗》《礼》《春秋》，《经典常谈》也就按这个顺序来进行介绍。

"经"的本义，是指织机上的纵线，横线叫作"纬"，绕着经线来回穿行，才能织成布。因为"经"是最重要的线，后来引申为事物的纲纪、法则、标准。那么记载这些纲纪、法则、标准的文献，也渐渐被称为"经"了。所以，"经"就可以用来指最重要的书。我们后来说的"经典"，也是这个意思。

最先许多书都被称为"经"，各家各派都可以有自己的经书。儒家经典本来有六部，后来《乐》亡佚，到汉代只剩下"五经"。因为汉武帝"罢黜百家，独尊儒术"，所以儒家在此后很长时间内垄断了"经"的称号。后来历朝不断扩大经的范围，到宋代，形成了"十三经"：《周易》《尚书》《诗经》《周礼》《仪礼》《礼记》《春秋左传》《春秋公羊传》《春秋穀梁传》《论语》《孝经》《尔雅》《孟子》。此后"经"的总数不再增加，"十三经"的说法流传至今。

经书并不容易读懂，所以先秦的时候就开始出现了解释它们的书，称为"传"或"记"。比如解释《易经》的书就叫《易传》，解释《尚书》的有《尚书大传》，解释《诗经》的有《毛传》《韩诗外传》，解释《春秋经》的有《公羊传》《穀梁传》《左传》，解释《礼经》的叫《礼记》。东汉、魏晋以后，又出现了"笺""注"等体式，也都是对经典做注解的。

随着时间的推移，"传""记""笺""注"等也越来越难以读懂了，于是又出现了对它们做进一步解释的文献，称为"疏"或"正义"，如唐代孔颖达主编的《五经正义》。"疏"的写作原则是"疏不破注"，只是尽力把注的内容进行疏通和解析，而不反驳、推翻其观点。这样的好处是用浅显周密的语言，让读者对经典和古注的理解更加明白透彻；

《周易》第二 ❶

　　在人家门头上，在小孩的帽饰上，我们常见到八卦那种东西。八卦是圣物；放在门头上，放在帽饰里，是可以辟邪的。辟邪还只是它的小神通；它的大神通在能够因往知来，预言吉凶。算命的，看相的，卜课的，都用得着它。他们普通只用五行生克的道理就够了，但要详细推算，就得用阴阳和八卦的道理。八卦及阴阳五行和我们非常熟习；这些道理直到现在还是我们大部分人的信仰；我们大部分人的日常生活不知不觉之中教这些道理支配着。行人不至，谋事未成，财运欠通，婚姻待决，子息不旺，乃至种种疾病疑难，许多人都会去求签问卜，算命看相，可见影响之大。讲五行的经典，现在有《尚书·洪范》；讲八卦的便是《周易》。

　　八卦相传是伏羲氏画的。另一个传说却说不是他自出心裁画的。那时候有匹龙马从黄河里出来，背着一幅图，上面便是八卦，伏羲只照着描下来罢了。但这因为伏羲是圣人，那时代是圣世，天才派了龙马赐给他这件圣物。所谓"河图"，便是这个。那讲五行的洪范，据说也是大禹治水时在洛水中从一只神龟背上得着的，也出于天赐。所谓"洛书"，但是缺点是缺乏创新，不能脱离前人的窠臼，提出自己的独特见解。

　　了解了以上这些基础知识，我们在阅读下面几个专题的时候就会顺利许多，以后如果直接与经典古籍密切接触，也会较容易把握其总体框架。

　　《周易》本来是一部占筮（shì）的书。古人迷信，遇到疑难的事情，总喜欢向神灵求助。先秦时代占问的方法主要是两种：占卜和占筮。占卜就是钻烧龟甲兽骨，根据其裂纹形状来预测吉凶；占筮就是用蓍（shī）草来进行计算，获取卦画，从而进一步分析、预测。占卜的情况记录在甲骨上，就是卜辞，也就是我们今天说的甲骨文。占筮的筮辞被整理为书籍，就是《易》，又叫《周易》，后来在汉代被列为儒家"五经"之一，所以又叫《易经》。

　　《周易》保留了一些上古的史料，蕴含了许多哲学思考，表现了周代人对自然界、人类社会的认识。它试图用六十四卦来解释这个世界的运行，我们从中可以了解当时人的意识形态。后人对于《周易》的思想不断地进行注解和阐发，构成了中国哲学史的重要组成部分。

　　❷　在朱自清生活的民国时代，八卦和五行渗入中国普通人的生活还很深。但是到了科学昌明、教育发达的今天，它们在日常生活中的比重已经大为降低。我们今天看《周易》，更多的是把它当作研究上古历史、哲学史，以及研究传统文化的重要文献，而不再像前人那样顶礼膜拜，凡事都用它来占问吉凶。

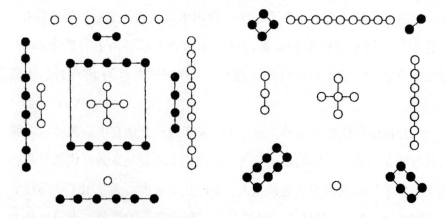

左图为河图，右图为洛书。图片采自《朱子全书》第1册之《周易本义》（上海古籍出版社、安徽教育出版社，2002年）第17—18页。

便是那个。但这些神怪的故事显然是八卦和五行的宣传家造出来抬高这两种学说的地位的。伏羲氏恐怕压根儿就没有这个人，他只是秦汉间儒家假托的圣王。至于八卦，大概是有了筮法以后才有的。商民族是用龟的腹甲或牛的胛骨卜吉凶，他们先在甲骨上钻一下，再用火灼；甲骨经火，有裂痕，便是兆象，卜官细看兆象，断定吉凶；然后便将卜的人、卜的日子、卜的问句等用刀笔刻在甲骨上。这便是卜辞。卜辞里并没有阴阳的观念，也没有八卦的痕迹。❷

卜法用牛骨最多，用龟甲是很少的。商代农业刚起头，游猎和畜牧还是主要的生活方式。那时牛骨头不缺少，到了周代，渐渐脱离游牧时代，进到农业社会了。牛骨头便没有那么容易得了。这时候却有了筮法，作为卜法的辅助。筮法只用些蓍草，那是不难得的。蓍草是一种长寿草，古人觉得这草和老年人一样，阅历多了，知道的也就多了，所以用它来占吉凶。筮的时候用它的秆子；方法已不能详知，大概是数的。取一把蓍草，数一下看是什么数目，看是奇数还是偶数，也许这便可以断定吉凶。古代人看见数目整齐而又有变化，认为是神秘的东西。数目的连续、循环以及奇偶，都引起人们的惊奇。那时候相信数目是有魔力的，所以巫术里用得着它。——我们一般人直到现在，还嫌恶奇数，喜欢偶数，该是那些巫术的遗迹。那时候又相信数目是有道理的，所以哲学里用得着它。我们现在还说，凡事都有定数，这就是前定的意思；这是很古的信仰了。人生有数，世界也有数，数是算好了的一笔账；用现在的话说，便是机械的。数又是宇宙的架子，如说太极生两仪，两仪生四象，①就是一生二、二生四的意思。筮法可以说是一种巫术，是靠了数目来判断吉凶的。

---

① 二语见《易·系辞》。太极是混沌的元气，两仪是天地，四象是日月星辰。

❸　八卦是由三层横线组成的。每一层横线叫作"爻（yáo）"，整画"—"叫作"阳爻"，断画"--"叫作"阴爻"。阳爻、阴爻的三层组合，一共可以有八种形态，就是八卦，又称为"经卦""单卦"。八卦的形象，初学者区分起来不太容易。为了便于记忆，古人编了一首歌谣，非常形象：

☰乾三连，☷坤六断；☳震仰盂，☶艮覆碗；

☲离中虚，☵坎中满；☱兑上缺，☴巽下断。

最先人们草创八卦，就是用它来模拟自然界的各种事物及其变化，并以此预测吉凶。但是仅仅八卦，这个模型显得粗略而简单，不足以描绘丰富的自然界，以及越来越复杂的社会生活和社会现象。所以人们把八卦两两配对，上下重叠起来，这样就形成了六十四种重卦，又称为"别卦"。每个重卦都有六根爻。六十四卦就比八卦丰富多了，在上古社会，基本上就够用了。

《左传·僖公四年》里有"筮短龟长"的话，意思是说，用蓍草占筮不如用龟甲占卜灵验。如果同时用了这两种占法，结果却不同的话，应该优先按照占卜的结果办。

❹　六爻的次序从下往上数，和我们一般的习惯正好相反。这大概代表了动植物自下而上、从低到高生长的方向。从此联想开去，这个顺序也可以象征事物发展、演变的过程，在此过程中，会发生许多难以预测的变化。这中间的奥秘，正是《易》所孜孜探求的。每一爻都有名目，叫作"爻题"。最底下的一层叫"初"，往上依次为"二""三""四""五"，最上面一层叫作"上"。又用数字"九"代表阳爻，"六"代表阴爻。比如泰卦䷊（乾下坤上），从下往上的各爻分别称作：初九、九二、九三、六四、六五、上六。又如否（pǐ）卦䷋（坤下乾上），从下往上的各爻分别称作：初六、六二、六三、九四、九五、上九。

六根爻组成的图画，叫作"卦画"，又叫"卦体"。在长期的占筮实践中，人们摸索其规八卦的基础便是一二三的数目。整画"—"是一；断画"--"是二；三画叠而成卦是三。这样配出八个卦，便是☰☱☲☳☶☵☴☷乾、兑、离、震、艮、坎、巽、坤，是这些卦的名字。那整画断画的排列，也许是在排列着蓍草时触悟出来的。八卦到底太简单了，后来便将这些卦重起来，两卦重作一个，按照算学里错列与组合的必然，成了六十四卦，就是《周易》里的卦数。蓍草的应用，也许起于民间；但八卦的创制，六十四卦的推演，巫与卜官大约是重要的角色。古代巫与卜官同时也就是史官，一切的记载，一切的档案，都掌管在他们手里。他们是当时知识的权威，参加创卦或重卦的工作是可能的。筮法比卜法简便得多，但起初人们并不十分信任它。直到春秋时候，还有"筮短龟长"的话。①那些时代，大概小事才用筮，大事还得用卜的。❸

筮法袭用卜法的地方不少。卜法里的兆象，据说有一百二十体，每一体都有十条断定吉凶的"颂"辞。②这些是现成的辞。但兆象是自然的灼出来的，有时不能凑合到那一百二十体里去，便得另造新辞。筮法里的六十四卦，就相当于一百二十体的兆象。那断定吉凶的辞，原叫作繇辞，"繇"是抽出来的意思。《周易》里一卦有六画，每画叫作一爻——六爻的次序是由下向上数的。繇辞有属于卦的总体的，有属于各爻的；所以后来分称为卦辞和爻辞。这种卦爻辞也是卜筮官的占筮纪录，但和甲骨卜辞的性质不一样。❹

从卦爻辞里的历史故事和风俗制度看，我们知道这些是西周初叶的纪录，纪录里好些是不连贯的，大概是几次筮辞并列在一起的缘故。那时卜筮官将这些卦爻辞按着卦爻的顺序编辑起来，便成了《周易》这部书。"易"是"简易"的意思，是说筮法比卜法简易的意思。本来呢，卦

① 《左传》僖公四年。

② 《周礼·春官·太卜》。

律，在每种卦画后记下了简单的卦辞。再往后，随着占筮活动的进一步发展，越来越走向精细化，每根爻后面也有了爻辞。这是一个逐渐记录，不断修改增益，最终趋于成熟、写定的过程。

卦辞解释一卦的总的含义，是吉还是凶，具体会怎么样。比如乾卦☰的卦辞就是："元亨，利贞。"意思是：大通顺，占问的事情有利。归妹卦☳的卦辞是："征凶，无攸利。"意思是：少女这次出嫁前行，有凶险，没有利益。

爻辞则是对每一爻的解释和判断。比如乾卦是由六根阳爻组成的，但由于位置不同，每根阳爻的爻辞都是不同的："初九，潜龙勿用。"当巨龙还潜伏在深水之中的时候，不要发挥自己的作用，不可有所作为。"九二，见龙在田，利见大人。"当巨龙出现在田野之中时，去见贵人是有利的。"九三，君子终日乾乾，夕惕若厉，无咎。"君子整天勤勉努力，健进自强，直到晚上还像遇到危险一样，时刻保持警惕，这样就可以免于灾祸。"九四，或跃在渊，无咎。"龙有时在深渊中起飞跳跃，这种情形没有过错。"九五，飞龙在天，利见大人。"龙飞腾到了天上，此时去见贵人是有利的。"上九，亢龙有悔。"龙飞到最高位置，就会有悔恨的事情。这些卦爻辞，用质朴古拙的叙述和占断、简单形象的比喻，向我们展示了商周之际社会生活的只鳞片爪，以及当时人的精神世界。其中所体现出来的许多实践经验和哲学智慧，至今仍然有参考价值，有不少语句被后人反复咀嚼回味，成为了汉语的名言警句或成语。

❺《周易》的"周"，主要有两种解释。第一种，周密，周遍。这是说《易》的道理非常周密，又周流于天下，遍及万物。第二种，周代。这是说《易》是周代人创作出来的书。

"易"的意思，历来有许多种解释，除了"简易"之外，还有一个最重要的意思，就是"变易"。朱自清在下文也提到了这一点。这部书是建立在蓍草计算变易的筮法基础之上的，讨论的也是自然界和人类社会的不停流转变易，所以才叫作"易"。

数既然是一定的，每卦每爻的辞又是一定的，检查起来，引申推论起来，自然就"简易"了。不过这只在当时的卜筮官如此。他们熟习当时的背景，卦爻辞虽"简"，他们却觉得"易"。到了后世就不然了，筮法久已失传，有些卦爻辞简直就看不懂了。《周易》原只是当时一部切用的筮书。❺

　　《周易》现在已经变成了儒家经典的第一部；但早期的儒家还没注意这部书。孔子是不讲怪、力、乱、神的。《论语》里虽有"五十以学《易》，可以无大过矣"的话，但另一个本子作"五十以学，亦可以无大过矣"①，所以这句话是很可疑的。孔子只教学生读《诗》《书》和《春秋》，确没有教读《周易》。《孟子》称引《诗》《书》，也没说到《周易》。《周易》变成儒家的经典，是在战国末期。那时候阴阳家的学说盛行，儒家大约受了他们的影响，才研究起这部书来。那时候道家的学说也盛行，也从另一面影响了儒家。儒家就在这两家学说的影响之下，给《周易》的卦爻辞作了种种新解释。这些新解释并非在忠实的确切的解释卦爻辞，其实倒是借着卦爻辞发挥他们的哲学。这种新解释存下来的，便是所谓《易传》。

　　《易传》中间较有系统的是彖辞和象辞。彖辞断定一卦的涵义——"彖"就是"断"的意思。象辞推演卦和爻的象，这个"象"字相当于现在所谓"观念"。这个字后来成为解释《周易》的专门名词。但彖辞断定的涵义，象辞推演的观念，其实不是真正从卦爻里探究出来的；那些只是作传的人傅会在卦爻上面的。这里面包含着多量的儒家伦理思想和政治哲学；象辞的话更有许多和《论语》相近的。但说到"天"的时候，不当作有人格的上帝，而只当作自然的道，却是道家的色彩了。这两种传似乎是编纂起来的，并非一人所作。此外有《文言》和《系辞》。《文言》

———————

① 《古论语》作"易"，《鲁论语》作"亦"。

❻　朱自清根据《鲁论语》的版本，怀疑孔子是否真的说过"五十以学《易》"的话。这种观点应该是来自李镜池《易传探原》（载《古史辨》第三册上编），在当时是颇有新意的。但今天学术界主流并不认可这一观点，一般还是认为《古论语》版本的"五十以学《易》"是正确的。

《周易》包括《易经》和《易传》两个部分。《易经》包括六十四卦的卦画和卦爻辞。这是《周易》最核心、最根本的部分，但是其文字高深古奥，晦涩难懂，所以在东周时代就已经出现了对它的解说文字，保存下来的主要有七种，共十篇，被称作《易传》。具体来说，就是《彖（tuàn）》上下、《象》上下、《文言》、《系辞》上下、《说卦》、《杂卦》、《序卦》。这十篇《易传》，是《易经》的辅助和羽翼，所以又被称为"十翼"，也被称为《周易大传》。

最先《易经》和《易传》是分开的，东汉末的郑玄作《周易注》，把《易传》的《彖》《象》拆分开，列在对应的六十四卦之后，把《文言》列在乾、坤二卦之后。三国魏的王弼又进一步把《彖》《象》分拆，列在各卦的卦辞、爻辞下。这样，就形成了今天通行本的排列形态，经和传就更紧密地结合在一起了。后来的人们谈到《易》《周易》《易经》这些书名，一般都是包括了经和传的，并不做很严格的区分。

❼　《彖》上下、《象》上下用象数来解释卦爻辞。象就是八卦、六十四卦所代表的事物（卦象），还有它们之间的位置关系（卦位）。象也可以指爻象，就是六十四卦中每根爻所代表的事物。数则是指阴阳数和爻数。奇数为阳，偶数为阴，所以可以用奇数"九"代表阳爻，用偶数"六"代表阴爻。每卦六爻的位次也表明了事物之间的位置关系。

❽　《易经》和《易传》，应该都不是某一个人所作，而是出于众手，而且是在较长的时间里不断修改、增益而成的。后世学者将其比附于伏羲、神农、周文王、周公、孔子等圣人，是为了提高其地位。当然，在其创作、流传的过程中，周文王、孔子等圣贤或许起了重要的归纳、整理作用，这是有可能的。

解释乾坤两卦;《系辞》发挥宇宙观人生观，偶然也有分别解释卦爻的话。这些似乎都是抱残守缺，汇集众说而成。到了汉代，又新发现了《说卦》《序卦》《杂卦》三种传。《说卦》推演卦象，说明某卦的观念象征着自然界和人世间的某些事物，譬如乾卦象征着天，又象征着父之类。《序卦》说明六十四卦排列先后的道理。《杂卦》比较各卦意义的同异之处。这三种传据说是河内一个女子在什么地方找着的，后来称为《逸易》；其实也许就是汉代人作的。❻

八卦原只是数目的巫术，这时候却变成数目的哲学了。那整画"—"是奇数，代表天，那断画"--"是偶数，代表地。奇数是阳数，偶数是阴数；阴阳的观念是从男女来的。有天地，不能没有万物，正和有男女就有子息一样，所以三画才能成一卦。卦是表示阴阳变化的;《周易》的"易"，也便是变化的意思。为什么要八个卦呢？这原是算学里错列与组合的必然，但这时候却想着是万象的分类。乾是天，是父等；坤是地，是母等；震是雷，是长子等；巽是风，是长女等；坎是水，是心病等；离是火，是中女等；艮是山，是太监等；兑是泽，是少女等。这样，八卦便象征着也支配着整个的大自然，整个的人间世了。八卦重为六十四卦，卦是复合的，卦象也是复合的，作用便更复杂更具体了。据说伏羲、神农、黄帝、尧、舜一班圣人看了六十四卦的象，悟出了种种道理，这才制造了器物，建立了制度、耒耜以及文字等等东西，"日中为市"等等制度，都是他们从六十四卦推演出来的。❼

这个观象制器的故事，见于《系辞》。《系辞》是最重要的一部《易传》。这传里借着八卦和卦爻辞发挥着的融合儒道的哲学，和观象制器的故事，都大大地增加了《周易》的价值，抬高了它的地位。《周易》的地位抬高了，关于它的传说也就多了。《系辞》里只说伏羲作八卦；后来的传说却将重卦的，作卦爻辞的，作《易传》的人，都补出来了。❽但

【补充参考书目】

金景芳、吕绍刚《周易全解（修订本）》，上海古籍出版社，2017年。

周振甫《周易译注》，中华书局，2013年第2版。

杨天才、张善文译注《周易》，中华书局，2011年。

陈鼓应、赵建伟《周易今注今译》，商务印书馆，2016年。

李申、王博、王德有、郑万耕、廖名春《周易经传译注》，中华书局，2018年。

黄寿祺、张善文《周易译注》，上海古籍出版社，2019年。

王锦民《周易新注》，中华书局，2022年。

朱伯崑主编《周易知识通览》，中央编译出版社，2017年。

朱伯崑《易学哲学史》，昆仑出版社，2009年。

廖名春、康学伟、梁韦弦《周易研究史》，湖南出版社，1991年。

胡士颖《易学简史》，生活·读书·新知三联书店，2018年。

廖明春《〈周易〉经传十五讲（第2版）》，北京大学出版社，2012年第2版。

【思考题】

1.《周易》是一部什么样的书？它是用来做什么的？

2.卦和爻分别是什么？卦辞和爻辞又分别是什么？

3.经和传分别是什么意思？它们之间有什么关系？《易经》和《易传》各有什么内容，互相之间是什么关系？

这些传说都比较晚，所以有些参差，不尽能像"伏羲画卦说"那样成为定论。重卦的人，有说是伏羲的，有说是神农的，有说是文王的。卦爻辞有说全是文王作的；有说爻辞是周公作的；有说全是孔子作的。《易传》却都说是孔子作的。这些都是圣人。《周易》的经传都出于圣人之手，所以和儒家所谓道统关系特别深切；这成了他们一部传道的书。所以到了汉代，便已跳到《六经》之首了①。但另一面阴阳八卦与五行结合起来，三位一体的演变出后来医卜星相种种迷信，种种花样，支配着一般民众，势力也非常雄厚。这里面儒家的影响却很少了，大部分还是《周易》原来的卜筮传统的力量。儒家的《周易》是哲学化了的；民众的《周易》倒是巫术的本来面目。

[参考资料]

顾颉刚《周易卦爻辞中的故事》（《古史辨》第三册上）。

李镜池《易传探原》（同上）。

余永梁《易卦爻辞的时代及其作者》（同上）。

① 《庄子》"天运篇"和"天下篇"所说《六经》的次序是：《诗》《书》《礼》《乐》《易》《春秋》，到了《汉书·艺文志》，便成了《易》《书》《诗》《礼》《乐》《春秋》了。

详析

❶ 《尚书》是中国上古时代的历史文件和部分追述上古历史事迹的著作的汇编，上起尧舜，下迄春秋中期的秦穆公，是中国现存最早的一部历史文献，对于我们了解中国上古史具有极高的价值。全书分为《虞书》《夏书》《商书》《周书》四部分。

《虞书》《夏书》应该是周代人根据远古的传说和部分夏代流传下来的史料追记的。因为从目前的考古材料来看，夏代还并没有成熟的文字，也就很难有整篇成熟的历史文献，但当时的人还是通过口耳相传、简单的符号记载等方式，把一些零散的历史信息传了下来。"虞"是传说中舜的国号，在夏朝之前，就更加不可能有成篇的历史记载了。所以《虞书》中尧、舜、禹、皋陶（gāo yáo）、益、稷等古圣先贤的言行事迹，不可能是当时的记录，只能是后人追记。

《商书》里或许有一部分是商代的文献，但是应该也有不少是后代的拟作，大概作于西周末年至春秋初年。《周书》则大部分是西周的作品。相对来说，记录内容的时代最早的《虞书》和《夏书》，可能成篇反而是最晚的，部分篇章甚至可能是战国时的作品。这么一来，它们的记载未必完全可信。但是对于本来就稀缺的上古史料来说，它们仍然是非常珍贵的组成部分。

今本《尚书》包括《虞书》五篇、《夏书》四篇、《商书》十七篇、《周书》三十二篇，共五十八篇，但是其中有许多是伪作，我们将在下文中详细说明。

❷ 《尚书》中大多数篇章都是记言的，这是历史文献早期的主要形态。

因为年代久远，《尚书》中许多篇目的文字非常古奥难懂。唐代韩愈《进学解》说："周《诰（gào）》殷《盘》，佶屈聱牙（jí qū áo yá）。""周《诰》殷《盘》"指的是《尚书·周书》中的《大诰》《康诰》《酒诰》《召诰》《洛诰》等篇，以及《尚书·商书》中的《盘庚》

原文

《尚书》第三 ❶

　　《尚书》是中国最古的记言的历史。所谓记言，其实也是记事，不过是一种特别的方式罢了。记事比较的是间接的，记言比较的是直接的。记言大部分照说的话写下来；虽然也须略加剪裁，但是尽可以不必多费心思。记事需要化自称为他称，剪裁也难，费的心思自然要多得多。

　　中国的记言文是在记事文之先发展的。商代甲骨卜辞大部分是些问句，记事的话不多见。两周金文也还多以记言为主。直到战国时代，记事文才有了长足的进展。古代言文大概是合一的；说出的写下的都可以叫作"辞"。卜辞我们称为"辞"，《尚书》的大部分其实也是"辞"。我们相信这些辞都是当时的"雅言"①，就是当时的官话或普通话。但传到后世，这种官话或普通话却变成诘屈聱牙的古语了。❷

　　《尚书》包括虞夏商周四代；大部分是号令，就是向大众宣布的话，小部分是君臣相告的话。也有记事的；可是照近人的说数，那记事的几篇，大都是战国末年人的制作，应该分别的看。那些号令多称为"誓"

---

① "雅言"见《论语·述而》。

上中下三篇。韩愈是用这些篇目来代表整部《尚书》，指出其文字晦涩艰深，读起来拗口别扭，又很难理解。

❸　关于《尚书》里文献的分类，历来有不同的意见。到底该分为几类？我们不必在这个问题上过多纠缠，仅在此举数个例子进行说明。

典：意思就是典范、常法，篇中讲述的道理可以百代常行。如《虞书·尧典》中的一部分内容记录的是尧舜禅让之道。

谟（mó）：就是谋，是君臣之间的谋议对话。如《虞书·皋陶谟》，记录了舜、禹、皋陶等人在一次会议上的发言。

誓：在军队前的宣誓。如《周书·牧誓》，是周武王讨伐商纣王，在牧野大战前的誓师之词。又如《周书·秦誓》，是秦穆公在崤之战中遭到惨败后，于军队前悔过，公开承认自己错误的誓词。

诰：告诫之词。一般是君主对臣民的号令告诫。如《周书·康诰》《周书·酒诰》就都是周公摄政时对康叔的诰命，前者是教导康叔如何治理殷商故地，后者则是告诫他不要沉湎于酒。

命：册命、命令。如《周书·文侯之命》，是周平王对帮助其东迁有功的晋文侯的册命，表示对他的嘉奖和期望，并记载了赏赐之物。

《尚书》里还有最早的一篇地理著作《夏书·禹贡》，把全国分为九州，介绍了它们的地域范围、水利治理、土质、赋税等级、贡物等情况，又介绍了全国的名山大川。

朱自清说《尚书》"成书也许是在汉人手里"，现在看来，恐不准确。先秦文献经常称"《书》曰"，甚至还常常称引"《夏书》""《商书》""《周书》"，说明至少在战国时期，《书》就已经是整理成形、有较为固定的篇目的文献集了。

或"诰"，后人便用"誓""诰"的名字来代表这一类。平时的号令叫"诰"，有关军事的叫"誓"。君告臣的话多称为"命"；臣告君的话却似乎并无定名，偶然有称为"谟"①的。这些辞有的是当代史官所记，有的是后代史官追记。当代史官也许根据亲闻，后代史官便只能根据传闻了。这些辞原来似乎只是说的话，并非写出的文告；史官纪录，意在存作档案，备后来查考之用。这种古代的档案，想来很多，留下来的却很少。汉代传有《书序》，来历不详，也许是周秦间人所作。有人说，孔子删《书》为百篇，每篇有序，说明作意。这却缺乏可信的证据。孔子教学生的典籍里有《书》，倒是真的。那时代的《书》是个什么样子，已经无从知道。"书"原是纪录的意思②；大约那所谓"书"只是指当时留存着的一些古代的档案而言；那些档案恐怕还是一件件的，并未结集成书。成书也许是在汉人手里。那时候这些档案留存着的更少了，也更古了，更稀罕了；汉人便将它们编辑起来，改称《尚书》。"尚"，"上"也；《尚书》据说就是"上古帝王的书"③。"书"上加一"尚"字，无疑的是表示着尊信的意味。至于《书》称为"经"，始于《荀子》④，不过也是到汉代才普遍罢了。❸

儒家所传的"五经"中，《尚书》残缺最多，因而问题也最多。秦始皇烧天下诗书及诸侯史记，并禁止民间私藏一切书。到汉惠帝时，才开了书禁；文帝接着更鼓励人民献书。书才渐渐见得着了。那时传《尚书》的只有一个济南伏生⑤。伏生本是秦博士。始皇下诏烧诗书的时候，他将《书》藏在墙壁里。后来兵乱，他流亡在外。汉定天下，才回家；检查所藏的《书》，已失去数十篇，剩下的只二十九篇了。他就守着这一

---

① 《说文》言部："谟，议谋也。"

② 《说文》书部："书，著也。"

③ 《论衡·正说篇》。

④ 《劝学篇》。

⑤ 裴骃《史记集解》引张晏曰："伏生名胜，《伏氏碑》云。"

〔唐〕王维（传）《伏生授经图》（局部），纽约大都会博物馆藏。

❹ 《史记·儒林列传》记载，伏生在战乱结束后，从墙壁中找回当年自己所藏的《书》，只剩下二十九篇了。《汉书》的《儒林传》和《艺文志》，以及《前汉纪》中引用刘向的话，都与此说法相同。但是后来另有一种说法，说伏生传的《尚书》只有二十八篇，由此带来种种疑团和争论。为避免繁琐，我们这里不做展开介绍。

汉朝的"博士"是指一种专门负责研究、传授典籍的官员，与今天指最高学位的意思不一样。被朝廷立为博士，意味着其学术获得了官方的承认和支持。

些，私自教授于齐鲁之间。文帝知道了他的名字，想召他入朝。那时他已九十多岁，不能远行到京师去。文帝便派掌故官晁错来从他学。伏生私人的教授，加上朝廷的提倡，使《尚书》流传开去。伏生所藏的本子是用"古文"写的，还是用秦篆写的，不得而知；他的学生却只用当时的隶书钞录流布。这就是东汉以来所谓《今尚书》或《今文尚书》。汉武帝提倡儒学，立"五经"博士；宣帝时每经又都分家数立官，共立了十四博士。每一博士各有弟子员若干人。每家有所谓"师法"或"家法"，从学者必须严守。这时候经学已成利禄的途径，治经学的自然就多起来了。《尚书》也立下欧阳（和伯）、大小夏侯（夏侯胜、夏侯建）三博士，却都是伏生一派分出来的。当时去伏生已久，传经的儒者为使人尊信的缘故，竟有硬说《尚书》完整无缺的。他们说，二十九篇是取法天象的，一座北斗星加上二十八宿，不正是二十九吗！①这二十九篇，东汉经学大师马融、郑玄都给作过注；可是那些注现在差不多亡失干净了。❹

　　汉景帝时，鲁恭王为了扩展自己的宫殿，去拆毁孔子的旧宅。在墙壁里得着"古文"经传数十篇，其中有《书》。这些经传都是用"古文"写的；所谓"古文"，其实只是晚周民间别体字。那时恭王肃然起敬，不敢再拆房子，并且将这些书都交还孔家的主人孔子的后人叫孔安国的。安国加以整理，发见其中的《书》比通行本多出十六篇；这称为《古文尚书》。武帝时，安国将这部书献上去。因为语言和字体的两重困难，一时竟无人能通读那些"逸书"，所以便一直压在皇家图书馆里。成帝时，刘向、刘歆父子先后领校皇家藏书。刘向开始用《古文尚书》校勘今文本子，校出今文脱简及异文各若干。哀帝时，刘歆想将《左氏春秋》《毛诗》《逸礼》及《古文尚书》立博士；这些都是所谓"古文"经典。当

①《论衡·正说篇》。

❺　汉代传承的儒家经典，分为两大类，即今文经和古文经。秦始皇"焚书坑儒"，禁止天下人私藏图书，所以古籍遭到很大的破坏。而民间有许多人偷偷将书藏了起来，最常见的手段是藏在墙壁里。在汉朝兴起后，设立"五经"博士，博士们所用的经书本子，是用当时流行的隶书写的，所以被称作"今文经"。而那些民间偷藏的书也渐渐得以重见天日，因为它们是用秦代以前的古文字书写的，所以被称作"古文经"。

今文经和古文经不仅仅是抄写字体的不同，内容也不相同，篇章、字句都有不小的出入。更重要的是，它们对于典籍文字的解释，对古代事件和历史人物的评价也都各不相同。简单地说，就是形成了完全不同的两大学派，即今文经学和古文经学。今文家特别崇拜孔子，尊他为"素王"，认为六经大部分是他作的。而古文家则崇拜周公，尊孔子为先师，认为他不过是将前代史料加以整理，以传授给后人而已。

在西汉时，立于博士学官的都是今文经，今文经学占着绝对优势。汉哀帝时，刘歆为古文经做呼吁，希望朝廷能够把古文经《左氏春秋》《毛诗》《逸礼》及《古文尚书》立于学官，遭到今文经博士们的阻挠。他为此写了《让太常博士书》进行激烈的辩论，斥责博士们是"抱残守缺"。后来刘歆的好朋友王莽当政，在他的支持下，四家古文经都被立于学官。但这只是昙花一现，王莽败亡后，它们也就都被废黜了。孔壁本的《古文尚书》再也没有被朝廷重视。

❻　到了东汉，今文经学与谶纬之学搅和在一起，越来越繁琐、迷信、荒谬，招致了人们越来越多的厌烦和批评。而古文经学重训诂名物、重史实而又比较清通简要的优点慢慢显现出来，所以在与今文经学的斗争中慢慢占了上风。但是《古文尚书》学并没有因之兴起。

时的"五经"博士不以为然，刘歆写了长信和他们争辩。①这便是后来所谓今古文之争。❺

　　今古文之争是西汉经学一大史迹。所争的虽然只在几种经书，他们却以为关系孔子之道即古代圣帝明王之道甚大。"道"其实也是幌子，骨子里所争的还在禄位与声势；当时今古文派在这一点上是一致的。不过两派的学风确也有不同处。大致今文派继承先秦诸子的风气，"思以其道易天下"②，所以主张通经致用。他们解经，只重微言大义；而所谓微言大义，其实只是他们自己的历史哲学和政治哲学。古文派不重哲学而重历史，他们要负起保存和传布文献的责任；所留心的是在章句训诂典礼名物之间。他们各得了孔子的一端，各有偏畸的地方。到了东汉，书籍流传渐多，民间私学日盛。私学压倒了官学，古文经学压倒了今文经学；学者也以兼通为贵，不再专主一家。但是这时候"古文"经典中《逸礼》即《礼》古经已经亡佚，《尚书》之学，也不昌盛。❻

　　东汉初，杜林曾在西州（今新疆境）得漆书《古文尚书》一卷，非常宝爱，流离兵乱中，老是随身带着。他是怕"《古文尚书》学"会绝传，所以这般珍惜。当时经师贾逵、马融、郑玄都给那一卷《古文尚书》作注，从此《古文尚书》才显于世。③原来"《古文尚书》学"直到贾逵才真正开始；从前是没有什么师说的。而杜林所得只一卷，决不如孔壁所出的多。学者竟爱重到那般地步。大约孔安国献的那部《古文尚书》，一直埋没在皇家图书馆里，民间也始终没有盛行，经过西汉末年的兵乱，便无声无臭的亡失了罢。杜林的那一卷，虽经诸大师作注，却也没传到后世；这许又是三国兵乱的缘故。《古文尚书》的运气真够坏的，不

---

① 《汉书》本传。

② 语见章学诚《文史通义·言公》上。

③ 《后汉书·杨伦传》。

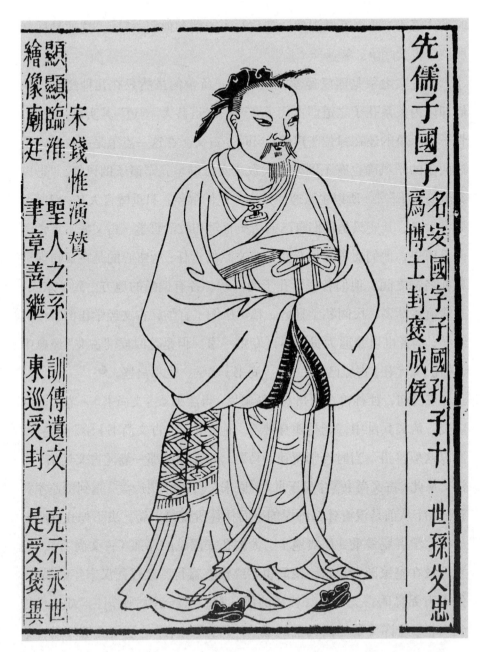

先儒子國子

名安國字子國孔子十一世孫父忠

爲博士封褒成侯

宋錢惟演贊

繪像廟廷　聿章善繼　東巡受封　是受褒異

顯顯臨淮　聖人之系　訓傳遺文　克示永世

孔安国像。图片采自〔明〕冠洋子撰《圣贤像赞》，清光绪四年（1878）会文堂重刻本，天津图书馆藏。

但没有能够露头角，还一而再地遭到了些冒名顶替的事儿。这在西汉就有。汉成帝时，因孔安国所献的《古文尚书》无人通晓，下诏征求能够通晓的人。东莱有个张霸，不知孔壁的书还在。便根据《书序》，将伏生二十九篇分为数十，作为中段，又采《左氏传》及《书序》所说，补作首尾，共成《古文尚书百二篇》。每篇都很简短，文意又浅陋。他将这伪书献上去。成帝教用皇家图书馆藏着的孔壁《尚书》对看，满不是的。成帝便将张霸下在狱里，却还存着他的书，并且听它流传世间。后来张霸的再传弟子樊并谋反，朝廷才将那书毁废；这第一部伪《古文尚书》就从此失传了。

　　到了三国末年，魏国出了个王肃，是个博学而有野心的人。他伪作了《孔子家语》《孔丛子》①，又伪作了一部孔安国的《古文尚书》，还带着孔安国的传。他是个聪明人，伪造这部《古文尚书》孔传，是很费了心思的。他采辑群籍中所引"逸书"，以及历代嘉言，改头换面，巧为联缀，成功了这部书。他是参照汉儒的成法，先将伏生二十九篇分割为三十三篇，另增多二十五篇，共五十八篇②，以合于东汉儒者如桓谭、班固所记的《古文尚书》篇数。所增各篇，用力阐明儒家的"德治主义"，满纸都是仁义道德的格言。这是汉武帝罢黜百家，专崇儒学以来的正统思想，所谓大经大法，足以取信于人。只看宋以来儒者所口诵心维的"十六字心传"③，正在他伪作的《大禹谟》里，便见出这部伪书影响之大。其实《尚书》里的主要思想，该是"鬼治主义"，像《盘庚》等篇所表现的。"原来西周以前，君主即教主，可以为所欲为，不受什

----

① 《家语》托名孔安国，《孔丛子》托名孔鲋。
② 桓谭《新论》作五十八，《汉书·艺文志》自注作五十七。
③ 见真德秀《大学衍义》。所谓十六字是："人心惟危，道心惟微，惟精惟一，允执厥中。"在伪《大禹谟》里，是舜对禹的话。

《古文尚书》书影。图片采自清光绪六年（1880）墨池书舍刻本，天津图书馆藏。

么政治道德的拘束。逢到臣民不听话的时候，只要抬出上帝和先祖来，自然一切解决。"这叫作"鬼治主义"。"西周以后，因疆域的开拓，交通的便利，富力的增加，文化大开。自孔子以至荀卿、韩非，他们的政治学说都建筑在人性上面。尤其是儒家，把人性扩张得极大。他们觉得政治的良好只在诚信的感应；只要君主的道德好，臣民自然风从，用不到威力和鬼神的压迫。"这叫作"德治主义"。①看古代的档案，包含着"鬼治主义"思想的，自然比包含着"德治主义"思想的可信得多。但是王肃的时代早已是"德治主义"的时代，他的伪书所以专从这里下手。他果然成功了。只是词旨坦明，毫无诘屈聱牙之处，却不免露出了马脚。

晋武帝时候，孔安国的《古文尚书》曾立过博士②；这《古文尚书》大概就是王肃伪造的。王肃是武帝的外祖父，当时即使有怀疑的人，也不敢说话。可是后来经过怀帝永嘉之乱，这部伪书也散失了，知道的人很少。东晋元帝时，豫章内史梅赜发见了它，便拿来献到朝廷上去。这时候伪《古文尚书》孔传便和马、郑注的《尚书》并行起来了。大约北方的学者还是信马、郑的多，南方的学者才是信伪孔的多。等到隋统一了天下，南学压倒了北学，马、郑《尚书》，习者渐少。唐太宗时，因章句繁杂，诏令孔颖达等编撰《五经正义》；高宗永徽四年（西元六五三），颁行天下，考试必用此本。《正义》成了标准的官书，经学从此大统一。那《尚书正义》便用的伪《古文尚书》孔传。伪孔定于一尊，马、郑便更没人理睬了；日子一久，自然就残缺了，宋以来差不多就算亡了。伪《古文尚书》孔传如此这般冒名顶替了一千年，直到清初的时候。

这一千年中间，却也有怀疑伪《古文尚书》孔传的人。南宋的吴棫

①　以上引顾颉刚《盘庚中篇今译》（《古史辨》第二册）。

②　《晋书·荀崧传》。

❼　王肃伪作《古文尚书》一事，乃是清代丁晏等部分学者的意见，并未获得学术界的普遍接受。

东晋元帝时，豫章内史梅赜（有的文献中写作"梅颐"）向朝廷献上了一部《古文尚书》，其中还包含了号称是汉朝孔安国作的传和序言。此时《今文尚书》中的《泰誓》一篇已亡佚，所以只剩下二十八篇，梅赜本将其部分篇目拆解，变成了三十三篇，另外还多出来二十五篇，共五十八篇。这部书看上去非常完备，后来唐朝人对它坚信不疑，将其作为《五经正义》中《尚书正义》的基础。经过从宋到清的历代学者的努力辨析，我们知道了，这部所谓的《古文尚书》是伪书，多出来的二十五篇，连带全部篇目的孔安国传和序，都是假的，这已经成为定论。我们今天一般称多出来的二十五篇为"伪《古文尚书》"，孔安国传为"伪孔安国传"。2008年清华大学收藏了一批战国简，其中有几篇可能就是战国时真正的古文《尚书》，与伪《古文尚书》的内容有很大区别，再次有力地证明了后者是后起的伪书。

但到底是谁作的伪呢？阎若璩《古文尚书疏证》、惠栋《古文尚书考》都认为是梅赜，而丁晏《尚书余论》则认为是王肃。丁晏的论据尚嫌不足，所以并未能够得到学术界一致认可。关于这个问题，至今尚未有统一的意见，也许永远不会有。或许更加谨慎的说法是：这部伪书是魏、晋间人所作，但具体何人，很难弄清楚。

那么真正可靠的部分，就只有《今文尚书》二十八篇了。可正如我们前文所述，即便是《今文尚书》，也有许多是战国时代的作品，其所记录的尧舜等的史迹，未必完全可信。不过这仍然不妨碍它们作为第一手珍贵史料，有着巨大的参考价值。

我们今天不把伪《古文尚书》当作可靠的先秦史料来对待，但它们也并非全无价值。一方面，其中有许多片段是来自其他书中所引用的《尚书》篇章，这部分文句并不真的"伪"。另一方面，其中也包含了不少政治智慧和训诫的内容，影响了中国人的思想，起到了积极的作用。其中的一些语句也已经成为了名言警句，如《大禹谟》中的"人心惟危，道心惟微，惟精惟一，允执厥中"；《五子之歌》里的"民惟邦本，本固邦宁"；《咸首先发难。他有《书稗传》十三卷①，可惜不传了。朱子因孔安国的"古文"字句皆完整，又平顺易读，也觉得可疑。②但是他们似乎都还没有去找出确切的证据。至少朱子还不免疑信参半；他还采取伪《大禹谟》里"人心""道心"的话解释"四书"，建立道统呢。元代的吴澄才断然地将伏生今文从伪古文分出；他的《尚书纂言》只注解今文，将伪古文除外。明代梅鷟著《尚书考异》，更力排伪孔，并找出了相当的证据。但是严密钩稽决疑定谳的人，还得等待清代的学者。这里该提出三个可尊敬的名字。第一是清初的阎若璩，著《古文尚书疏证》，第二是惠栋，著《古文尚书考》；两书辨析详明，证据确凿，教伪孔体无完肤，真相毕露。但将作伪的罪名加在梅赜头上，还不免未达一间。第三是清中叶的丁晏，著《尚书余论》，才将真正的罪人王肃指出。千年公案，从此可以定论。这以后等着动手的，便是搜辑汉人的伏生《尚书》说和马、郑注。这方面努力的不少，成绩也斐然可观；不过所能做到的，也只是抱残守缺的工作罢了。伏生《尚书》从千年迷雾中重露出真面目，清代诸大师的劳绩是不朽的。但二十九篇固是真本，其中也还该分别的看。照近人的意见，"周书"大都是当时史官所记，只有一二篇像是战国时人托古之作。"商书"究竟是当时史官所记，还是周史官追记，尚在然疑之间。"虞夏书"大约多是战国末年人托古之作，只《甘誓》那一篇许是后代史官追记的。这么着，《今文尚书》里便也有了真伪之分了。❼

[参考资料]

王先谦《尚书孔传参正序例》及卷三十六《伪孔安国序》。

顾颉刚《论今文尚书著作时代书》（《古史辨》第一册）。

---

①　陈振孙《直斋书录解题》四。

②　见《朱子语类》七十八。

有--德》里的"德无常师，主善为师"等等。还有成语"好生之德""离心离德""同心同德""奇技淫巧""偃武修文""暴殄天物""功亏一篑""有容乃大"等等，也都出自伪《古文尚书》。它曾经在一千多年的时间里被当作真的儒家圣经进入教育体系，被历代学子研读，可以说，它已经融入了中国传统文化，成为了其中不可分割的一部分。

伪孔安国传虽然并不是西汉孔安国作的，但是学术水平却不低，可以被看作是西晋以前对《尚书》的解说的总结。那个年代对于西汉来说是比较晚的，但是对于今天来说则已经是很早的了。伪孔传又是唐代以前《尚书》古注中唯一完整、系统流传至今的本子，所以有很高的学术价值，我们今天要解读和研究《尚书》，离不开它的帮助。

【补充参考书目】

钱宗武《尚书译注》，中华书局，2022年。

何晋《尚书新注》，中华书局，2022年。

王世舜、王翠叶译注《尚书》，中华书局，2012年。

李民、王健《尚书译注》，上海古籍出版社，2016年。

顾颉刚、刘起釪《尚书校释译论》（繁体字版），中华书局，2005年。

顾颉刚、刘起釪《尚书校释译论》（简体字版），中华书局，2018年。

陈梦家《尚书通论》，中华书局，2005年。

蒋善国《尚书综述》，上海古籍出版社，1988年。

刘起釪《尚书学史（订补本）》，中华书局，1989年。

程元敏《尚书学史》，华东师范大学出版社，2013年。

【思考题】

1.《尚书》是一部什么书？它包括哪些内容？

2.今文经学和古文经学分别是什么意思？它们在汉代的大概发展情况如何？

3.为什么说东晋梅赜所献的《古文尚书》是伪书？我们今天应该怎样看待它？

详析

❶　《诗经》是我国最古老的一部诗歌总集，收集了从西周初年到春秋中叶，也就是从公元前11世纪到前6世纪约五百年间的诗歌三百零五篇。它在先秦时通称"《诗》"或"《诗》三百"。战国时，荀子已把《诗》说成是"经"。到了西汉时，汉武帝立"五经"博士，《诗》作为儒家十分重视的典籍，也被朝廷正式定为"五经"之一。这样，《诗经》的名称才确定下来。

《诗经》由风、雅、颂三部分组成。"风"分为周南、召南、邶、鄘、卫、王、郑、齐、魏、唐、秦、陈、桧、曹、豳十五国风，共一百六十篇。"雅"一百零五篇，其中大雅三十一篇，小雅七十四篇。"颂"四十篇，其中周颂三十一篇，鲁颂四篇，商颂五篇。

《诗经》产生的地域在黄河中下游流域和汉水上游一带。当时的诗歌尚未有意识地取题目，所以《诗经》中的篇名，往往是在篇中，尤其是在首句中选若干字作为题目。如《周南·关雎》的题目来自首句"关关雎鸠"，《邶风·静女》的题目来自首句"静女其姝"，《郑风·子衿》的题目来自首句"青青子衿"，《秦风·蒹葭》的题目来自首句"蒹葭苍苍"。当然，也有少数例外的，如《小雅》里的《雨无正》《巷伯》、《大雅》里的《常武》等，篇名并没有出现在诗句中。

《诗经》的句式，以每句四个字为主，这种诗叫作"四言诗"。虽然也有其他或长或短的句型，但是比四言句型少得多。《诗经》时代，是四言诗的黄金时代。

原文

《诗经》第四 ❶

　　诗的源头是歌谣。上古时候，没有文字，只有唱的歌谣，没有写的诗。一个人高兴的时候或悲哀的时候，常愿意将自己的心情诉说出来，给别人或自己听。日常的言语不够劲儿，便用歌唱；一唱三叹的叫别人回肠荡气。唱叹再不够的话，便手也舞起来了，脚也蹈起来了，反正要将劲儿使到了家。碰到节日，大家聚在一起酬神作乐，唱歌的机会更多。或一唱众和，或彼此竞胜。传说葛天氏的乐八章，三个人唱，拿着牛尾，踏着脚，①似乎就是描写这种光景的。歌谣越唱越多，虽没有书，却存在人的记忆里。有了现成的歌儿，就可借他人酒杯，浇自己块垒；随时拣一支合适的唱唱，也足可消愁解闷。若没有完全合适的，尽可删一些改一些，到称意为止。流行的歌谣中往往不同的词句并行不悖，就是为此。可也有经过众人修饰，成为定本的。歌谣真可说是"一人的机锋，多人的智慧"了。②

　　歌谣可分为徒歌和乐歌。徒歌是随口唱，乐歌是随着乐器唱。徒歌

---

　① 《吕氏春秋·古乐篇》。

　② 英美吉特生《英国民歌论说》。译文据周作人《自己的园地》"歌谣"章。

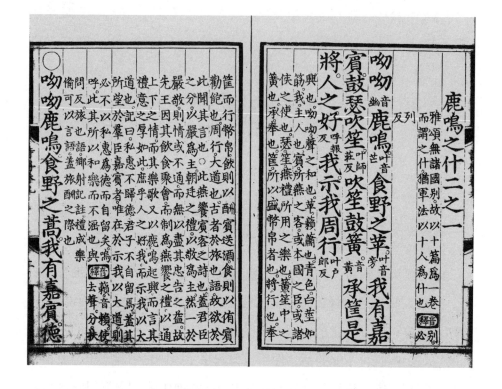

《诗经集传》书影。图片采自明正统十二年（1447）司礼监刊本，日本内阁文库藏本。

❷　朱自清提到了《诗经》里诗篇的三个来源：1. 从民间采集而来；2. 乐官所保存的王室、贵族的祭祀、宴享及其他重要活动所用的诗；3. 大臣们创作，献给君上的诗。

据司马迁《史记·孔子世家》说，"诗"最初有三千首，孔子对其加以删定，去掉其中绝大部分，留下了三百多首，也就是流传到今天的《诗经》。但是孔子删诗的说法未必可信。许多学者认为，在孔子的时代，《诗经》应该已经有了比较固定的篇目。孔子本人就多次称《诗》、《诗》三百。

也有节奏，手舞脚蹈便是帮助节奏的；可是乐歌的节奏更规律化些。乐器在中国似乎早就有了，《礼记》里说的土鼓土槌儿、芦管儿①，也许是我们乐器的老祖宗。到了《诗经》时代，有了琴瑟钟鼓，已是洋洋大观了。歌谣的节奏最主要的靠重叠或叫复沓；本来歌谣以表情为主，只要翻来覆去将情表到了家就成，用不着费话。重叠可以说原是歌谣的生命，节奏也便建立在这上头。字数的均齐，韵脚的调协，似乎是后来发展出来的。有了这些，重叠才在诗歌里失去主要的地位。

　　有了文字以后，才有人将那些歌谣纪录下来，便是最初的写的诗了。❷但纪录的人似乎并不是因为欣赏的缘故，更不是因为研究的缘故。他们大概是些乐工，乐工的职务是奏乐和唱歌；唱歌得有词儿，一面是口头传授，一面也就有了唱本儿。歌谣便是这么写下来的。我们知道春秋时的乐工就和后世阔人家的戏班子一样，老板叫作太师。那时各国都养着一班乐工，各国使臣来往，宴会时都得奏乐唱歌。太师们不但得搜集本国乐歌，还得搜集别国乐歌。不但搜集乐词，还得搜集乐谱。那时的社会有贵族与平民两级。太师们是伺候贵族的，所搜集的歌儿自然得合贵族们的口味；平民的作品是不会入选的。他们搜得的歌谣，有些是乐歌，有些是徒歌。徒歌得合乐才好用。合乐的时候，往往得增加重叠的字句或章节，便不能保存歌词的原来样子。除了这种搜集的歌谣以外，太师们所保存的还有贵族们为了特种事情，如祭祖、宴客、房屋落成、出兵、打猎等等作的诗。这些可以说是典礼的诗。又有讽谏、颂美等等的献诗；献诗是臣下作了献给君上，准备让乐工唱给君上听的，可以说是政治的诗。太师们保存下这些唱本儿，带着乐谱；唱词儿共有三百多篇，当时通称作"《诗》三百"。到了战国时代，贵族渐渐衰落，平民渐渐抬头，

---

① "土鼓""蒉桴"见《礼运》和《明堂位》，"苇"见《明堂位》。

❸　根据《左传》襄公二十七年的记载，"诗以言志"这句话，确实是赵孟（赵武）说的，但并不是和子太叔（游吉）说的，而是在宴会结束后对晋国的另一位大夫叔向说的。朱自清此处当属误记。

"志"，指人的思想、志意、怀抱。《尚书·尧典》："诗言志，歌永言。"和《左传》所记赵武的话差不多。《毛诗大序》："诗者，志之所之也。在心为志，发言为诗。"意思是说：诗是思想志意所去的地方。萌发于人的心中，就是志；抒发为语言，就是诗。许慎《说文解字》："诗，志也。从言，寺声。"认为诗和志差不多就是一回事。

在春秋时代，通行赋诗言志。在外交宴会上，人们往往要通过赋诗来委婉地表达自己的态度、意图和观点。赋诗方式有三种说法。第一种，就是点歌，让乐队演唱。《经典常谈》就采用了这一说法。第二种，是由本人朗诵，不唱歌。《汉书·艺文志》说："不歌而诵谓之赋，登高能赋，可以为大夫。"还有一种情况，就是临时创作新的诗篇。

在郑国招待晋国大臣赵武的宴会上，子太叔赋《野有蔓草》借用爱情诗来表达两国友好，以及对对方使者的友好之意，是当时很常见的做法。郑国大夫伯有（良霄）赋《鄘风·鹑之奔奔》，里面有两句："人之无良，我以为君。"在外交场合，公开向外国贵宾骂自己的国君郑简公，这是非常不合适的。

春秋时期的贵族都要学习《诗》，熟悉其中的篇章词句，以备在外交场合运用。如果运用得当，就会取得很好的效果，顺利完成外交使命，提高本国和使者本人的威望。如果运用得不好，就会造成不良后果。有的贵族不学无术，胡乱赋诗，不伦不类，就会被人嘲笑，甚至会引发国家之间的冲突。还有的人，别人赋诗骂他，他也听不出来。这都是外交灾难。可见对《诗》的学习非常重要。孔子说："不学《诗》，无以言。"（《论语·季氏》）

新乐代替了古乐，职业的乐工纷纷散走。乐谱就此亡失，但是还有三百来篇唱词儿流传下来，便是后来的《诗经》了。①

"诗言志"是一句古话；"诗"（詩）这个字就是"言""志"两个字合成的。但古代所谓"言志"和现在所谓"抒情"并不一样；那"志"总是关联着政治或教化的。春秋时通行赋诗。在外交的宴会里，各国使臣往往得点一篇诗或几篇诗叫乐工唱。这很像现在的请客点戏，不同处是所点的诗句必加上政治的意味。这可以表示这国对那国或这人对那人的愿望、感谢、责难等等，都从诗篇里断章取义。断章取义是不管上下文的意义，只将一章中一两句拉出来，就当前的环境，作政治的暗示。如《左传》襄公二十七年，郑伯宴晋使赵孟于垂陇，赵孟请大家赋诗，他想看看大家的"志"。子太叔赋的是《野有蔓草》。原诗首章云："野有蔓草，零露溥兮，有美一人，清扬婉兮。邂逅相遇，适我愿兮。"子太叔只取末两句，借以表示郑国欢迎赵孟的意思；上文他就不管。全诗原是男女私情之作，他更不管了。可是这样办正是"诗言志"；在那回宴会里，赵孟就和子太叔说了"诗以言志"这句话。❸

到了孔子时代，赋诗的事已经不行了，孔子却采取了断章取义的办法，用《诗》来讨论做学问做人的道理。"如切如磋，如琢如磨"②，本来说的是治玉，将玉比人。他却用来教训学生做学问的工夫。③ "巧笑倩兮，美目盼兮，素以为绚兮"④，本来说的是美人，所谓天生丽质。他却拉出末句来比方作画，说先有白底子，才会有画，是一步步进展的；作画还是比方，他说的是文化，人先是朴野的，后来才进展了文

---

① 今《诗经》共三百十一篇，其中六篇有目无诗，实存三百零五篇。
② 《卫风·淇奥》的句子。
③ 《论语·学而》。
④ "巧笑倩兮，美目盼兮"，《卫风·硕人》的句子；"素以为绚兮"一句今已佚。

❹　《左传》襄公二十八年里有一句话："赋诗断章，余取所求焉。"意思是，赋诗的时候是断章取义，我得到我要的意思就行了。可见当时赋诗普遍采用断章取义的方法，根据自己的需要，取其中一两句来表达自己的意思，而不用符合诗篇总体的原意。上文子太叔引用《郑风·野有蔓草》，就是这样的用法。

《卫风·淇奥》："有匪君子，如切如磋，如琢如磨。"用雕治牙骨玉石的道理来比喻君子的品德修养，一步步推进，精益求精。子贡向孔子提出的问题，也是与个人修养有关的。他听到孔子的回答后，马上就想到了"如切如磋，如琢如磨"。所以孔子很高兴，夸奖他能够活学活用，发挥引申，举一反三。在这里，引用《诗》的是子贡，孔子似乎并没有断章取义，用"如切如磋，如琢如磨"来教训学生做学问的功夫。倒是《礼记·大学》里面有一段话，也提到了《卫风·淇奥》，说："如切如磋者，道学也；如琢如磨者，自修也。"这确实是在谈做学问的方法了，但《大学》并不能说是孔子的著作。

今本《卫风·硕人》："巧笑倩兮，美目盼兮。"后面并没有"素以为绚兮"一句。一般认为这是逸句。但朱熹则认为这三句是属于另外一首逸诗的，并不属于《卫风·硕人》。美女天生丽质，好好妆扮之后，显得更加美丽。但孔子解读却是断章取义的：在有好的底子之后，然后可以在上面画出美好的图画。子夏追问，这是不是说，人有美好的本质（可能指的是仁义、忠信），但仍然需要学习礼，才能成为一个完美的人呢？孔子对学生的这种连类比喻、拔高层次的见解非常惊异，不由得赞叹道：子夏真是可以启发我的人啊！

《鲁颂·駉（jiōng）》："思无邪，思马斯徂。"大意是：马儿都没有邪念，都善于奔跑。这首诗是赞美鲁国养马千群，国家富强的。孔子截取其中一句来概括《诗》三百，是断章取义。"思无邪"的"思"字，多数学者认为是语助词，无意义，也有少数学者认为是实词。但是孔子引用这句诗，应该是把"思"当作名词来用的，就是"思想"的意思，说《诗》三百的共同特点是思想纯正。也有的学者认为应该作动词解，就是"想要"的意思，想要思想纯正。不管理解为名词还是动词，句子的主旨是差不多的。孔子认为《诗》三百的思想都很纯正，这就给后来的儒家《诗经》学者画了一个框框，对于所有篇目的化——文化必须修养而得，并不是与生俱来的。①他如此解诗，所以说"思无邪"一句话可以包括"《诗》三百"的道理；②又说诗可以鼓舞人，联合人，增加阅历，以泄牢骚，事父事君的道理都在里面。③孔子以后，"《诗》三百"成为儒家的"六经"之一，《庄子》和《荀子》里都说到"诗言志"，那个"志"便指教化而言。❹

但春秋时列国的赋诗只是用诗，并非解诗；那时诗的主要作用还在乐歌，因乐歌而加以借用，不过是一种方便罢了。至于诗篇本来的意义，那时原很明白，用不着讨论。到了孔子时代，诗已经不常歌唱了，诗篇本来的意义，经过了多年的借用，也渐渐含糊了。他就按着借用的办法，根据他教授学生的需要，断章取义的来解释那些诗篇。后来解释《诗经》的儒生都跟着他的脚步走。最有权威的毛氏《诗传》和郑玄《诗笺》差不多全是断章取义，甚至断句取义——断句取义是在一句两句里拉出一个两个字来发挥，比起断章取义，真是变本加厉了。

毛氏有两个人：一个毛亨，汉时鲁国人，人称为大毛公，一个毛苌，赵国人，人称为小毛公；是大毛公创始《诗经》的注解，传给小毛公，在小毛公手里完成的。郑玄是东汉人，他是专给毛"传"作"笺"的，有时也采取别家的解说；不过别家的解说在原则上也还和毛氏一鼻孔出气，他们都是以史证诗。他们接受了孔子"无邪"的见解，又摘取了孟子的"知人论世"④的见解，以为用孔子的诗的哲学，别裁古代的史说，拿来证明那些诗篇是什么时代作的，为什么事作的，便是孟子所谓"以意逆志"⑤。其实孟子所谓"以意逆志"倒是说要看全篇大意，不可拘泥在字句上，与他们不同。他们这样猜出来的作诗人的志，自然不会与作诗人

---

① 《论语·八佾》。

② "思无邪"，《鲁颂·駉》的句子；"思"是语词，无义。

③ 《论语·阳货》。

④⑤ 见《孟子·万章》。

解释，都要归于思想纯正。其实《诗经》里的作品非常丰富，思想感情也各式各样，不可能都符合儒家纯正的标准。

❺　从汉代开始，《诗经》学就是一门显学。早在西汉文帝、景帝时，《齐诗》《鲁诗》《韩诗》都被朝廷立为学官，这三家都属于今文经学，分别为齐人辕固、鲁人申培、燕人韩婴所传。而古文经学的《毛诗》则长期在民间传授。最初传授的人，是大毛公鲁人毛亨、小毛公赵人毛苌。他们作了《毛诗故训传》，简称《毛传》。到东汉末年，大学者郑玄为《毛传》作笺，影响极大，使《毛诗》战胜了三家今文《诗》学，成为正宗。而三家《诗》学竟都先后亡佚了，只留下残缺不全的片段。四家《诗》虽然家法不同，但是方法论有一致之处，都是以史证诗，也就是把诗比附到春秋以前的某个历史时代，甚至是具体的历史事件上去，最后从政治教化的角度来对诗进行解说。不过各家比附的时世、事件各不相同，具体的文字解说也有不同。

朱自清提到，汉儒解说《诗经》，受到了孟子"以意逆志"和"知人论世"思想的影响。

《孟子·万章上》："故说诗者，不以文害辞，不以辞害志。以意逆志，是为得之。"解说诗的人，不要拘泥于字面的意思而误解词句；也不要拘泥于词句而误解诗歌的原意。要用自己的切身体会去推测诗人创作的本意，这就对了。《孟子·万章下》："颂其诗，读其书，不知其人，可乎？是以论其世也。"吟诵他们的诗篇，研读他们的著作，不了解他们的为人，可以吗？所以要讨论他那一个时代。读古人写的诗、书，与他们进行精神交流，就必须要了解他们的为人，了解他们所处的时代。后代的学者把孟子的这段话浓缩为"知人论世"四个字。孟子的"以意逆志""知人论世"两个主张，后来成了中国文学批评史上的著名理论，影响非常深远。汉代的儒生就把这两个理论和孔子"思无邪"的定调结合起来，建立了以史证诗的《诗经》阐释体系。

❻　四家《诗经》学都在每一首诗前面加了序，以说明该诗的主旨和作意，但是完整流传到今天的，只有《毛诗》学派的"毛序"。每首诗前的序叫"小序"。《关雎》前还

相合；但那种志倒是关联着政治教化而与"诗言志"一语相合的。这样的以史证诗的思想，最先具体的表现在《诗序》里。❺

《诗序》有"大序""小序"。"大序"好像总论，托名子夏，说不定是谁作的。"小序"每篇一条，大约是大小毛公作的。以史证诗，似乎是"小序"的专门任务；传里虽也偶然提及，却总以训诂为主，不过所选取的字义，意在助成序说，无形中有个一定方向罢了。可是"小序"也还是泛说的多，确指的少。到了郑玄，才更详密的发展了这个条理。他按着《诗经》中的国别和篇次，系统的附合史料，编成了《诗谱》，差不多给每篇诗确定了时代；"笺"中也更多的发挥了作为各篇诗的背景的历史。以史证诗，在他手里算是集大成了。❻

"大序"说明诗的教化作用；这种作用似乎建立在风、雅、颂、赋、比、兴，所谓"六义"上。"大序"只解释了风雅颂。说风是风化（感化）、讽刺的意思，雅是正的意思，颂是形容盛德的意思。这都是按着教化作用解释的。照近人的研究，这三个字大概都从音乐得名。风是各地方的乐调，"国风"便是各国土乐的意思。雅就是"乌"字，似乎描写这种乐的呜呜之音。雅也就是"夏"字，古代乐章叫作"夏"的很多，也许原是地名或族名。雅又分"大雅""小雅"，大约也是乐调不同的缘故。颂就是"容"字，容就是"样子"；这种乐连歌带舞，舞就有种种样子了。风雅颂之外，其实还该有个"南"。南是南音或南调，《诗经》中《周南》《召南》的诗，原是相当于现在河南、湖北一带地方的歌谣。《国风》旧有十五，分出二"南"，还剩十三；而其中邶、鄘两国的诗，现经考定，都是卫诗，那么只有十一"国风"①了。颂有"周颂""鲁颂""商颂"，"商颂"经考定实是"宋颂"。至于搜集的歌谣，大概是在二"南"、"国风"

---

① 卫、王、郑、齐、魏、唐、秦、陈、桧、曹、豳。

有一篇长序，被称为《毛诗大序》或《关雎序》，是《诗经》学史上的重要论文，论述了风、雅、颂、赋、比、兴《诗经》"六义"。这些序的作者是谁，有许多不同的说法。有人说是子夏，有人说是毛公，也有人说是东汉的卫宏。在我们今天看来，它们应该不是出于一人之手，而是逐渐累积、修改而成的。最后写定的这个人，可能是卫宏。

东汉郑玄为《毛传》作《笺》，后来一般称作《郑笺》，融入了一些三家《诗》的学说。他还作了《诗谱》，把诗篇与历史时代结合得更加紧密。郑玄完成了汉代《诗经》学的体系建设，成为了集大成者。但是这种详细敲定诗篇时代的做法，大部分并没有确凿根据，臆想的成分很大，这种方法论一般被称为"穿凿附会"。

❼　关于风、雅、颂的划分标准，历来众说纷纭。《毛诗大序》认为是按照诗的政教作用分的，也有人认为是按作者的身份和诗的内容分的，而今天的学者大多同意是按音乐来划分的。

《诗经》中的所有诗篇，本来都是可以配乐歌唱的。后来音乐逐渐亡佚，就只剩下这些歌词了。宋代郑樵《通志·总序》说："风土之音曰风，朝廷之音曰雅，宗庙之音曰颂。""风"就是各地的民间曲调，十五国风就是十五个地区的民歌。"雅"是周王朝的正声雅乐，主要表现的是贵族的生活。而"颂"，则是用于宗庙祭祀的乐歌。

至于"南"是指什么，历来也有不同意见。《毛诗》学派把"南"当成地域，认为"南"就是南国，大致在今天河南洛阳以南至湖北北部一带，以江汉流域为核心。"周南"就是周公统辖的南国之地，"召南"就是召公统辖的南国之地。直到宋朝，程大昌才在《诗论》中提出"南"是一种音乐形式，后来得到不少学者的赞同和补充。

"颂"在政治意义上比"雅"更高一级，是用于宗庙祭祀的乐歌。它又分成三部分，就是《周颂》《鲁颂》《商颂》。《周颂》是周王朝祭祀他们的先王、先公的诗歌。《鲁颂》是鲁国祭祀先王、先君的诗歌。鲁国是周公旦长子伯禽的封地，因为周公在建立、巩固西周政权的过程中立下了非常大的功劳，所以周天子就特批鲁国也可以制作颂。《商颂》是宋国祭祀先王的诗歌。宋国就是原来被周灭掉的商朝的后代，周朝为了表示对前朝的尊重，

和"小雅"里。❼

　　赋比兴的意义，说数最多。大约这三个名字原都含有政治和教化的意味。赋本是唱诗给人听，但在"大序"里，也许是"直铺陈今之政教善恶"①的意思。比兴都是"大序"所谓"主文而谲谏"；不直陈而用譬喻叫"主文"，委婉讽刺叫"谲谏"。说的人无罪；听的人却可警诫自己。《诗经》里许多譬喻就在比兴的看法下，断章断句的硬派作政教的意义了。比兴都是政教的譬喻，但在诗篇发端的叫做兴。《毛传》只在有兴的地方标出，不标赋比；想来赋义是易见的，比兴虽都是曲折成义，但兴在发端，往往关系全诗，比较更重要些，所以便特别标出了。《毛传》标出的兴诗，共一百十六篇，"国风"中最多，"小雅"第二；按现在说，这两部分搜集的歌谣多，所以譬喻的句子也便多了。❽

　　[参考资料]

　　顾颉刚《诗经在春秋战国间的地位》(《古史辨》第三册下)。

　　顾颉刚《论诗经所录全为乐歌》(同上)。

　　朱自清《言志说》(《语言与文学》)。

　　朱自清《赋比兴说》(《清华学报》十二卷三期)。

---

　　①　《周礼·大师》郑玄注。

也允许宋国制作天子级的宗庙祭祀的乐歌。所以朱自清说，《商颂》实际上是《宋颂》。

❽ 《毛诗大序》提到了《诗经》"六义"，但只解释了风、雅、颂，没有解释赋、比、兴。我们得从别的文献来考察汉儒对赋、比、兴的理解。

《周礼·大师》："教六诗：曰风，曰赋，曰比，曰兴，曰雅，曰颂。"

郑玄注："赋之言铺，直铺陈今之政教善恶。比，见今之失，不敢斥言，取比类以言之。兴，见今之美，嫌于媚谀，取善事以喻劝之。"都是从政教的角度来解释的，非常片面，但是在很长时间里都占据着主流地位。

南宋朱熹《诗集传》对赋、比、兴的解释，才主要从文学写作方法的角度来谈，最终成为非常经典的定义：

"赋者，敷陈其事而直言之也。"赋就是铺陈直叙，即把思想感情及与其有关的事物平铺直叙地表达出来。

"比者，以彼者比此物也。"比就是比方，用另外一个事物来比喻这个事物，或某种情感。

"兴者，先言他物以引起所咏之词也。"兴就是感发，某种客观事物触发了诗人的情感，引起了诗人歌唱，所以大多在诗歌的开头。

【补充参考书目】

【汉】毛亨传、【汉】郑玄笺,【唐】陆德明音义,孔祥军点校《毛诗传笺》,中华书局,2018年。

【宋】朱熹集撰,赵长征点校《诗集传》,中华书局,2017年。

陈子展《诗经直解》,复旦大学出版社,2015年。

程俊英《诗经译注》,上海古籍出版社,2016年。

周振甫《诗经译注》,中华书局,2020年。

王秀梅译注《诗经》,中华书局,2015年。

李山《诗经选》,商务印书馆,2015年。

程俊英、蒋见元《诗经注析》,中华书局,2017年。

袁行霈、徐建委、程苏东《诗经国风新注》,中华书局,2018年。

洪湛侯《诗经学史》,中华书局,2002年。

戴维《诗经研究史》,湖南教育出版社,2001年。

【思考题】

1.《诗经》是一部什么书? 它由哪些部分组成?

2.诗歌是怎样起源的?

3.赋诗言志是怎么一回事?

4.断章取义、"以意逆志"、"知人论世"分别是什么意思?

5.风、雅、颂、赋、比、兴分别是什么意思?

详析

❶ "三礼"指的是《周礼》《仪礼》《礼记》。

《周礼》是一部系统记载周代官制的典籍，分为六大部分：天官冢宰、地官司徒、春官宗伯、夏官司马、秋官司寇、冬官考工记。本来冬官应该是司空，但是在汉代发现《周礼》时，《冬官司空》一篇已经亡佚，于是就用另一部记载先秦各种手工业的著作《考工记》来凑数。《周礼》以这六官为纲领，详述了它们系统下的各种职官，介绍了它们的官名、职掌、爵等、员数等情况。它大概成书于战国后期，既保存了从西周到战国的许多材料，又有理想化的成分，是我们研究先秦政治制度、经济制度的重要典籍。

《周礼》原名《周官》，相传是西汉景帝、武帝时期，河间献王刘德从民间搜集到的一部古书，属于古文经。刘德把它献给朝廷，但是长期没有得到朝廷重视。西汉末年，王莽想要托古改制，刘歆趁机取得他的支持，将《周官》立于学官，取得了《周礼》之名。虽然王莽败亡后《周礼》又失去了学官地位，但是已经流传开来。

《仪礼》，就是《礼经》，从先秦至汉，它都被称为《礼》，是儒家的"五经"之一。它记录的是先秦时代的各种礼仪，流传到汉代已经只剩下十七篇，内容多为士的日常礼仪，所以汉代人又称它《士礼》。据《史记》《汉书》的记载，这部书是孔子搜集、整理，最后写定的。不过流传到汉代的《礼》，除了经文外，还掺入了不少记、传，应该是孔子弟子或其后学所作。

《仪礼》是非常珍贵的历史资料，对我们研究先秦时代的礼仪极其重要。但它只是客观记录礼仪内容，并不介绍其意义，所以也非常枯燥，又很难懂，今天一般人很难读下去。

《礼记》是解释《礼经》（《仪礼》）的书。历代儒家学者在传授、研习《礼》的过程中，写了不少解释、说明、补充的文字，也就是"记"。西汉人戴德和他的侄儿戴圣在向弟

原文

"三礼" 第五 ❶

　　许多人家的中堂里，供奉着"天地君亲师"的大牌位。天地代表生命的本源。亲是祖先的意思，祖先是家族的本源。君师是政教的本源。人情不能忘本，所以供奉着这些。荀子只称这些为礼的三本①；大概是到了后世才宗教化了的。荀子是儒家大师。儒家所称道的礼，包括政治制度，宗教仪式，社会风俗习惯等等，却都加以合理的说明。从那"三本说"，可以知道儒家有拿礼来包罗万象的野心，他们认礼为治乱的根本；这种思想可以叫作礼治主义。❷

　　怎样叫作礼治呢？儒家说初有人的时候，各人有各人的欲望，各人都要满足自己的欲望；没有界限，没有分际，大家就争起来了。你争我争，社会就乱起来了。那时的君师们看了这种情形，就渐渐给定出礼来，让大家按着贵贱的等级，长幼的次序，各人得着自己该得的一份儿吃的喝的穿的住的，各人也做着自己该做的一份儿工作。各等人有各等人的界限和分际；若是只顾自己，不管别人，任性儿贪多务得，偷懒图快活，

———————

　　① 《礼论篇》。

子们传授《礼》的过程中，各自编选了一部分"记"，来作为教学辅助资料。所以后世称戴德编辑的为《大戴礼记》，戴圣编辑的为《小戴礼记》。后来在流传过程中，又有一些增删变化。定本的《大戴礼记》有八十五篇，《小戴礼记》有四十九篇。

东汉末年，大学者郑玄为《周礼》《仪礼》《小戴礼记》作注，合称"三礼"。《小戴礼记》也因此获取了更高的地位，盖过了《大戴礼记》，广为流传，最终独占了《礼记》的名称。我们今天说到《礼记》，一般都指《小戴礼记》。《大戴礼记》则逐渐被冷落，渐渐散失，只有三十九篇流传至今。

《礼记》选辑的四十九篇文章，出于不同的作者，内容也很庞杂。有的专门解释《仪礼》，有的记述和考证各种礼仪制度，有的记录孔子及其弟子的言行，有的是论述儒家思想的专篇论文。其内容涉及面广，是研究中国古代制度、儒学思想和教育、传统文化等问题的重要资料。《礼记》的文字又比较好读易懂，所以研习的人越来越多，地位逐渐提高，到明代已经取代了《仪礼》，成为官方认定的"五经"之一。

《礼记》的字数也很多，将近十万字，超过《周礼》（四万五千字）与《仪礼》（五万字）之和，在十三经中篇幅排名第二，仅次于十八万字的《左传》，所以称为"大经"。

❷ 《荀子·礼论》：

　　礼有三本：天地者，生之本也；先祖者，类之本也；君师者，治之本也。无天地，恶生？无先祖，恶出？无君师，恶治？三者偏亡，焉无安人。故礼，上事天，下事地，尊先祖，而隆君师。是礼之三本也。

译文：

礼有三个本源：天地，是生命的本源；祖先，是种族的本源；君主，是治国的本源。没有天地，生命从何而来？没有祖先，后代从哪里生出来？没有君主，国家怎么得到治理？这三个方面缺少一个，人们就无法安定。所以礼，上事奉天，下事奉地，尊敬祖先，而推崇君主。这是礼的三个根本。

按：这段话中的三个"恶"字，都相当于"乌"，疑问词，意思是何，哪里，怎么。"君这种人就得受严厉的制裁，有时候保不住性命。这种礼，教人节制，教人和平，建立起社会的秩序，可以说是政治制度。

天生万物，是个很古的信仰。这个天是个能视能听的上帝，管生杀，管赏罚。在地上的代表，便是天子。天子祭天，和子孙祭祖先一样。地生万物是个事实。人都靠着地里长的活着，地里长的不够了，便闹饥荒；地的力量自然也引起了信仰。天子诸侯祭社稷，祭山川，都是这个来由。最普遍的还是祖先的信仰。直到我们的时代，这个信仰还是很有力的。按儒家说，这些信仰都是"报本返始"①的意思。报本返始是庆幸生命的延续，追念本源，感恩怀德，勉力去报答的意思。但是这里面怕不单是怀德，还有畏威的成分。感谢和恐惧产生了种种祭典。儒家却只从感恩一面加以说明，看作礼的一部分。但这种礼教人恭敬，恭敬便是畏威的遗迹了。儒家的丧礼，最主要的如三年之丧，也建立在感恩的意味上；却因恩谊的亲疏，又定出等等差别来。这种礼，大部分可以说是宗教仪式。

居丧一面是宗教仪式，一面是普通人事。普通人事包括一切日常生活而言。日常生活都需要秩序和规矩。居丧以外，如婚姻、宴会等大事，也各有一套程序，不能随便马虎过去；这样是表示郑重，也便是表示敬意和诚心。至于对人，事君，事父母，待兄弟姊妹，待子女，以及夫妇朋友之间，也都自有一番道理。按着尊卑的分际，各守各的道理，君仁臣忠，父慈子孝，兄友弟恭，夫妇朋友互相敬爱，才算能做人；人人能做人，天下便治了。就是一个人饮食言动，也都该有个规矩，别叫旁人难过，更别侵犯着旁人，反正诸事都记得着自己的份儿。这些个规矩也是礼的一部分；有些固然含着宗教意味，但大部分可以说是风俗习惯。

---

① 《礼记·郊特牲》。

师"的"师"，也是指的君主。

❸ 《礼记·乐记》：

礼、乐之说，管乎人情矣。穷本知变，乐之情也；著诚去伪，礼之经也。

译文：

礼、乐的学说，是包含了人情的。深入探究人们内心的本源，以知晓声音的变化规律，这是乐的实质；显明真诚，去除虚伪，这是礼的原则。

《老子》第三十八章：

故失道而后德，失德而后仁，失仁而后义，失义而后礼。夫礼者，忠信之薄而乱之首。

译文：

丧失了道然后就有了德，丧失了德然后就有了仁，丧失了仁然后就有了义，丧失了义然后就有了礼。礼，是忠信衰薄的体现，是祸乱的开头。

解说：

道家是反对儒家的礼义那一套的，所以《老子》把礼义说得一无是处。

刘义庆《世说新语·任诞》：

阮籍嫂尝还家，籍见与别。或讥之，籍曰："礼岂为我辈设也？"

译文：

阮籍的嫂嫂有一次回娘家，阮籍与她相见道别。有人讥笑他不守礼法，阮籍说："礼法难道是为我们这些人而设立的吗？"

解说：

《礼记·曲礼上》："男女不杂坐"，"嫂叔不通问"。古人对于男女之间的交往有较严格的限制，男女不能随意混杂坐在一起，甚至连嫂嫂和小叔之间都不互相问候。但是这些风俗习惯有一些也可以说是生活的艺术。

王道不外乎人情，礼是王道的一部分，按儒家说是通乎人情的。①既通乎人情，自然该诚而不伪了。但儒家所称道的礼，并不全是实际施行的。有许多只是他们的理想，这种就不一定通乎人情了。就按那些实际施行的说，每一个制度、仪式或规矩，固然都有它的需要和意义。但是社会情形变了，人的生活跟着变；人的喜怒爱恶虽然还是喜怒爱恶，可是对象变了。那些礼的惰性却很大，并不跟着变。这就留下了许许多多遗形物，没有了需要，没有了意义；不近人情的伪礼，只会束缚人。《老子》里攻击礼，说"有了礼，忠信就差了"②；后世有些人攻击礼，说"礼不是为我们定的"③；近来大家攻击礼教，说"礼教是吃人的"。这都是指着那些个伪礼说的。❸

从来礼乐并称，但乐实在是礼的一部分；乐附属于礼，用来补助仪文的不足。乐包括歌和舞，是"人情之所必不免"的。不但是"人情之所必不免"，而且乐声的绵延和融和也象征着天地万物的"流而不息，合同而化"。④这便是乐本。乐教人平心静气，互相和爱，教人联合起来，成为一整个儿。人人能够平心静气，互相和爱，自然没有贪欲、捣乱、欺诈等事，天下就治了。乐有改善人心、移风易俗的功用，所以与政治是相通的。按儒家说，礼乐刑政，到头来只是一个道理；这四件都顺理成章了，便是王道。这四件是互为因果的。礼坏乐崩，政治一定不成；所以审乐可以知政⑤。"治世之音安以乐，其政和；乱世之音怨以怒，

---

① 《礼记·乐记》。

② 《老子》三十八章。

③ 阮籍语，原文见《世说新语·任诞》。

④ 《荀子·乐论篇》，《礼记·乐记》。

⑤ 《礼记·乐记》。

阮籍却不管这一套，公开坦诚地与嫂嫂相见道别。

鲁迅《狂人日记》：

> 我翻开历史一查，这历史没有年代，歪歪斜斜的每叶上都写着"仁义道德"几个字。我横竖睡不着，仔细看了半夜，才从字缝里看出字来，满本都写着两个字是"吃人"！

《狂人日记》于1918年5月发表于《新青年》杂志，首次提出"仁义道德"吃人的命题，产生了振聋发聩的效果。1919年11月，吴虞又在《新青年》上发表了《吃人与礼教》一文，举了几个古代的例子，来进一步证明鲁迅的命题。此后"礼教吃人"就成为现代批判封建礼教的标志性口号。

礼教是古代维护封建统治秩序、规范人的行为、协调人与人之间关系的意识形态，它在历史上曾经起过进步的作用，但是后来却逐渐成为限制人的自由、禁锢人的思想的东西，负面作用越来越大。所以古有阮籍那样的放诞人物对它不屑一顾，近有新文化运动的主将们振臂一呼，号召人们起来反对它。在今天，我们的思想已经非常进步、开放，摒弃了旧礼教中的许多糟粕，但研究古代的礼，仍有重要意义。一方面，这可以帮助我们了解中华文明发展、文化传统形成的历程；另一方面，传统的礼中也有许多合理、有益的成分，能够使我们加强个人修养、促进与人融洽相处、建设和谐社会，值得借鉴、继承和发扬光大。

❹ 《礼记·乐记》：

> 故礼以道其志，乐以和其声，政以一其行，刑以防其奸。礼乐刑政，其极一也，所以同民心而出治道也。
>
> 凡音者，生人心者也。情动于中，故形于声。声成文，谓之音。是故治世之音安以乐，其政和；乱世之音怨以怒，其政乖；亡国之音哀以思，其民困。声音之道，

其政乖；亡国之音哀以思，其民困。"①吴公子季札到鲁国观乐，乐工奏哪一国的乐，他就知道是哪一国的；他是从乐歌里所表现的政治气象而知道的②。歌词就是诗；诗与礼乐也是分不开的。孔子教学生要"兴于诗，立于礼，成于乐"③；那时要养成一个人才，必需学习这些。这些诗、礼、乐，在那时代都是贵族社会所专有，与平民是无干的。到了战国，新声兴起，古乐衰废，听者只求悦耳，就无所谓这一套乐意。汉以来胡乐大行，那就更说不到了。❹

　　古代似乎没有关于乐的经典，只有《礼记》里的《乐记》，是抄录儒家的《公孙尼子》等书而成，原本已经是战国时代的东西了。关于礼，汉代学者所传习的有三种经和无数的"记"。那三种经是《仪礼》《礼古经》《周礼》。《礼古经》已亡佚，《仪礼》和《周礼》相传都是周公作的。但据近来的研究，这两部书实在是战国时代的产物。《仪礼》大约是当时实施的礼制，但多半只是士的礼。那些礼是很繁琐的，踵事增华的多，表示诚意的少，已经不全是通乎人情的了。《仪礼》可以说是宗教仪式和风俗习惯的混合物；《周礼》却是一套理想的政治制度。那些制度的背景可以看出是战国时代；但组成了整齐的系统，便是著书人的理想了。

　　"记"是儒家杂述礼制、礼制变迁的历史，或礼论之作；所述的礼制有实施的，也有理想的。又叫作《礼记》：这《礼记》是一个广泛的名称。这些"记"里包含着《礼古经》的一部分。汉代所见的"记"很多，但流传到现在的只有三十八篇《大戴记》和四十九篇《小戴记》。后世所称《礼记》，多半专指《小戴记》说。大戴是戴德；小戴是戴圣，戴德的侄儿。

---

① 《礼记·乐记》。
② 《左传》襄公二十九年。
③ 《论语·泰伯》。

与政通矣。

译文：

（古代的先王）用礼来引导人们的心志，用乐来调和人们的声音，用政治来统一人们的行动，用刑法来防止人们的奸邪。礼、乐、刑、政，这四者的终极目标都是一致的，都是用来统一民心，而实现天下大治的。

凡是音乐，都是产生于人心的。情感在心中涌动，就会以声音的形式表现出来。声音组合成曲调，就是音乐。所以，治世的音乐安宁而喜乐，反映政治和谐；乱世的音乐怨恨而愤怒，反映政治混乱；亡国之音悲哀而忧虑，反映人民困苦。声音的道理，是与政治相通的。

解说：

在儒家的理论体系中，音乐的地位很高，它是礼的重要组成部分，与国家的政治息息相关。因为音乐是人们心灵的外放，抒发了人民心中的真情实感，所以观察一个国家的音乐，就可以聆听到人民的心声，从而了解该国的政治治乱情况。

《左传》襄公二十九年所记载的吴公子季札在鲁国观乐，是一个很有名的事件。因为鲁国比较完整地保存了各国的乐歌（包括《诗》的歌词），所以季札在出使鲁国的时候要求观看乐歌舞的表演。他非常有学问，每看一种乐舞，就知道是哪一国的，表现了什么样的政治气象。这在我们今天看来，颇有些玄妙。这个故事典型地体现了儒家礼乐刑政一体的观念。

《论语·泰伯》：

子曰："兴于《诗》，立于礼，成于乐。"

译文：

孔子说："思想感情引发于《诗》，立身于礼，人格完成于乐。"

解说：

相传他们是这两部书的编辑人。但二戴都是西汉的《仪礼》专家。汉代有"五经"博士；凡是一家一派的经学影响大的，都可以立博士。大戴仪礼学后来立了博士，小戴本人就是博士。汉代经师的家法最严，一家的学说里绝不能掺杂别家。但现存的两部"记"里都各掺杂着非二戴的学说。所以有人说这两部书是别人假托二戴的名字纂辑的；至少是二戴原书多半亡佚，由别人拉杂凑成的，—— 可是成书也还在汉代。——这两部书里，《小戴记》容易些，后世诵习的人比较多些；所以差不多专占了《礼记》的名字。❺

[参考资料]

洪业《礼记引得序》。

《仪礼引得序》。

孔子是大教育家，这是他根据自己的切身体会和多年的教育经验，提出的学习、修身的大致程序。先从学《诗》入手，感发心灵，纯洁心志；再学礼，以获得立身之本；最后学乐，以陶冶性情，完成美好人格的最终养成。

❺　戴德、戴圣都是今文学派的经师，但是今本《大戴礼记》和《小戴礼记》都掺进了古文学派的文字。汉代，尤其是西汉的经师，家法极严，一般不会接受其他家的学说，今文经学和古文经学更是水火不容。所以有不少学者怀疑这两部《礼记》辑本是不是真的由二戴汇辑的，或许是后人假托的。这种意见比较有代表性的著作是洪业《礼记引得序》。

不过仍然有许多学者认为，两部《礼记》应该还是二戴汇辑的。至于其中学说的驳杂不纯，也是可以解释的。或许在二戴生前就调整过篇目，后来在流传的过程中，又有人进行了增删。直到郑玄作注，《礼记》才有了定本。

由于年代久远，资料匮乏，具体的情形，我们可能无法弄清了。

【补充参考书目】

杨天宇《周礼译注》，上海古籍出版社，2016年。

徐正英、常佩雨译注《周礼》，中华书局，2014年。

杨天宇《仪礼译注》，上海古籍出版社，2016年。

彭林译注《仪礼》，中华书局，2012年。

王文锦《礼记译解》，中华书局，2016年第2版。

杨天宇《礼记译注》，上海古籍出版社，2016年。

胡平生、张萌译注《礼记》，中华书局，2017年。

黄怀信《大戴礼记译注》，上海古籍出版社，2019年。

钱玄《三礼通论》，南京师范大学出版社，1996年。

洪业《洪业论学集》，中华书局，1981年。

【思考题】

1. "三礼"是指哪三部书？它们分别是写什么的？

2. 礼是怎么起源的？礼在中国历史上起过什么作用？

3. 礼和乐之间，是什么关系？

4. 什么是《大戴礼记》和《小戴礼记》？今天我们说的《礼记》，是哪一部？

> ## 详析

❶　《春秋》是儒家"五经"之一。它本是鲁国的编年史书，记录了从鲁隐公元年（前722）到鲁哀公十四年（前481）一共二百四十二年的历史。据说它是由孔子根据鲁国的历史记录编订的。我们后来说的"春秋"时代，也从这部书得名。

《春秋》是我国流传至今最早的一部编年体史书。它叙事极其简略，基本没有细节，所以全书只有一万六千多字。它的文风也比较隐晦难懂，甚至显得支离破碎。宋代王安石讥讽它是"断烂朝报"，也就是杂乱无章、残缺破碎的政府传抄文件。所以成书后不久，就需要有人作传，来对它进行解释了。

所谓"春秋三传"是指三部解释《春秋》的书：《春秋公羊传》、《春秋穀梁传》、《春秋左氏传》（又称《左氏春秋》，简称《左传》）。据说《公羊传》传自齐人公羊高，《穀梁传》传自鲁人穀梁赤，《左传》则传自鲁人左丘明，故得名。又传说前二人都是子夏的学生。但是这些传说都未必可信。

《公羊传》《穀梁传》都是今文经，在西汉的时候被立于学官。《左传》则属于古文经，在汉代，长期只能在民间流传。《公羊传》《穀梁传》注重阐发《春秋》中的"微言大义"。而《左传》则重在记录史实，正因为如此，它有十八万字之多，是十三经中篇幅最长的，被称为"大经"。

❷　于省吾在《岁、时起源初考》（载《历史研究》1961年第4期）中指出：在甲骨文中，纪时的名词只有"春""秋"二字。商代和西周只实行二时制，也就是只有春、秋两个季节。四时制应当产生于西周末期。所以，最早的史书也就以"春秋"命名，它们就可以代表全年。各国的史书都可以叫《春秋》，不过流传到今天的，只有孔子编订的鲁国《春秋》了。到了这个时代，已经有了四时，所以这部书里，每一年是按照春、夏、

原文

"春秋三传"第六（《国语》附）❶

　　"春秋"是古代记事史书的通称。古代朝廷大事，多在春秋二季举行，所以记事的书用这个名字。各国有各国的"春秋"，但是后世都不传了。传下的只有一部《鲁春秋》，《春秋》成了它的专名，便是《春秋经》了。传说这部《春秋》是孔子作的，至少是他编的。鲁哀公十四年，鲁西有猎户打着一只从没有见过的独角怪兽，想着定是个不祥的东西，将它扔了。这个新闻传到了孔子那里，他便去看。他一看，就说："这是麟啊。为谁来的呢！干什么来的呢！唉唉！我的道不行了！"说着流下泪来，赶忙将袖子去擦，泪点儿却已滴到衣襟上。原来麟是个仁兽，是个祥瑞的东西；圣帝明王在位，天下太平，它才会来，不然是不会来的。可是那时代哪有圣帝明王？天下正乱纷纷的，麟来的真不是时候，所以让猎户打死；它算是倒了运了。❷

　　孔子这时已经年老，也常常觉着生的不是时候，不能行道；他为周朝伤心，也为自己伤心。看了这只死麟，一面同情它，一面也引起自己的无限感慨。他觉着生平说了许多教；当世的人君总不信他，可见空话不能打动人。他发愿修一部《春秋》，要让人从具体的事例里，得到善恶的教训，他相信这样得来的教训比抽象的议论深切著明的多。他觉得秋、冬来记录的。当然，也有一些诸侯国的史书有别的称呼。《孟子·离娄下》："晋之《乘》、楚之《梼杌（táo wù）》、鲁之《春秋》，一也。其事则齐桓、晋文，其文则史。"

❸　获麟这件事在儒学史上很有名，被孔子和后人赋予了太多的象征意义。在今天看来，颇有些神异色彩。如果真有这件事的话，那只被捕获的野兽大概也只是一只比较罕见的动物，被孔子当作了传说中的麒麟。

今传《左传》本里附了《春秋》经文，记录到鲁哀公十六年（前479），也就是孔子去世的那一年，比原始版的《春秋》多了两年。一般认为，多出来的这两年经文，是孔门弟子增补上去的。此后《左传》的记事并没有停止，其编年一直延续到鲁哀公二十七年（前468）。而《左传》最后一段话，记录了鲁悼公四年（前463）晋国知瑶与赵无恤的矛盾，最后还提到了悼公十四年（前453）赵、韩、魏三家共灭知（智）氏的事情。这么算下来，《左传》所记的事情比《春秋》延长了二十八年。

❹　最早记录孔子作《春秋》的说法的，是《孟子·滕文公下》：

世衰道微，邪说暴行有作，臣弑其君者有之，子弑其父者有之。孔子惧，作《春秋》。《春秋》，天子之事也。是故孔子曰："知我者其惟《春秋》乎！罪我者其惟《春秋》乎！"……孔子成《春秋》而乱臣贼子惧。

后来司马迁在《史记·孔子世家》中也说：

子曰："弗乎弗乎，君子病没世而名不称焉。吾道不行矣，吾何以自见于后世哉？"乃因史记作《春秋》，上至隐公，下讫哀公十四年，十二公。"

古代人对于孔子与《春秋》的关系没有太大争议，争论的只是孔子到底是创作了《春秋》，还是根据鲁国史料修整、编订了《春秋》，以及《春秋》成书的时间。到了现代，许多学者摆脱了经学的桎梏，就开始怀疑这个问题了。比如钱玄同《论〈春秋〉性质书》认为《春秋》只是"没有组织，没有体例，不成东西的史料而已"，绝对不是孔子作的。（顾颉刚编著，《古史辨》第一册，上海古籍出版社，1982年，第276页）朱自清大概就修成了这部《春秋》，虽然不能行道，也算不白活一辈子。这便动起手来，九个月书就成功了。书起于鲁隐公，终于获麟；因获麟有感而作，所以叙到获麟绝笔，是纪念的意思。但是《左传》里所载的《春秋经》，获麟后还有，而且在记了"孔子卒"的哀公十六年后还有：据说那都是他的弟子们续修的了。❸

这个故事虽然够感伤的，但我们从种种方面知道，它却不是真的。《春秋》只是鲁国史官的旧文，孔子不曾掺进手去。《春秋》可是一部信史，里面所记的鲁国日食，有三十次和西方科学家所推算的相合，这决不是偶然的。不过书中残阙、零乱和后人增改的地方，都很不少。书起于隐公元年，到哀公十四年止，共二百四十二年（西元前七二二至前四八一）；后世称这二百四十二年为春秋时代。书中纪事按年月日，这叫作编年。编年在史学上是个大发明；这教历史系统化，并增加了它的确实性。"春秋"是我国现存的第一部编年史。书中虽用鲁国纪元，所记的却是各国的事，所以也是我们第一部通史。所记的齐桓公、晋文公的霸迹最多；后来说"尊王攘夷"是《春秋》大义，便是从这里着眼。❹

古代史官记事，有两种目的：一是征实，二是劝惩。像晋国董狐不怕权势，记"赵盾弑其君"①，齐国太史记"崔杼弑其君"②，虽杀身不悔，都为的是征实和惩恶，作后世的鉴戒。但是史文简略，劝惩的意思有时不容易看出来，因此便需要解说的人。《国语》记楚国申叔时论教太子的科目，有"春秋"一项，说"春秋"有奖善惩恶的作用，可以戒劝太子的心。孔子是第一个开门授徒，拿经典教给平民的人，《鲁春秋》也该是他的一种科目。关于劝惩的所在，他大约有许多口义传给弟子们。他

---

① 《左传》宣公二年。

② 《左传》襄公二十五年。

是受了当时这种学术思潮的影响。

关于孔子有没有作过或修订过《春秋》，学者们至今仍有不同的意见。但是孔子与《春秋》关系很密切，用它来教学生，这一点大家都是同意的。

❺　《左传》宣公二年记载，晋灵公憎恶执政大臣赵盾，想要杀死他，赵盾被迫出逃，他的堂弟赵穿杀死了晋灵公。于是晋国太史董狐就在史书上记录"赵盾弑其君"，并在朝堂上出示给群臣看。赵盾是赵穿的后台，无法推卸这一责任，对董狐的秉笔直书无可奈何。《左传》襄公二十五年记载，齐国大夫崔杼弑杀了国君齐庄公。齐国太史在史书上记录："崔杼弑其君。"崔杼杀死了太史，让他的弟弟继任，想要他换个写法。结果弟弟继续写："崔杼弑其君。"崔杼又一连杀死了两个太史弟弟。到了第三个弟弟继任，仍然义无反顾地坚持这么写。崔杼为太史兄弟的凛凛气节和大无畏精神所震撼，最终只好放了那位弟弟。齐国的南史氏也是史官，听说太史一家都被杀光了，于是带着同样写好的书简前往。走到半路上，听说已经如实记载了，这才回去。

董狐和齐太史的故事，是中国古代史官不畏强权、用生命守卫史实的标杆，激励了后代无数史家和知识分子。宋代文天祥在《正气歌》中赞美道："时穷节乃见，一一垂丹青。在齐太史简，在晋董狐笔。"那些强大一时的人物，终究要畏惧史官的直笔，畏惧自己在历史上的骂名。

❻　《史记·孔子世家》说孔子修《春秋》，"笔则笔，削则削"，说的就是孔子对手中史料的剪裁。用哪些材料，不用哪些，斟酌取舍之间，都有孔子的深意。

《春秋》记事虽然简单，但是其用字却是很讲究的，比如周王死叫作"崩"，诸侯死叫作"薨"。楚国、吴国的国君僭位自称为"王"，《春秋》则称其为"子"（一种较低的爵位）。鲁僖公二十八年（前632）的践土之会，晋文公把周襄王召去参加，这是以臣召君，有悖礼法名分，于是《春秋》写作"天王狩于河阳"，说周王是去狩猎的，为王室遮羞。当时有许多臣杀君、子弑父的事情，《春秋》中一律写作"弑君""弑父"。而杀掉死后，弟子们散在四方，就所能记忆的又教授开去。《左传》《公羊传》《穀梁传》，所谓"春秋三传"里，所引孔子解释和评论的话，大概就是指的这一些。❺

三传特别注重《春秋》的劝惩作用；征实与否，倒在其次。按三传的看法，《春秋》大义可以从两方面说：明辨是非，分别善恶，提倡德义，从成败里见教训，这是一；夸扬霸业，推尊周室，亲爱中国，排斥夷狄，实现民族大一统的理想，这是二。前者是人君的明鉴，后者是拨乱反正的程序。这都是王道。而敬天事鬼，也包括在王道里。《春秋》里记灾，表示天罚，记鬼，表示恩仇，也还是劝惩的意思。古代记事的书常夹杂着好多的迷信和理想，《春秋》也不免如此；三传的看法，大体上是对的。但在解释经文的时候，却往往一个字一个字地咬嚼；这一咬嚼，便不顾上下文穿凿傅会起来了。《公羊》《穀梁》，尤其如此。

这样咬嚼出来的意义就是所谓"书法"，所谓"褒贬"，也就是所谓"微言"。后世最看重这个。他们说孔子修《春秋》，"笔则笔，削则削"①，"笔"是书，"削"是不书，都有大道理在内。又说一字之褒，比教你作王公还荣耀，一字之贬，比将你作罪人杀了还耻辱。本来孟子说过，"孔子成《春秋》而乱臣贼子惧"②，那似乎只指概括的劝惩作用而言。等到褒贬说发展，孟子这句话倒像更坐实了。而孔子和《春秋》的权威也就更大了。后世史家推尊孔子，也推尊《春秋》，承认这种书法是天经地义；但实际上他们却并不照三传所咬嚼出来的那么穿凿傅会地办。这正和后世诗人尽管推尊《毛诗》"传""笺"里比兴的解释，实际上却不那样穿凿傅会的作诗一样。三传，特别是《公羊传》和《穀梁传》，和《毛诗》"传""笺"，在穿凿解经这件事上是一致的。❻

---

① 《史记·孔子世家》。

② 《孟子·滕文公下》。

这些乱臣贼子，则一律写作"诛"。《春秋》特别看重"名分"，用写史的方式来"正名"。这是在礼崩乐坏、诸侯力量崛起、周天子势力衰微的政治背景下，竭力维护传统的社会等级制度和伦理关系的一种努力。

这种写法，被称作"《春秋》书法""《春秋》笔法"，里面含有"微言大义"。东晋范宁在《春秋榖梁传序》中称赞这种笔法说："一字之褒，宠逾华衮之赠；片言之贬，辱过市朝之挞。"意思是：受到《春秋》一字之褒扬，荣宠胜于赠予王公穿的华服；若被《春秋》一字之贬，其耻辱超过在市朝上受鞭挞。

❼　《公羊传》《榖梁传》记事起止时间与《春秋》一致，都是从隐公元年到哀公十四年。它们主要就是解释《春秋》经文中的那些字眼，探求里面的微言大义。《左传》也有解释经文的部分，但是在全书中所占的篇幅是很少的，绝大部分篇幅都用来叙事了。

比如《春秋》一开篇的隐公元年，就记录了一件事情："夏，五月，郑伯克段于鄢。"经文很简单，一共才九个字，没有其他任何细节。而《左传》用了五百二十二个字，详细叙述了郑庄公（郑伯）与弟弟共叔段争夺国家统治权的过程。他们的母亲姜氏偏心，想要帮助共叔段夺取君位。郑庄公老谋深算，假装退让，在母亲的要求下一再给共叔段增加封地，使其野心不断膨胀。最后郑庄公抓住机会，一击破敌，在鄢地打败了共叔段，囚禁了姜氏。在贤臣颍考叔的点拨下，郑庄公又挖隧道与母亲相见，和好如初。《左传》在讲故事之外，对于经文"郑伯克段于鄢"也做了解释：**"段不弟，故不言弟；如二君，故曰克；称郑伯，讥失教也：谓之郑志。不言出奔，难之也。"**段的所作所为不像个弟弟，所以《春秋》不说"弟"字。兄弟相争，好像两个国君打仗一样，所以用"克"字。把郑庄公称为"郑伯"，是讽刺他没有对弟弟尽教诲的责任。《春秋》这样记载，表明这是郑庄公本来的意思（就是要故意养成共叔段的罪恶，然后诛之）。不说"出奔"，这是因为下笔有困难。（按：按照《春秋》义例，"出奔"的都是有罪的人。如果说"出奔"，那么罪责就全在段的身上。而郑庄公有意养成段的罪，本身也是有罪的。）

而在这条经文之下，《公羊传》《榖梁传》则完全没有任何叙事，只是去解释这几个三传之中，公羊、穀梁两家全以解经为主，左氏却以叙事为主。公、穀以解经为主，所以咬嚼得更利害些。战国末期，专门解释《春秋》的有许多家，公、穀较晚出而仅存。这两家固然有许多彼此相异之处，但渊源似乎是相同的；他们所引别家的解说也有些是一样的。这两种《春秋》经传经过秦火，多有残阙的地方；到汉景帝武帝时候，才有经师重加整理，传授给人。公羊、穀梁只是家派的名称，仅存姓氏，名字已不可知。至于他们解经的宗旨，已见上文；《春秋》本是儒家传授的经典，解说的人，自然也离不了儒家，在这一点上，三传是大同小异的。❼

《左传》这部书，汉代传为鲁国左丘明所作。这个左丘明，有的说是"鲁君子"，有的说是孔子的朋友；后世又有说是鲁国的史官的。①这部书历来讨论的最多。汉时有"五经"博士。凡解说"五经"自成一家之学的，都可立为博士。立了博士，便是官学；那派经师便可作官受禄。当时《春秋》立了公、穀二传的博士。《左传》流传得晚些，古文派经师也给它争立博士。今文派却说这部书不得孔子《春秋》的真传，不如公、穀两家。后来虽一度立了博士，可是不久还是废了。倒是民间传习的渐多，终于大行！原来公、穀不免空谈，《左传》却是一部仅存的古代编年通史（残缺又少），用处自然大得多。《左传》以外，还有一部分国记载的《国语》，汉代也认为左丘明所作，称为《春秋外传》。后世学者怀疑这一说的很多。据近人的研究，《国语》重在"语"，记事颇简略，大约出于另一著者的手，而为《左传》著者的重要史料之一。这书的说教，也不外尚德、尊天、敬神、爱民，和《左传》是很相

---

① 《史记·十二诸侯年表序》说是"鲁君子"，《汉书·刘歆传》说"亲见夫子"，"好恶与圣人同"，杜预《春秋序》说是"身为国史"。

字而已。

《左传》主攻叙事，不仅仅记鲁国的历史，还大量采用了其他各国史书的材料，全面记录了春秋时期各主要国家的史事，还保留了许多春秋以前的历史和传说。正如汉代桓谭《新论·正经篇》所说："《左氏传》于经，犹衣之表里，相持而成。经而无传，使圣人闭门思之，十年不能知也。"我们应该感到十分幸运，有《左传》这样一部历史巨著保留了下来。如果没有它，我们对于春秋时代，甚至整个先秦时代历史的了解，就要少太多了。

❽ 《国语》是我国第一部国别史，主要是记录从西周中期到春秋末期各国重要政治人物的言论。它分为八个国家来记录：周语、鲁语、齐语、晋语、郑语、楚语、吴语、越语。它的体例虽然与《左传》不同，内容却可以与之互相补充。《左传》重记事，《国语》重记言。

《国语》是当时史料的汇编，大约成书于战国初期。大部分材料之间没有衔接和因果关系，是互相独立的。有一些史料互相重复，甚至还有对同一件事记载不同、互相抵触的现象。从这些情况看来，《国语》恐怕也是出于不同史官之手，编者甚至没有做太多整合统一的工作，而是在很大程度上保持了各篇史料的原貌。

❾ 《左传》中确实记录了许多卜筮、占梦、预言之类的内容，而且后来都应验了。这说明了《左传》作者的时代局限性。在我们今天看来，《左传》中的卜筮、占梦、预言都应验，并不能说明它们的神奇、灵验、可信，而是那些没有应验的案例，都被抛弃了，没有被《左传》记录下来罢了。这是史料记录者没有全面记录数据，科学计算概率的结果。用今天的话来说，这是一种"幸存者偏差"。

西晋杜预，字元凯，是平灭东吴的名将。他很有学问，博览群书，酷爱《左传》，自称有《左传》癖。在汉、魏时期，《春秋》经、传都是各自单行的。杜预把《左传》与《春秋经》合在一起，按年份编排，先经后传，并为它们作注，名为《春秋左氏经传集解》。这是流传到今的最早的一部完整的《左传》注本，具有极高的学术价值。而且杜近的。只不知著者是谁。其实《左传》著者我们也不知道。说是左丘明，但矛盾太多，不能教人相信。《左传》成书的时代大概在战国，比公、穀二传早些。❽

《左传》这部书大体依《春秋》而作；参考群籍，详述史事，征引孔子和别的"君子"解经评史的言论，吟味书法，自成一家言。但迷信卜筮，所记祸福的预言，几乎无不应验；这却大大违背了征实的精神，而和儒家的宗旨也不合了。晋范宁作《穀梁传序》说，"左氏艳而富，其失也巫"；"艳"是文章美，"富"是材料多，"巫"是多叙鬼神，预言祸福。这是句公平话。注《左传》的，汉代就不少，但那些许多已散失；现存的只有晋杜预注，算是最古了。❾

杜预作《春秋序》，论到《左传》，说"其文缓，其旨远"；"缓"是委婉，"远"是含蓄。这不但是好史笔，也是好文笔。所以《左传》不但是史学的权威，也是文学的权威。《左传》的文学本领，表现在记述辞令和描写战争上。春秋列国，盟会颇繁，使臣会说话不会说话，不但关系荣辱，并且关系利害，出入很大，所以极重辞令。《左传》所记当时君臣的话，从容委曲，意味深长。只是平心静气地说，紧要关头却不放松一步；真所谓恰到好处。这固然是当时风气如此，但不经《左传》著者的润饰工夫，也决不会那样在纸上活跃的。战争是个复杂的程序。叙得头头是道，已经不易，叙得有声有色，更难；这差不多全靠忙中有闲，透着优游不迫神儿，才成。这却正是《左传》著者所擅长的。❿

[参考资料]

洪业《春秋传引得序》。

预把经、传合编，这个体例也一直保持到了今天。

❿ 韩愈《进学解》说："《春秋》谨严，《左氏》浮夸。"指出了这两部书文风的截然不同。"浮夸"就是铺张、夸大，这正是《左传》文学性强的有力概括。

春秋时代，各国之间外交斗争激烈，因此极重行人（外交官）辞令。另外，国内政治中，臣下对君主的劝谏，同僚之间的规劝和讨论，也都有不少精彩的对话。《左传》就记录了许多漂亮的辞令案例，如"齐桓公伐楚盟屈完""重耳对楚王问""烛之武退秦师""郑子家告赵宣子""王孙满对楚子""齐国佐不辱命""楚归晋知罃"等等，在谦恭有礼的贵族风范下，在平和舒缓的语气后，都极具机锋和智慧，成为古文中的佳篇，令人百读不厌。

《左传》还善于记事，尤其是善于描写战争。晋楚城濮之战、秦晋崤之战、晋楚邲之战、晋齐鞍之战、晋楚鄢陵之战、吴楚柏举之战等大战，还有周郑繻葛之战、齐鲁长勺之战、宋楚泓之战、郑宋大棘之战等中等规模的作战，都写得声情并茂，扣人心弦。从战前双方的谋划，到战场上的激烈交锋，还有贵族武士们在生死关头仍然表现出来的君子风范，都井井有条地表现了出来。

比如在晋楚邲之战中，晋军战败，为了向北渡过黄河逃命，将士们要争夺为数不多的船只，竟然自相残杀。《左传》宣公十二年记载："中军、下军争舟，舟中之指可掬也。"船中被砍断的手指多得可以用手捧起来。仅用了两句话，描写了一个典型场景，就把晋军大败之下丧失纪律、一片混乱、自相残杀的惨状写得活灵活现。读者可以仔细脑补想象当时的场景：船要开出，但是还有许多人没能上船，又不甘心被落下，在求生欲的驱使下，站在水里，紧紧扒住船帮不放手。而船已经严重超载，已经上了船的人急着要开船逃命，又怕船被弄沉，情急之下，也顾不得战友情，挥动武器，拼命砍斫那些扒在船帮上的手，致使断指成堆。《左传》语言之精炼传神，在此可见一斑。

【补充参考书目】

杨伯峻《春秋左传注（修订本）》，中华书局，2016年第4版。

李梦生《左传译注》，上海古籍出版社，2016年。

郭丹、程小青、李彬源译注《左传》，中华书局，2012年。

刘尚慈《春秋公羊传译注》，中华书局，2010年。

黄铭、曾亦译注《春秋公羊传》，中华书局，2016年。

王维堤、唐书文《春秋公羊传译注》，上海古籍出版社，2016年。

徐正英、邹皓译注《春秋穀梁传》，中华书局，2016年。

承载《春秋穀梁传译注》，上海古籍出版社，2016年。

陈桐生译注《国语》，中华书局，2013年。

邬国义、胡果文、李晓路《国语译注》，上海古籍出版社，2017年。

沈玉成、刘宁《春秋左传学史稿》，江苏古籍出版社，1992年。

赵伯雄《春秋学史》，山东教育出版社，2004年。

戴维《春秋学史》，湖南教育出版社，2004年。

【思考题】

1.《春秋》是一部什么书？它的作者是谁？

2.“春秋三传”是什么？它们各自有什么特点？

3.《左传》对于我们了解先秦时代的历史有什么意义？

4.《国语》是一部什么书？它有什么特点，和《左传》有什么关系？

详析

❶ "四书"就是《大学》《中庸》《论语》《孟子》。

《论语》是一部记载孔子及其弟子言行的语录体著作，大概是孔门弟子和后学辑录的，其编辑有一个过程，最后成书大约在战国初期，前400年左右。它是儒家的原始经典，是我们了解孔子及其弟子思想、活动的最重要的资料。在汉代时，《论语》有《齐论语》《鲁论语》和《古论语》三个版本，前两者是今文经，后者是古文经。西汉末年的安昌侯张禹，把《鲁论语》和《齐论语》融合到一起，篇目以《鲁论语》为依据，称为《张侯论》。我们今天看到的《论语》，基本上就是《张侯论》。全书共二十篇，近一万六千字。

《孟子》也是一部语录体著作，是战国时期孟子的言论汇编，由孟子及其弟子万章、公孙丑等共同编著。现存七篇十四卷，二百六十章，总字数三万五千余字。

孟子继承并发展了孔子的儒家学说，在后世被尊为"亚圣"，与孔子并称"孔孟"。他思想的核心是"仁政"。《孟子》记录了孟子游说诸侯、与其他各派思想家辩论，还有与弟子的对话等内容，全面地展示了孟子的思想与个性。

《大学》《中庸》是《礼记》中的两篇，最先并没有受到特别的重视，后来学者们慢慢发现了它们独特的理论价值，不断提高它们的地位。

南宋朱熹把《大学》《中庸》《论语》《孟子》合并在一起，称为"四书"。他为它们作注，写了《大学章句》《中庸章句》《论语集注》《孟子集注》，合称《四书章句集注》，简称《四书集注》。这部书后来成为官方钦定的教科书和科举考试的标准。

❷ 朱熹（1130—1200），字元晦，又字仲晦，号晦庵，南宋大思想家，著名理学家。他学问非常广博，一生著述甚多，是理学的集大成者，被后世尊称为朱子。他是程颢、程颐兄弟的三传弟子李侗的学生，继承、发扬了二程的学说，他们的学问合称"程

原文

"四书"第七 ❶

　　"四书五经"到现在还是我们口头上一句熟语。"五经"是《易》《书》《诗》《礼》《春秋》；"四书"按照普通的顺序是《大学》《中庸》《论语》《孟子》，前二者又简称《学》《庸》，后二者又简称《论》《孟》；有了简称，可见这些书是用得很熟的。本来呢，从前私塾里，学生入学，是从"四书"读起的。这是那些时代的小学教科书；而且是统一的标准的小学教科书，因为没有不用的。那时先生不讲解，只让学生背诵，不但得背正文，而且得背朱熹的小注。只要囫囵吞枣地念，囫囵吞枣地背；不懂不要紧，将来用得着，自然会懂的。怎么说将来用得着？那些时候行科举制度。科举是一种竞争的考试制度，考试的主要科目是八股文，题目都出在"四书"里，而且是朱注的"四书"里。科举分几级，考中的得着种种出身或资格，凭着这种资格可以建功立业，也可以升官发财；作好作歹，都得先弄个资格到手。科举几乎是当时读书人惟一的出路。每个学生都先读"四书"，而且读的是朱注，便是这个缘故。

　　将朱注"四书"定为科举用书，是从元仁宗皇庆二年（西元一三一三）起的。规定这四种书，自然因为这些书本身重要，有人人必读的价值；规定朱注，也因为朱注发明书义比旧注好些，切用些。这四朱理学"。朱熹的理学思想影响很大，成为元、明、清三朝的官方哲学。

❸　孔子有一个孙子，叫孔伋，字子思。《史记·孔子世家》说："子思作《中庸》。"二程和朱熹都接受这个说法。孟子是子思的后学，他们的思想也差不多，一般把他们这一派称作儒家的"思孟学派"。

❹　《大学》最开始的一段话，被朱熹称为是"经"。后面的部分是用来解释"经"的传，被朱熹分为十章。这一章"经"，是《大学》的核心：

　　大学之道，在明明德，在亲民，在止于至善。知止而后有定，定而后能静，静而后能安，安而后能虑，虑而后能得。物有本末，事有终始，知所先后，则近道矣。古之欲明明德于天下者，先治其国；欲治其国者，先齐其家；欲齐其家者，先修其身；欲修其身者，先正其心；欲正其心者，先诚其意；欲诚其意者，先致其知；致知在格物。物格而后知至，知至而后意诚，意诚而后心正，心正而后身修，身修而后家齐，家齐而后国治，国治而后天下平。自天子以至于庶人，壹是皆以修身为本。其本乱而末治者否矣，其所厚者薄，而其所薄者厚，未之有也！

朱熹《大学章句序》说，《大学》是："外有以极其规模之大，而内有以尽其节目之详者也。"从上面这段"经"里，"明明德""亲（新）民""止于至善"就是"规模"，朱熹又称之为"三纲领"；"格物""致知""诚意""正心""修身""齐家""治国""平天下"就是"节目"，朱熹又称之为"八条目"。加在一起，可以简称为"三纲八目"。"八条目"是为了达到"三纲领"，人生进修要采取的八个步骤，循序渐进，步步向前。从"治国""平天下"的要求来看，这篇文章最初的预设阅读对象是高级贵族，甚至是王者。所以也有人说《大学》是帝王之学。但是这种进修的阶梯设计，对于我们普通人来说也有学习和借鉴意义。从"独善其身"到"兼善天下"，正是儒家推己及人的一贯思路，也是其德治理念的体现。努力自修，是为了实现政治理想，对社会有所贡献。

种书原来并不在一起，《学》《庸》都在《礼记》里，《论》《孟》是单行的。这些书原来只算是诸子书，朱子原来也只称为"四子"；但《礼记》《论》《孟》在汉代都立过博士，已经都升到经里去了。后来唐代的"九经"里虽然只有《礼记》，宋代的"十三经"却又将《论》《孟》收了进去。①《中庸》很早就被人单独注意，汉代已有关于《中庸》的著作，六朝时也有，可惜都不传了。②关于《大学》的著作却直到司马光的《大学通义》才开始，这部书也不传了。这些著作并不曾教《学》《庸》普及，教《学》《庸》和《论》《孟》同样普及的是朱子的注，"四书"也是他编在一起的，"四书"的名字也因他而有。❷

　　但最初用力提倡这几种书的是程颢、程颐兄弟。他们说：《大学》是孔门的遗书，是初学者入德的门径。只有从这部书里，还可以知道古人做学问的程序。从《论》《孟》里虽也可看出一些，但不如这部书的分明易晓。学者必须从这部书入手，才不会走错了路。"③这里没提到《中庸》。可是他们是很推尊《中庸》的。他们在另一处说："'不偏'叫作'中'，'不易'叫作'庸'；'中'是天下的正道，'庸'是天下的定理。《中庸》是孔门传授心法的书，是子思记下来传给孟子的。书中所述的人生哲理，意味深长；会读书的细加玩赏，自然能心领神悟终身受用不尽。"④这四种书到了朱子手里才打成一片。他接受二程的见解，加以系统的说明，四种书便贯串起来了。❸

　　他说，古来有小学大学。小学里教洒扫进退的规矩，和礼、乐、射、御、书、数，所谓"六艺"的。大学里教穷理、正心、修己、治人的道理。

---

① 九经：《易》《书》《诗》、三礼、《春秋》三传。十三经：《易》《书》《诗》、三礼、《春秋》三传、《论语》《孝经》《尔雅》《孟子》。

② 《汉书·艺文志》有《中庸说》二篇，《隋书·经籍志》有戴颙《中庸传》二卷，梁武帝《中庸讲疏》一卷。

③ 原文见《大学章句》卷头。

④ 原文见《中庸章句》卷头。

❺　《中庸》是儒家论述道德修养的著作，提出了许多重要命题、概念，对中国人的人生观产生了非常深远的影响。孔子就曾经非常推崇中庸，他说："中庸之为德也，其至矣乎！民鲜久矣。"（《论语·雍也》）认为中庸这种道德，应该是最高的了，当时的人已经长久地缺乏它了。后来传为子思所作的《中庸》一篇，专门来讨论中庸之道。朱熹在《中庸章句》的篇题下就说："中者，不偏不倚、无过不及之名。庸，平常也。"就是说，"中"，就是不偏不倚，不过分，也不要不及，恰到好处。说明"中庸"并不是高不可攀、深不可测的东西，而是在我们日常生活中都可以用上的道理，是实用的。虽说如此，《中庸》本身却并不好读。它的理论很高深，初学者不容易领会，所以朱熹在安排"四书"的学习顺序时，把它放在最后的第三步。而朱熹的《中庸章句》是他多年"沉潜反复"思考的成果，把《中庸》的理论做了系统化的梳理、哲学化的提高，是宋明理学构建理论体系的过程中非常重要的一部著作。

❻　朱熹把《大学》分成经一章，传十章。他在《大学章句》里说："经一章，盖孔子之言，而曾子述之。……其传十章，则曾子之意而门人记之也。"曾子，就是孔子的弟子曾参。后人对此有不同意见。朱自清根据当时的研究，认为《大学》是战国时儒家荀子学派的著作。

朱熹认为《大学》的旧版本次序混乱，逻辑不通，应该是传抄过程中发生了错简，所以他根据程颐的意见，重新编排了文字的段落次序，使传文符合解释"三纲八目"的顺序。但是传文缺乏解释"格物致知"的部分，朱熹认为这一段是一定有的，只是亡佚了，他干脆自己写了一章补上，今天一般称之为《大学格物补传》或《补格物致知传》。

对于朱熹改动《大学》原文次序，尤其是自己补上一章的做法，学者们有不同的意见。有的学者认为《大学》原文本来顺序就不对，应该是有错简。经过朱熹这么一整理，逻辑就完全顺畅了。但是另外一些学者则不同意朱熹的这种改动，其理由也各不相同。其中最有名的是明代的大思想家王守仁（王阳明）。他开创了阳明心学，对"格物致知"提出了完全不同的解释。他主张"知行合一"，而不是朱熹的"知先行后"。而《大学》

所教的都切于民生日用，都是实学。《大学》这部书便是古来大学里教学生的方法，规模大，节目详；而所谓"格物、致知、诚意、正心、修身、齐家、治国、平天下"，是循序渐进的。程子说是"初学者入德的门径"，就是为此。这部书里的道理，并不是为一时一事说的，是为天下后世说的。这是"垂世立教的大典"①，所以程子举为初学者的第一部书。《论》《孟》虽然也切实，却是"应机接物的微言"②，问的不是一个人，记的也不是一个人。浅深先后，次序既不分明，抑扬可否，用意也不一样，初学者领会较难。所以程子放在第二步。至于《中庸》，是孔门的心法，初学者领会更难，程子所以另论。❹

但朱子的意思，有了《大学》的提纲挈领，便能领会《论》《孟》里精微的分别去处；融贯了《论》《孟》的旨趣，也便能领会《中庸》里的心法。人有人心和道心；人心是私欲，道心是天理。人该修养道心，克制人心，这是心法。朱子的意思，不领会《中庸》里的心法，是不能从大处着眼，读天下的书，论天下的事的。他所以将《中庸》放在第三步，和《大学》《论》《孟》合为"四书"，作为初学者的基础教本。后来规定"四书"为科举用书，原也根据这番意思。不过朱子教人读"四书"，为的成人，后来人读"四书"，却重在猎取功名；这是不合于他提倡的本心的。至于顺序变为《学》《庸》《论》《孟》，那是书贾因为《学》《庸》篇页不多，合为一本的缘故；通行既久，居然约定俗成了。❺

《礼记》里的《大学》，本是一篇东西，朱子给分成经一章，传十章；传是解释经的。因为要使传合经，他又颠倒了原文的次序，并补上一段儿。他注《中庸》时，虽没有这样大的改变，可是所分的章节，也与郑玄注的不同。所以这两部书的注，称为《大学章句》《中庸章句》。《论》

---

① 原文见《中庸章句》卷头。
② 朱子《大学或问》卷一。

的古本在"三纲八目"中最先讲的是"诚意"，这正符合"知行合一"的理论需要。所以王守仁坚决力挺古本，强调"诚意"。

❼　这一段介绍《论语》《孟子》。朱自清的文字非常简要，我们对朱自清提到的部分内容加以简单说明。

一、"仁"。

"仁"是孔子思想的核心。在《论语》中，提到"仁"字一百零九次。孔子并没有对"仁"下一个明确的定义，而是从多方面对其进行了论述。我们举两个最重要的例子。他说："克己复礼为仁。"（《论语·颜渊》）这是对自己来说的，应该时时刻刻都控制自己，使自己的言行都符合礼。当弟子樊迟问孔子什么是仁时，他又说："爱人。"（《论语·颜渊》）这是对别人来说的，就是对别人有同情心、关爱心。

二、"忠恕"。

怎样实现"仁"呢？就是"忠恕之道"。

《论语·里仁》记载孔子说："吾道一以贯之。"曾子对此的解说是："夫子之道，忠恕而已矣！"孔子学说中有一个始终贯穿的基本观念，就是"忠恕"。对于这句话，朱熹《论语集注》说："尽己之谓忠，推己之谓恕。"尽自己最大的努力为他人效劳，就是"忠"。推己及人，对别人不要太过苛求，就是"恕"。

孔子说："夫仁者，己欲立而立人，己欲达而达人。"（《论语·雍也》）自己要站得住，也要让别人站得住；自己要事事行得通，也要让别人事事行得通。这就是"忠"。孔子又说："己所不欲，勿施于人。"（《论语·颜渊》）自己不想要的，也不要施加给别人。这就是"恕"。

"忠"和"恕"，从积极和消极两方面来谈对别人的态度，思路都是一样的，就是推己及人。多为别人着想，多为人尽心，多站在别人的立场思考问题，就是"爱人"，就可以去争取实现"仁"。

三、"性善"。

《孟》的注，却是融合各家而成，所以称为《论语集注》《孟子集注》。《大学》的经一章，朱子想着是曾子追述孔子的话；传十章，他相信是曾子的意思，由弟子们记下的。《中庸》的著者，朱子和程子一样，都接受《史记》的记载，认为是子思。①但关于书名的解释，他修正了一些。他说，"中"除"不偏"外，还有"无过无不及"的意思；"庸"解作"不易"，不如解作"平常"的好。②照近人的研究，《大学》的思想和文字，很有和荀子相同的地方，大概是荀子学派的著作。《中庸》，首尾和中段思想不一贯，从前就有人疑心。照近来的看法，这部书的中段也许是子思原著的一部分，发扬孔子的学说，如"时中""忠恕""知仁勇""五伦"等。首尾呢，怕是另一关于《中庸》的著作，经后人混合起来的；这里发扬的是孟子的天人相通的哲理，所谓"至诚""尽性"，都是的。著者大约是一个孟子学派。❻

　　《论语》是孔子弟子们记的。这部书不但显示一个伟大的人格——孔子，并且让读者学习许多做学问做人的节目：如"君子""仁""忠恕"，如"时习""阙疑""好古""隅反""择善""困学"等，都是可以终身应用的。《孟子》据说是孟子本人和弟子公孙丑、万章等共同编定的。书中说"仁"兼说"义"，分辨"义""利"甚严；而辩"性善"，教人求"放心"，影响更大。又说到"养浩然之气"，那"至大至刚""配义与道"的"浩然之气"，③这是修养的最高境界，所谓天人相通的哲理。书中攻击杨朱、墨翟两派，词锋咄咄逼人。这在儒家叫作攻异端，功劳是很大的。孟子生在战国时代，他不免"好辩"，他自己也觉得的；④他的话流露着"英

---

① 《孔子世家》。

② 《中庸或问》卷一。

③ 《公孙丑》。

④ 《滕文公》。

孟子提出了"性善"论，强调人都有善良的本性。他说："人皆有不忍人之心。"（《孟子·公孙丑上》）比如我们看见一个小孩子快要掉到井里去了，我们都会本能地为他（她）感到害怕，发生同情心，想要去救他（她）。我们产生这种心情，不是为了讨好孩子的父母，也不是为了在乡人朋友间博得好名声，也不是因为厌恶孩子的哭声。我们就是天然产生了这种同情心。

所以，"恻隐之心，人皆有之；羞恶之心，人皆有之；恭敬之心，人皆有之；是非之心，人皆有之。恻隐之心，仁也；羞恶之心，义也；恭敬之心，礼也；是非之心，智也。仁义礼智，非由外铄我也，我固有之也，弗思耳矣。"（《孟子·告子上》）仁义礼智，并不是由外界渗透给我的，而是我本来就具有的，不过不曾探索它们，将其发扬光大罢了。

孟子强调人人都有善的素质，把下等人民的道德天赋提升到与贵族平等的地位，这在当时是有着很大的进步性的。他鼓励人们不断培养、扩充自己的善心，认为那样就可以最终达到道德修养的最高境界。他的性善论肯定了人的价值，鼓励人们向上追求美好的品德，具有非常正面的积极意义。但是对于人作为一种生物的自然本能，他没有过多地探讨。

四、求"放心"。

孟子所说的"放心"，并不是我们今天口语里的"放心"，而是指我们已经失去了的、走丢了的善良的本心。《孟子·告子上》：

　　孟子曰："仁，人心也；义，人路也。舍其路而弗由，放其心而不知求，哀哉！人有鸡犬放，则知求之；有放心，而不知求。学问之道无他，求其放心而已矣。"

译文：

孟子说："仁，是人的心；义，是人的路。舍弃了那条正路而不走，丢失了善良的本心却不知道寻找，真是可悲啊！人们要是丢了鸡和狗，都知道要去寻找；但是善心丢失了，却不知道去找回。学问之道没有别的，就是要把那丢失的善良之心找回来罢了。"

解说：

孟子认为人性本善，人都是有善端的，但是要努力去培养、维护、扩充它们。如果不这样做的话，就很可能在外界的诱惑下失去善心。所以人们要不断加强学习，加强自气"，"有圭角"，和孔子的温润是不同的。所以儒家只称为"亚圣"，次于孔子一等。①《孟子》有东汉的赵岐注。《论语》有孔安国、马融、郑玄诸家注，却都已残佚，只零星的见于魏何晏的《集解》里。汉儒注经，多以训诂名物为重；但《论》《孟》词意显明，所以只解释文句，推阐义理而止。魏晋以来，玄谈大盛，孔子已经道家化；解《论语》的也多参入玄谈，参入当时的道家哲学。这些后来却都不流行了。到了朱子，给《论》《孟》作注，虽说融会各家，其实也用他自己的哲学作架子。他注《学》《庸》，更显然如此。他的哲学切于世用，所以一般人接受了，将他解释的孔子当作真的孔子。❼

　　他那一套"四书"注实在用尽了平生的力量，改定至再至三；直到临死的时候，他还在改定《大学诚意章》的注。注以外又作了《四书或问》，发扬注义，并论述对于旧说的或取或舍的理由。他在"四书"上这样下工夫，一面固然为了诱导初学者，一面还有一个用意，便是排斥老、佛，建立道统。他在《中庸章句序》里论到诸圣道统的传承，末尾自谦说，"于道统之传，不敢妄议"；其实他是隐隐在以传道统自期呢。《中庸》传授心法，正是道统的根本。将它加在《大学》《论》《孟》之后而成"四书"，朱子自己虽然说是给初学者打基础，但一大半恐怕还是为了建立道统，不过他自己不好说出罢了。他注"四书"在宋孝宗淳熙年间（西元一一七四至一一八九）。他死后朝廷将他的"四书"注审定为官书，从此盛行起来。他果然成了传儒家道统的大师了。❽

---

①　《孟子集注序说》引程子说。

我修养，找回渐渐失去的善心。

五、"浩然之气"

孟子说："我善养吾浩然之气。"他接着进一步解释这种"浩然之气"：

> 其为气也，至大至刚，以直养而无害，则塞于天地之间。其为气也，配义与道；无是，
> 馁也。是集义所生者，非义袭而取之也。行有不慊于心，则馁矣。（《孟子·公孙丑上》）

译文：

这种气，最伟大，最刚强。用正义去培养它，让它没有损害，它就会充塞于天地之间，无所不在。这种气，必须与义和道配合，如果缺了这两样，就没有力量了。它是由正义的积累而产生的，不是偶然的正义行为所能取得的。只要做一件问心有愧的事情，它就疲软了。

按：慊（qiè），通"惬"，快心、满意。

解说：

所谓"养气"，就是长期不懈地进行道德修养，并在实践中坚决践行、不断磨砺，逐渐养成一种强大的道德自信心，焕发出一种豪迈奋发、一往无前、无所畏惧、无坚不摧的精神，也就是所谓"浩然之气"，正义、刚强、充沛、宏大。孟子所描绘的这种强大的人格力量，激励了无数后人修炼道德，砥砺品行，讲正气，有原则，不苟且，有担当，成为社会的栋梁。

孟子的文章，观点鲜明，善于辩论，感情强烈，气势磅礴，正是这种"浩然之气"在文字上的体现。所以"养气"说也影响了后来的文艺理论。作者加强思想道德的修养，提升自己的精神气质，就可以使自己的诗文具有一种澎湃奔涌的激情和力量，给读者极大的感染。

❽　朱熹极其重视"四书"，在上面下了很多功夫。除了《四书章句集注》之外，他还著有《四书或问》，把对"四书"中许多问题的讨论放到其中。他对于"四书"的很多观点，还散见于《朱子语类》之中。所以要了解朱熹对于"四书"的研究，上面这三部书都是要读的。

【补充参考书目】

【宋】朱熹《四书章句集注》,中华书局,2012年第2版。

【宋】朱熹撰,李申译《四书章句集注今译》,中华书局,2020年。

【宋】朱熹撰,黄坤校点《四书或问》,上海古籍出版社、安徽教育出版社,2001年。

杨伯峻《论语译注》,中华书局,2009年第3版。

孙钦善《论语新注》,中华书局,2018年。

杨逢彬著,陈云豪校《论语新注新译》,北京大学出版社,2016年。

陈晓芬、徐儒宗译注《论语·大学·中庸》,中华书局,2015年第2版。

金良年《论语译注》,上海古籍出版社,2012年。

杨伯峻《孟子译注》,中华书局,2010年第3版。

杨逢彬《孟子新注新译》,北京大学出版社,2023年第2版。

方勇译注《孟子》,中华书局,2010年。

金良年《孟子译注》,上海古籍出版社,2012年。

王文锦《大学中庸译注》,中华书局,2019年第2版。

王国轩译注《大学·中庸》,中华书局,2016年。

汪受宽、金良年《孝经·大学·中庸译注》,上海古籍出版社,2020年。

钱穆《四书释义》,九州出版社,2017年。

陈来《宋明理学》,北京大学出版社,2020年。

杨立华《宋明理学十五讲》,北京大学出版社,2015年。

【思考题】

1.“四书”是哪四部书？ 它们的基本情况如何？

2.朱熹的《四书章句集注》是怎样的一部书？

3.什么是“三纲八目”？

4.谈谈你对孔子、孟子思想的了解。

❶《战国策》是一部国别体史书，分为东周、西周、秦、齐、楚、赵、魏、韩、燕、宋、卫、中山十二国，共三十三篇。各国的事情，依照时间顺序编排。记事的时间上起晋国赵、魏、韩三家联合消灭知（智）氏，下到秦灭六国。《战国策》的内容，主要是谋臣策士游说诸侯，或进行辩论、谋划时的言论，也包括不少奇异之士在历史重要关头所采取的行动。

《战国策》中的文章不是出于一人之手，应该主要是战国后期的纵横家写的，可能也包括若干秦汉间人的作品。这些纵横家作者写这些文章，主要是当作揣摩、学习游说的资料。西汉末年刘向把这些文章整理、编订为一部书，将其命名为《战国策》。

书中策士们为了成功游说诸侯，苦心研究雄辩技巧，努力揣摩对方的心思，他们的说辞奇丽夸饰，铺张渲染，排比对偶，气势纵横，并大量运用寓言、掌故，具有很强的说服力和煽动性。但是语言太华丽，难免有不少信口开河、与事实不符之处，叙事中甚至还有许多虚构的成分。所以我们不能把它们都当作真实史料，在进行历史研究的时候应该仔细辨析，慎重采用。但是由于秦始皇焚书坑儒，战国的史料留下来的不多，《战国策》里这些材料仍然得到了人们的珍视。

《战国策》的文学性是极高的，除去上面谈到的文辞之胜，它还刻画了许多栩栩如生、极具个性的人物形象，讲述了许多跌宕起伏、荡气回肠的故事，表现了战国时代叙事文学的高超水平。

《战国策》第八 ❶

　　春秋末年，列国大臣的势力渐渐膨胀起来。这些大臣都是世袭的，他们一代一代聚财养众，明争暗夺了君主的权力，建立起自己的特殊地位。等到机会成熟，便跳起来打倒君主自己干。那时候各国差不多都起了内乱。晋国让韩魏赵三家分了，姓姜的齐国也让姓田的大夫占了。这些，周天子只得承认了。这是封建制度崩坏的开始，那时候周室也经过了内乱，土地大半让邻国抢去，剩下的又分为东西周；东西周各有君王，彼此还争争吵吵的。这两位君王早已失去春秋时代"共主"的地位，而和列国诸侯相等了。后来列国纷纷称王，周室更不算回事；他们至多能和宋、鲁等小国君主等量齐观罢了。

　　秦楚两国也经过内乱，可是站住了。它们本是边远的国家，却渐渐伸张势力到中原来。内乱平后，大加整顿，努力图强，声威便更广了。还有极北的燕国，向来和中原国家少来往；这时候也有力量向南参加国际政治了。秦、楚、燕和新兴的韩、魏、赵、齐，是那时代的大国，称为"七雄"。那些小国呢，从前可以仰仗霸主的保护，作大国的附庸；现在可不成了，只好让人家吞的吞，并的并。算只留下宋、鲁等两三国，

❷　春秋时期，各诸侯国的大臣势力纷纷崛起，君权衰落，"礼乐征伐自诸侯出"变成了"自大夫出""陪臣执国命"（《论语·季氏》），传统的分封制统治秩序、伦理遭到了极大的破坏，历史来到了一个新的转折点。"三家分晋""田氏代齐"就是两个标志着中国历史由春秋进入战国的重大事件。

晋国本来是春秋时期北方的霸主，第一强国，但是后来诸卿势力逐渐强大，公室衰微。诸卿家族之间争权夺利，发生了残酷的兼并。前453年赵氏联合韩、魏两家，灭掉了知（智）氏，晋国公室名存实亡。前403年，周威烈王封赵、韩、魏三家为诸侯。前376年，三家废晋静公，将晋公室剩余土地全部瓜分。这就是"三家分晋"。

齐国本来是姜尚（姜太公）的封地，一直到春秋时期，都是姜姓公族在世世代代统治着这个国家。齐桓公时，前672年，陈国公室贵族陈完流亡到了齐国，改称田氏。（陈、田二字在古音中发音一致。）后来田氏经过许多代的经营，逐渐壮大，把持了朝政，最终取代了姜姓的国君，篡夺了君权。前386年，周安王册命田和为齐侯。这就是"田氏代齐"。

这一段中提到的东西周，不是周代划分为前后两部分的那个西周、东周，而是指东周王室在京畿洛邑附近的小小直辖统治区域，发生了内部分裂。前440年，周考王把王畿河南之地封给了弟弟揭，让他延续周公的官职，建立周公国。前367年，周公国内部发生叛乱，在赵、韩两国的干涉下，周公国分裂为东周、西周两个公国，东周在巩（今河南巩义），西周在王城（今河南洛阳西）。而周王作为名义上的天下共主，仍然居住在成周（今河南洛阳东北）。在这块小地方中，就有一个周王，两个周公。后来它们都被秦国灭掉。两个周公国虽小，但是政治地位高，所以在《战国策》国别排序中排在最前面。

给七雄当缓冲地带。封建制度既然在崩坏中，七雄便各成一单位，各自争存，各自争强；国际政局比春秋时代紧张多了。战争也比从前严重多了。列国都在自己边界上修起长城来。这时候军器进步了；从前的兵器都用铜打成，现在有用铁打成的了。战术也进步了。攻守的方法都比从前精明；从前只用兵车和步卒，现在却发展了骑兵了。这时候还有以帮人家作战为职业的人。这时候的战争，杀伤是很多的。孟子说，"争地以战，杀人盈野；争城以战，杀人盈城"。①可见那凶惨的情形。后人因此称这时代为战国时代。❷

在长期混乱之后，贵族有的做了国君，有的渐渐衰灭。这个阶级算是随着封建制度崩坏了。那时候的国君，没有了世袭的大臣，便集权专制起来。辅助他们的是一些出身贵贱不同的士人。那时候君主和大臣都竭力招揽有技能的人，甚至学鸡鸣学狗盗的也都收留着。这是所谓"好客""好士"的风气。其中最高的是说客，是游说之士。当时国际关系紧张，战争随时可起。战争到底是劳民伤财的，况且难得有把握；重要的还是外交的工夫。外交办得好，只凭口舌排难解纷，可以免去战祸；就是不得不战，也可以多找一些与国，一些帮手。担负这种外交的人，便是那些策士，那些游说之士。游说之士既然这般重要，所以立谈可以取卿相；只要有计谋，会辩说就成，出身的贵贱倒是不在乎的。

七雄中的秦，从孝公用商鞅变法以后，日渐强盛。到后来成了与六国对峙的局势。这时候的游说之士，有的劝六国联合起来抗秦，有的劝六国联合起来亲秦。前一派叫"合纵"，是联合南北各国的意思，后一派叫"连横"，是联合东西各国的意思 —— 只有秦是西方的国家。

---

① 《离娄》。

❸ 《史记·张仪列传》说，苏秦、张仪是鬼谷子门下的同学，但是苏秦比张仪发达得早。这一说法已经被新发现的考古材料和历史学家的研究所否定。根据徐中舒、唐兰、杨宽等学者的考证，《史记》《战国策》中关于苏秦的记载有许多错误，并不都是历史事实。

在众多学者中，杨宽在《战国策》史料的真实性考证方面做出的成就最为突出，他的研究成果最后汇集为《战国史料编年辑证》一书。书中指出，张仪、苏秦因为合纵、连横很有成就，所以成为纵横家所学习揣摩的榜样。尤其是苏秦，从一个洛阳农民一跃而成为东方最强国的相国，得以发动五国合纵攻秦，尤为游士所仰慕，于是后人伪托苏秦创作了很多长篇游说辞，而隐讳了他作为燕国派往齐国的间谍的真相。与之同时，伪托张仪的游说辞也相应而作，于是苏、张成为同时对立的纵横家。

实际上，张仪死于前310年，而苏秦之死，大约在前285至前284年，在张仪死后约25年。苏秦比张仪要晚一辈，他的政治外交活动基本上在张仪之后。真正与张仪连横策略作对的，是公孙衍。所以《孟子·滕文公下》里记载景春说："公孙衍、张仪岂不诚大丈夫哉！一怒而诸侯惧，安居而天下熄。"

在刘向编订《战国策》之前的西汉中期，司马迁写作《史记》的时候，就参考了皇家图书馆中收藏的很多战国纵横家的游说之辞，对其中的许多伪作信以为真，所以在写《史记·苏秦列传》的时候误以为苏秦死于张仪之前，反而将原为苏秦之事，改属之苏代或苏厉。

除了苏秦，乐毅的故事也有很多是虚构的。杨宽指出，《战国策·燕策二》中的《乐毅报燕王书》其实是战国末年游士的伪作，司马迁也看过这份材料，也被误导了，所以《史记·乐毅列传》也有许多错误记录。

1973年，在长沙马王堆三号汉墓出土了一批帛书，其中一部分类似于今本《战国策》，整理后定名为《战国纵横家书》。该书共二十七章，其中十一章内容和文字与今本《战国策》和《史记》大体相同。另外的十六章为久已失传的佚书，是极有价值的珍贵史料，不但可以补充《战国策》《史记》等书之不足，还可以订正它们的一些错误。杨宽等学者的研究就从这批帛书受益良多。

合纵派的代表是苏秦，连横派的是张仪；他们可以代表所有的战国游说之士。后世提到游说的策士，总想到这两个人，提到纵横家，也总是想到这两个人。他们都是鬼谷先生的弟子。苏秦起初也是连横派。他游说秦惠王，秦惠王老不理他；穷得要死，只好回家。妻子，嫂嫂，父母，都瞧不起他。他恨极了，用心读书，用心揣摩；夜里倦了要睡，用锥子扎大腿，血流到脚上。这样整一年，他想着成了，便出来游说六国合纵。这回他果然成功了，佩了六国相印，又有势又有钱。打家里过的时候，父母郊迎三十里，妻子低头，嫂嫂趴在地下谢罪。他叹道："人生世上，势位富贵，真是少不得的！"张仪和楚相喝酒，楚相丢了一块璧。手下人说张仪穷而无行，一定是他偷的，绑起来打了几百下。张仪始终不认，只好放了他。回家，他妻子说："唉，要不是读书游说，哪会受这场气！"他不理，只说："看我舌头还在罢？"妻子笑道："舌头是在的。"他说："那就成！"后来果然做了秦国的相；苏秦死后，他也大大得意了一番。❸

　　苏秦使锥子扎腿的时候，自己发狠道："哪有游说人主不能得金玉锦绣，不能取卿相之尊的道理！"这正是战国策士的心思。他们凭他们的智谋和辩才，给人家画策，办外交；谁用他们就帮谁。他们是职业的，所图的是自己的功名富贵；帮你的时候帮你，不帮的时候也许害你。翻覆，在他们看来是没有什么的。本来呢，当时七雄分立，没有共主，没有盟主，各干各的，谁胜谁得势。国际间没有是非，爱帮谁就帮谁，反正都一样。苏秦说连横不成，就改说合纵，在策士看来，这正是当然。张仪说舌头在就行，说是说非，只要会说，这也正是职业的态度。他们自己没有理想，没有主张，只求揣摩主上的心理，拐弯儿抹角投其所好。这需要技巧；《韩非子·说难篇》专论这个。说得好固然可以取"金玉锦绣"和"卿相之尊"，说得不好也会招杀身之祸，利害所关如此之大，

❹　朱自清引用了罗根泽《〈战国策〉作于蒯通考》的观点，把《战国策》的作者归于蒯通（蒯彻）。这种说法在今天看来是不可靠的。尤其是《战国纵横家书》出土后，更加证明了在蒯通之后，流传于西汉社会上的纵横家文辞篇章仍然很多，并没有被全部编入《战国策》中。

《书〈战国策〉后》一文的作者李格非，字文叔，北宋文学家、学者，是著名词人李清照之父。

刘向在编订《战国策》的时候，写了一篇《战国策序》，里面说："其事继春秋以后，讫楚、汉之起，二百四十五年间之事，皆定以杀青，书可缮写。"朱自清说的《战国策》记事时间上下限，大概是本于此。但是今天所见《战国策》，其记事最早的一件，是前453年赵、韩、魏合力攻灭知（智）氏。而最晚的一件，则是高渐离用筑击打秦始皇。这件事大概发生在前221年左右，也就是秦朝统一天下的时间。所以秦代的事情，甚至楚、汉兴起，并没有见于今本《战国策》。

苏秦费一整年研究揣摩不算多。当时各国所重的是威势，策士所说原不外战争和诈谋；但要因人因地进言，广博的知识和微妙的机智都是不可少的。

记载那些说辞的书叫《战国策》，是汉代刘向编定的，书名也是他提议的。但在他以前，汉初著名的说客蒯通，大约已经加以整理和润饰，所以各篇如出一手。《汉书》本传里记着他"论战国时说士权变，亦自序其说，凡八十一篇，号曰《隽永》"，大约就是刘向所根据的底本了。[①]蒯通那枝笔是很有力量的。铺陈的伟丽，叱咤的雄豪，固然传达出来了；而那些曲折微妙的声口，也丝丝入扣，千载如生。读这部书，真是如闻其语，如见其人。汉以来批评这部书的都用儒家的眼光。刘向的序里说战国时代"捐礼让而贵战争，弃仁义而用诈谲，苟以取强而已矣"，可以代表。但他又说这些是"高才秀士"的"奇策异智"，"亦可喜，皆可观"。这便是文辞的作用了。宋代有个李文叔，也说这部书所记载的事"浅陋不足道"，但"人读之，则必乡其说之工，而忘其事之陋者，文辞之胜移之而已"。又道，说的还不算难，记的才真难得呢。[②]这部书除文辞之胜外，所记的事，上接春秋时代，下至楚汉兴起为止，共二百零二年（西元前四○三至前二○二），也是一部重要的古史。所谓战国时代，便指这里的二百零二年；而战国的名称也是刘向在这部书的序里定出的。❹

[参考资料]

雷海宗《中国通史选读》第二册（清华大学讲义排印本）。

---

① 罗根泽《〈战国策〉作于蒯通考》及《补证》（《古史辨》第四册）。
② 李格非《书〈战国策〉后》。

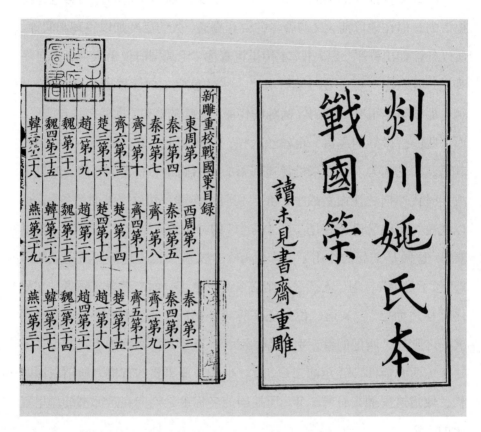

《战国策》书影。图片采自清嘉庆八年（1803）读未见书斋影宋刻本，日本内阁文库藏。

【补充参考书目】

【西汉】刘向集录，范祥雍笺证，范邦瑾协校《战国策笺证》，上海古籍出版社，2019年。

缪文远《战国策新校注（修订本）》，巴蜀书社，1998年第3版。

何建章《战国策注释》，中华书局，2019年。

缪文远、缪伟、罗永莲译注《战国策》，中华书局，2012年。

杨宽《战国史料编年辑证》，上海人民出版社，2016年。

【思考题】

1.《战国策》是一部什么书？

2.《战国策》里的史料都可信吗？

3.《战国策》的文学成就如何？

详析

❶ 《史记》是我国第一部纪传体通史，作者是西汉的伟大历史学家司马迁。它记录了从上古传说中的黄帝时代至汉武帝时代共三千多年的历史，分为十二本纪、三十世家、七十列传、十表、八书，共一百三十篇，五十二万六千五百余字。它首创的纪传体为后来历代正史所继承，它也被列为"二十四史"之首。

《史记》是一部伟大的历史著作，我国上古的许多史料，都依赖它得以保存。它又是一部文学巨著，语言精炼传神，人物形象饱满，故事极具吸引力和感染力，对我国后世史传、小说、戏剧等叙事文学都有深刻影响。

《汉书》是我国第一部纪传体断代史，专写西汉历史，作者是东汉历史学家班固。它继承了《史记》的纪传体裁，记述了上起汉高祖元年（前206年），下至新朝王莽地皇四年（23年）共二百三十年的史事，包括纪十二篇，表八篇，志十篇，传七十篇，共一百篇，八十万字。它语言宏丽，记事客观，材料翔实，写法规范，是继《史记》之后又一部重要史书。

《史记》《汉书》合称"史汉"，与《后汉书》《三国志》合称"前四史"。它们都是非常优秀的史书，成为后世史学的标杆。

❷ 中国封建时代的正史，合称"二十四史"，只有《史记》是通史，后面的都是断代史。二十四史是：《史记》《汉书》《后汉书》《三国志》《晋书》《宋书》《南齐书》《梁书》《陈书》《魏书》《北齐书》《周书》《隋书》《南史》《北史》《旧唐书》《新唐书》《旧五代史》《新五代史》《宋史》《辽史》《金史》《元史》《明史》。如果加上《新元史》，就是二十五史。也有的学者用《清史稿》代替《新元史》来计算二十五史。

《史记》《汉书》第九 ❶

　　说起中国的史书，《史记》《汉书》，真是无人不知，无人不晓。这有两个原因。一则这两部书是最早的有系统的历史，再早虽然还有《尚书》《鲁春秋》《国语》《春秋左氏传》《战国策》等，但《尚书》《国语》《战国策》，都是记言的史，不是记事的史。《春秋》和《左传》是记事的史了，可是《春秋》太简短，《左氏传》虽够铺排的，而跟着《春秋》编年的系统，所记的事还不免散碎。《史记》创了"纪传体"，叙事自黄帝以来到著者当世，就是汉武帝的时候，首尾三千多年。《汉书》采用了《史记》的体制，却以汉事为断，从高祖到王莽，只二百三十年。后来的史书全用《汉书》的体制，断代成书；二十四史里，《史记》《汉书》以外的二十二史都如此。这称为"正史"。《史记》《汉书》，可以说都是"正史"的源头。二则，这两部书都成了文学的古典；两书有许多相同处，虽然也有许多相异处。大概东汉、魏、晋到唐，喜欢《汉书》的多，唐以后喜欢《史记》的多，而明、清两代犹然。这是两书文体各有所胜的缘故。但历来班、马并称，《史》《汉》连举，它们叙事写人的技术，毕竟是大同的。❷

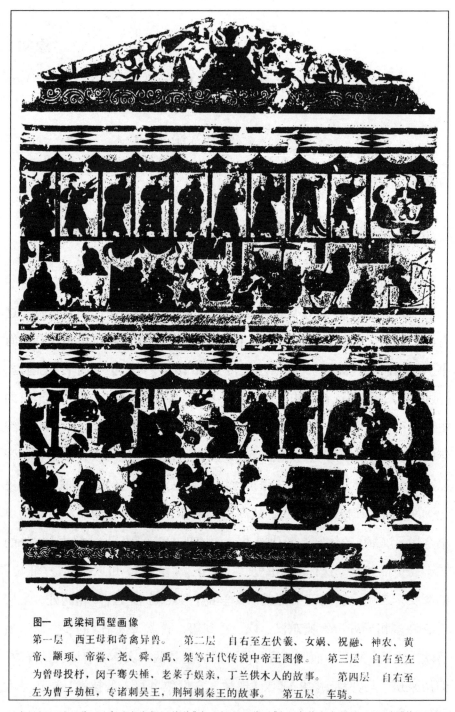

图一　武梁祠西壁画像

第一层　西王母和奇禽异兽。　　第二层　自右至左伏羲、女娲、祝融、神农、黄帝、颛顼、帝喾、尧、舜、禹、桀等古代传说中帝王图像。　　第三层　自右至左为曾母投杼，闵子骞失棰，老莱子娱亲，丁兰供木人的故事。　　第四层　自右至左为曹子劫桓，专诸刺吴王，荆轲刺秦王的故事。　　第五层　车骑。

武梁祠西壁画像。图片采自朱锡禄编著《武氏祠汉画像石》(山东美术出版社，1986年)第13页。

　　《史记》，汉司马迁著。司马迁字子长，左冯翊夏阳（今陕西韩城）人，景帝中元五年（西元前一四五）生，卒年不详。他是太史令司马谈的儿子。小时候在本乡只帮人家耕耕田放放牛玩儿。司马谈做了太史令，才将他带到京师（今西安）读书。他十岁的时候，便认识"古文"的书了。二十岁以后，到处游历，真是足迹遍天下。他东边到过现在的河北、山东及江、浙沿海，南边到过湖南、江西、云南、贵州，西边到过陕、甘、西康等处，北边到过长城等处；当时的"大汉帝国"，除了朝鲜、河西（今宁夏一带）、岭南几个新开郡外，他都走到了。他的出游，相传是父亲命他搜求史料去的；但也有些处是因公去的。他搜得了多少写的史料，没有明文，不能知道。可是他却看到了好些古代的遗迹，听到了好些古代的轶闻；这些都是活史料，他用来印证并补充他所读的书。他作《史记》，叙述和描写往往特别亲切有味，便是为此。他的游历不但增扩了他的见闻，也增扩了他的胸襟；他能够综括三千多年的事，写成一部大书，而行文又极其抑扬变化之致，可见出他的胸襟是如何的阔大。

　　他二十几岁的时候，应试得高第，做了郎中。武帝元封元年（西元前一一〇），大行封禅典礼，步骑十八万，旌旗千余里。司马谈是史官，本该从行；但是病得很重，留在洛阳不能去。司马迁却跟去了。回来见父亲，父亲已经快死了，拉着他的手呜咽着道："我们先人从虞夏以来，世代做史官；周末弃职他去，从此我家便衰微了。我虽然恢复了世传的职务，可是不成；你看这回封禅大典，我竟不能从行，真是命该如此！再说孔子因为眼见王道缺，礼乐衰，才整理文献，论《诗》《书》，作《春秋》，他的功绩是不朽的。孔子到现在又四百多年了，各国只管争战，史籍都散失了，这得搜求整理；汉朝一统天下，明主、贤君、忠臣、死义之士，也得记载表彰。我做了太史令，却没能尽职，无所论著，真是

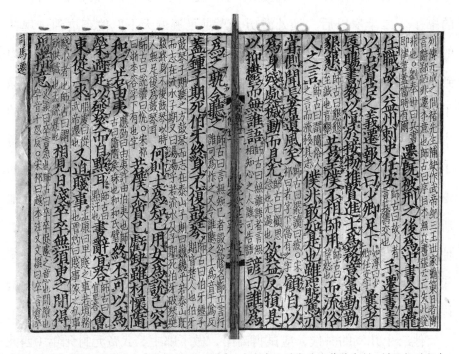

《报任安书》书影。图片采自《汉书·司马迁传》，南宋庆元时期建安黄善夫刻、刘元起刊印本，日本历史民俗博物馆藏。

惶恐万分。你若能继承先业，再做太史令，成就我的未竟之志，扬名于后世，那就是大孝了。你想着我的话罢。"①司马迁听了父亲这番遗命，低头流泪答道："儿子虽然不肖，定当将你老人家所搜集的材料，小心整理起来，不敢有所遗失。"②司马谈便在这年死了；司马迁这年三十六岁。父亲的遗命指示了他一条伟大的路。

父亲死的第三年，司马迁果然做了太史令。他有机会看到许多史籍和别的藏书，便开始做整理的工夫。那时史料都集中在太史令手里，特别是汉代各地方行政报告，他那里都有。他一面整理史料，一面却忙着改历的工作；直到太初元年（西元前一〇四），太初历完成，才动手著他的书。天汉二年（西元前九九），李陵奉了贰师将军李广利的命，领了五千兵，出塞打匈奴。匈奴八万人围着他们；他们杀伤了匈奴一万多，可是自己的人也死了一大半。箭完了，又没吃的，耗了八天，等贰师将军派救兵。救兵竟没有影子。匈奴却派人来招降。李陵想着回去也没有脸，就降了。武帝听了这个消息，又急又气。朝廷里纷纷说李陵的坏话。武帝问司马迁，李陵到底是个怎样的人。李陵也做过郎中，和司马迁同过事，司马迁是知道他的。

他说李陵这个人秉性忠义，常想牺牲自己，报效国家。这回以少敌众，兵尽路穷，但还杀伤那么些人，功劳其实也不算小。他决不是怕死的人，他的降大概是假意的，也许在等机会给汉朝出力呢。武帝听了他的话，想着贰师将军是自己派的元帅，司马迁却将功劳归在投降的李陵身上，真是大不敬；便教将他抓起来，下在狱里。第二年，武帝杀了李陵全家，处司马迁宫刑。宫刑是个大辱，污及先人，见笑亲友。他灰心失望已极，只能发愤努力，在狱中专心致志写他的书，希图留个后世名。

---

①② 原文见《史记·自序》。

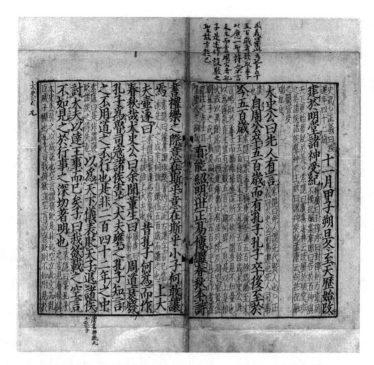

《太史公自序》书影。图片采自《史记》，南宋庆元年间建安黄善夫家塾刊本，日本国立历史民俗博物馆藏本。

❸　《太史公自序》是《史记》里"列传"的最后一篇，是司马迁写自己的家世、生平、著书经过及创作主旨的，还有《史记》一百三十篇的小序，是研究司马迁及其创作的重要资料。

在《自序》里，司马迁记录了父亲司马谈曾经表示要继承孔子作《春秋》的事业，可惜未能完成就去世了，接着又明确地表示自己要继承父亲遗志，完成这件伟大的事业：

太史公曰："先人有言：'自周公卒五百岁而有孔子。孔子卒后至于今五百岁，有能绍明世，正《易传》，继《春秋》，本《诗》《书》《礼》《乐》之际？'意在斯乎！意在斯乎！小子何敢让焉。"

这里的"先人"，应该是指司马谈。从文中不难看出，司马迁对自己的才华和学问有着一种舍我其谁的强烈自信，就是要继承周公、孔子的事业，成为五百年一出的文化伟人，自我期许是非常高的。

过了两年，武帝改元太始，大赦天下。他出了狱，不久却又做了宦者做的官，中书令，重被宠信。但他还继续写他的书。直到征和二年（西元前九一），全书才得完成，共一百三十篇，五十二万六千五百字。他死后，这部书部分的流传；到宣帝时，他的外孙杨恽才将全书献上朝廷去，并传写公行于世。汉人称为《太史公书》《太史公》《太史公记》《太史记》。魏晋间才简称为《史记》，《史记》便成了定名。这部书流传时颇有缺佚，经后人补续改窜了不少；只有元帝、成帝间褚少孙补的有主名，其余都不容易考了。

司马迁是窃比孔子的。孔子是在周末官守散失时代第一个保存文献的人；司马迁是秦火以后第一个保存文献的人。他们保存的方法不同，但是用心一样。《史记·自序》里记着司马迁和上大夫壶遂讨论作史的一番话。❸ 司马迁引述他的父亲称扬孔子整理"六经"的丰功伟业，而特别着重《春秋》的著作。他们父子都是相信孔子作《春秋》的。他又引董仲舒所述孔子的话："我有种种觉民救世的理想，凭空发议论，恐怕人不理会；不如借历史上现成的事实来表现，可以深切著明些。"① 这便是孔子作《春秋》的趣旨；他是要明王道，辨人事，分明是非善恶贤不肖，存亡继绝，补敝起废，作后世君臣龟鉴。《春秋》实在是礼义的大宗，司马迁相信礼治是胜于法治的。他相信《春秋》包罗万象，采善贬恶，并非以刺讥为主。像他父亲遗命所说的，汉兴以来，人主明圣盛德，和功臣、世家、贤大夫之业，是他父子职守所在，正该记载表彰。他的书记汉事较详，固然是史料多，也是他意主尊汉的缘故。他排斥暴秦，要将汉远承三代。这正和今文家说的《春秋》尊鲁一样，他的书实在是窃比《春秋》的。他虽自称只是"厥协《六经》异传，整齐百家杂语"②，述而不作，不敢与

---

①② 原文见《史记·自序》。

❹　司马迁《报任安书》谈到自己写作《史记》的宗旨："欲以究天人之际，通古今之变，成一家之言。"就是要探究天道、自然与人事之间的关系，通晓从古到今的变化，而成为自己的一家之言。这是超越前代史家的追求，要探寻世界运行、历史发展的规律，有着深刻的历史哲学意蕴。

司马谈的思想以道家为主，到了司马迁的时代，儒家已经成为汉朝的主流思想，他也接受了儒家观念。孔子并不是诸侯，他却专门写了《孔子世家》，给他以非常崇高的待遇，并在最后评论道："《诗》有之：'高山仰止，景行行止。'虽不能至，然心乡（向）往之。余读孔氏书，想见其为人。……自天子王侯，中国言六艺者折中于夫子，可谓至圣矣！"表达了对孔子的无限倾慕和景仰。汉武帝时今文经学大为流行，司马迁曾经向《公羊》学大师董仲舒学习，受到了他的影响。

❺　司马迁《报任安书》里有一段非常有名的话：

古者富贵而名摩灭，不可胜记，唯俶傥非常之人称焉。盖西伯拘而演《周易》；仲尼厄而作《春秋》；屈原放逐，乃赋《离骚》；左丘失明，厥有《国语》，孙子膑脚，《兵法》修列；不韦迁蜀，世传《吕览》；韩非囚秦，《说难》《孤愤》。《诗》三百篇，大氐贤圣发愤之所为作也。此人皆意有所郁结，不得通其道，故述往事，思来者。及如左丘无目，孙子断足，终不可用，退论书策以舒其愤，思垂空文以自见。仆窃不逊，近自托于无能之辞，网罗天下放失旧闻，考之行事，稽其成败兴坏之理，凡百三十篇，亦欲以究天人之际，通古今之变，成一家之言。草创未就，适会此祸，惜其不成，是以就极刑而无愠色。仆诚已著此书，藏之名山，传之其人，通邑大都，则仆偿前辱之责，虽万被戮，岂有悔哉！然此可为智者道，难为俗人言也。

在这段话中，司马迁历数了前辈圣贤，大抵都是发愤著书的。他自己也是如此。虽然他立下写《史记》的远大志向，是受了父亲的临终重托，早已开始了写作；但是横遭李陵之祸，使他的人生际遇急转直下，心中郁结、愤懑，必然影响到他的思想和创作。

《春秋》比，那不过是谦词罢了。

他在《报任安书》里说他的书"欲以究天人之际，通古今之变，成一家之言"。《史记·自序》里说，"罔（网）罗天下放失旧闻，王迹所兴，原始察终，见盛观衰，论考之行事"。"王迹所兴"，始终盛衰，便是"古今之变"，也便是"天人之际"。"天人之际"只是天道对于人事的影响；这和所谓"始终盛衰"都是阴阳家言。阴阳家倡"五德终始说"，以为金木水火土五行之德，互相克胜，终始运行，循环不息。当运者盛，王迹所兴；运去则衰。西汉此说大行，与"今文经学"合而为一。司马迁是请教过董仲舒的，董就是今文派的大师；他也许受了董的影响。"五德终始说"原是一种历史哲学；实际的教训只是让人君顺时修德。❹

《史记》虽然窃比《春秋》，却并不用那咬文嚼字的书法，只据事实录，使善恶自见。书里也有议论，那不过是著者牢骚之辞，与大体是无关的。原来司马迁自遭李陵之祸，更加努力著书。他觉得自己已经身废名裂，要发抒意中的郁结，只有这一条通路。他在《报任安书》和《史记·自序》里引了文王以下到韩非诸贤圣，都是发愤才著书的。他自己也是个发愤著书的人。天道的无常，世变的无常，引起了他的慨叹；他悲天悯人，发为牢骚抑扬之辞。这增加了他的书的情韵。后世论文的人推尊《史记》，一个原因便在这里。❺

班彪论前史得失，却说他"论议浅而不笃，其论术学，则崇黄老而薄五经，序货殖，则轻仁义而羞贫穷，论游侠，则贱守节而贵俗功"，以为"大敝伤道"；①班固也说他"是非颇谬于圣人"。②其实推崇道家的是司马谈；司马迁时，儒学已成独尊之势，他也成了一个推崇的人了。至于《游侠》《货殖》两传，确有他的身世之感。那时候有钱可以赎罪，

---

① 《后汉书·班彪传》。
② 《汉书·司马迁传赞》。

　　司马迁忍受巨大的耻辱活了下来，就是为了完成他一生的心血巨著《史记》。他把自己的身世之感、切肤之痛融入了史笔中，借助笔下那些历史人物来宣泄自己的怨愤，表达自己的理想。他写了大量悲剧性的人物，寄托了自己深深的同情。比如伯夷、叔齐、公孙杵臼、程婴、伍子胥、商鞅、范雎、屈原、项羽、田横、韩信、彭越、贾谊、晁错、李广等等，都是个性鲜明的悲剧英雄。他们或许有这样那样的缺点，但是都有着出色的才能和人格闪光点，其故事也有着强烈的戏剧性。命运对他们中的很多人来说，是不公平的。但人类历史就是如此，充满了戏剧性和偶然性；人的命运就是如此，不可捉摸。这让司马迁百思不得其解，他经常在《史记》中感叹："傥所谓天道，是邪非邪？"（《伯夷列传》）"岂非命也哉！"（《外戚世家》）他写汉初第一名将韩信被吕后设计斩杀，死前说："吾悔不用蒯通之计，乃为儿女子所诈，岂非天哉！"（《淮阴侯列传》）写李广一生为国奋战，却始终未能封侯，最后却被迫自杀，死前说："广结发与匈奴大小七十余战，今幸从大将军出接单于兵，而大将军又徙广部行回远，而又迷失道，岂非天哉！"（《李将军列传》）这些发自灵魂的叹息，并不能简单理解为司马迁迷信，把一切不可解释的事情都归之于天命。这其实也是他个人在借着文章中那些情节和人物在发出悲愤的呐喊：这个世界上，还有天理和公道吗！为什么我的命运会如此不堪！

　　正因为司马迁的文字中郁勃着一股慷慨不平之气，形成了巨大的感染力，能够让读者产生强烈的共鸣。这使得司马迁不光是伟大的历史学家，也成为汉代首屈一指的散文家。个人遭际的不幸，恰恰成就了他作为文学家的不朽名声。如果司马迁没有遭到李陵之祸，我们看到的《史记》，恐怕不是今天这个样子的，或许感情不会那么充沛，感染力也要低不少吧。所以鲁迅《汉文学史纲要》称《史记》为"史家之绝唱，无韵之《离骚》"，被大家普遍认可。屈原的《离骚》也正是充满了怨愤的文学名作，只不过它有韵，而《史记》无韵罢了。

　　❻《后汉书·班彪传》里记载东汉班彪评论司马迁的《史记》说：

　　　　论议浅而不笃。其论术学，则崇黄老而薄五经；序货殖，则轻仁义而羞贫穷；

他遭了李陵之祸，刑重家贫，不能自赎，所以才有"羞贫穷"的话；他在穷窘之中，交游竟没有一个抱不平来救他的，所以才有称扬游侠的话。这和《伯夷传》里天道无常的疑问，都只是偶一借题发挥，无关全书大旨。东汉王允死看"发愤"著书一语，加上咬文嚼字的成见，便说《史记》是"佞臣"的"谤书"①，那不但误解了《史记》，也太小看了司马迁。❻

《史记》体例有五：十二本纪，记帝王政迹，是编年的。十表，以分年略记世代为主。八书，记典章制度的沿革。三十世家，记侯国世代存亡。七十列传，类记各方面人物。史家称为"纪传体"，因为"纪传"是最重要的部分。古史不是断片的杂记，便是顺按年月的纂录；自出机杼，创立规模，以驾驭去取各种史料的，从《史记》起始。司马迁的确能够贯穿经传，整齐百家杂语，成一家言。他明白"整齐"的必要，并知道怎样去"整齐"：这实在是创作，是以述为作。他这样将自有文化以来三千年间君臣士庶的行事，"合一炉而冶之"，却反映着秦汉大一统的局势。《春秋左氏传》虽也可算通史，但是规模完具的通史，还得推《史记》为第一部书。班固根据他父亲班彪的意见，说司马迁"善叙事理，辩而不华，质而不俚；其文直，其事核，不虚美，不隐恶，故谓之实录"。②"直"是"简省"的意思；简省而能明确，便见本领。《史记》共一百三十篇，列传占了全书的过半数；司马迁的史观是以人物为中心的。他最长于描写；靠了他的笔，古代许多重要人物的面形，至今还活现在纸上。❼

《汉书》，汉班固著。班固，字孟坚，扶风安陵（今陕西咸阳）人，

① 《后汉书·蔡邕传》。
② 《汉书·司马迁传赞》。

道游侠，则贱守节而贵俗功：此其大敝伤道，所以遇极刑之咎也。然善述序事理，
辩而不华，质而不野，文质相称，盖良史之才也。诚令迁依五经之法言，同圣人
之是非，意亦庶几矣。

译文：

《史记》的议论浅薄而不深刻。它讨论学术，推崇黄老道家而轻视儒家"五经"；评
论经商营利，轻视仁义，以贫穷为羞耻；谈论游侠，以守持节操为低贱，而以世俗的功
劳为贵。这就是他伤害道德的大坏处，也是他为什么会遭遇极刑了。然而他很善于叙述
事理，有辩才而不浮华，质朴而不粗俗，文采与本质相称，确实是有良史的才能。如果
司马迁真的能够依照"五经"的标准言论，与圣人的是非观相同，想来也就差不多了。

解说：

班彪也是历史学家，他对司马迁的评价分为两个方面。在思想方面，他站在正统
儒家的立场上，对司马迁多有批评。而在史学修养和文字才能方面，班彪对司马迁予以
了充分肯定，评价极高。班彪的儿子班固在《汉书·司马迁传赞》中继承了父亲的说法，
也说司马迁"是非颇缪（谬）于圣人"。

班氏父子对司马迁思想的评价，代表了古代相当一部分儒家知识分子的观点。但是
说司马迁轻视仁义、节操，伤害道德，未免有失公允。朱自清也为司马迁进行了辩护。
在我们今天看来，司马迁的思想不拘泥于儒家的框架内，一方面是他年轻学习成长时所
处的社会学术环境使然，当时儒家还没有完全占领思想界，道家等学说还有其生存空间，
父亲司马谈的影响，也使其学术视野开阔。另一方面，这也正是司马迁的可贵之处，他
能够独立思考，不盲目跟从圣人的教训，这才使他的眼光高于一般史学家。

司马迁在《货殖列传》中，揭示客观经济规律在社会运转中所起的作用，指出人们
都是被利益驱动进行各种生产经营活动，追求富足的生活是人之常情，并不可耻。"无
岩处奇士之行，而长贫贱，好语仁义，亦足羞也"。有些人，自身并没有大隐士的操行，
长期处于贫贱之中，却喜欢奢谈"仁义"。这种人真是值得羞耻的。司马迁被班氏父子
批评为"轻仁义而羞贫穷"的，也就是这句话。其实他们没有看到司马迁所说的前提，

光武帝建武八年生，和帝永元四年卒（西元三二至九二），他家和司马氏一样，也是个世家；《汉书》是子继父业，也和司马迁差不多。但班固的凭藉，比司马迁好多了。他曾祖班斿，博学有才气，成帝时，和刘向同校皇家藏书。成帝赐了他全套藏书的副本，《史记》也在其中。当时书籍流传很少，得来不易；班家得了这批赐书，真像大图书馆似的。他家又有钱，能够招待客人。后来有好些学者，老远的跑到他家来看书；扬雄便是一个。班斿的次孙班彪，既有书看，又得接触许多学者；于是尽心儒术，成了一个史学家。《史记》以后，续作很多，但不是偏私，就是鄙俗；班彪加以整理补充，著了六十五篇《后传》。他详论《史记》的得失，大体确当不移。他的书似乎只有本纪和列传；世家是并在列传里。这部书没有流传下来，但他的儿子班固的《汉书》是用它作底本的。

班固生在河西；那时班彪避乱在那里。班固有弟班超，妹班昭，后来都有功于《汉书》。他五岁时随父亲到那时的京师洛阳。九岁时能作文章，读诗赋。大概是十六岁罢，他入了洛阳的大学，博览群书。他治学不专守一家；只重大义，不沾沾在章句上。又善作辞赋。为人宽和容众，不以才能骄人。在大学里读了七年书，二十三岁上，父亲死了，他回到安陵去。明帝永平元年（西元五八），他二十八岁，开始改撰父亲的书。他觉得《后传》不够详的，自己专心精究，想完成一部大书。过了三年，有人上书给明帝，告他私自改作旧史。当时天下新定，常有人假造预言，摇惑民心；私改旧史，更有机会造谣，罪名可以很大。❽

明帝当即诏令扶风郡逮捕班固，解到洛阳狱中，并调看他的稿子。他兄弟班超怕闹出大乱子，永平五年（西元六二），带了全家赶到洛阳；他上书给明帝，陈明原委，请求召见。明帝果然召见。他陈明班固不就是这种人本身并没有高洁的操行，却满嘴仁义，其实是表里不一。如果他们真的是高洁之士，那么安于贫贱，司马迁是绝对不会批评他们的。

东汉王允说《史记》是"佞臣"的"谤书"，也完全是站在维护封建皇权的立场上，对司马迁的贬低，说他借写史来诽谤皇帝。司马迁敢于记录汉朝皇帝的缺点和过失，正是对古代史官秉笔直书的优秀传统的继承。这种甘冒巨大的风险记录真实历史的非凡勇气，不是所有史官都可以具备的。王允的评论，有东汉末年皇权衰微的历史背景，可以理解，但终究不是持平之论，也没有得到大多数人的认可。

❼　先秦时代的史书，以《春秋》《左传》这样的编年体为主流，其优点是按照时间顺序记事，史官记录方便，读者对于每一年发生的大事也一目了然。但是也有一个巨大的不足之处，就是同一个人的事迹分散在各年中，要拼接成一个完整的印象很麻烦。同样，同一件事，也往往跨越很多年，要弄清它的来龙去脉，也需要来回看，费功夫。

大约成书于战国末至秦汉之际的史书《世本》中，就已经出现了《纪》《世家》《传》等名目。司马迁仿效这一体系，并做了改进，最终开创了纪传体这一重要史书体裁。《史记》有五大体例，各有其用处。

本纪，写从黄帝到汉武帝的历代天子和主宰时势者，采用编年记事的形式。它继承了编年体的衣钵。

表，分世表、年表、月表三种形式，用表格的形式记录历史大事，方便读者查找对比。它和本纪一起，为整部书的叙事搭好一个时间框架。

书，记录了国家典章制度和一些重要专项的情况。八书就是八个专题：礼、乐、音律、历法、天文、封禅、水利、经济政策。

世家，写周代至汉代重要诸侯的世系和重要事件。

列传，记载公卿大臣和社会各阶层、各职业的杰出人物，以及周边少数民族地区的情况。

世家、列传，都是以人物为中心来记事的。其实秦始皇以后的本纪也是如此。而这敢私改旧史，只是续父所作。那时扶风郡也已将班固稿子送呈。明帝却很赏识那稿子，便命班固做校书郎，兰台令史，跟别的几个人同修世祖（光武帝）本纪。班家这时候很穷，班超也做了一名书记，帮助哥哥养家。后来班固等又述诸功臣的事迹，作列传载记二十八篇奏上。这些后来都成了刘珍等所撰的《东观汉记》的一部分，与《汉书》是无关的。

明帝这时候才命班固续完前稿。永平七年（西元六四），班固三十三岁，在兰台重新写他的大著。兰台是皇家藏书之处，他取精用弘，比家中自然更好。次年，班超也做了兰台令史。虽然在官不久，就从军去了，但一定给班固帮助很多。章帝即位，好辞赋，更赏识班固了。他因此得常到宫中读书，往往连日带夜的读下去。大概在建初七年（西元八二），他的书才大致完成。那年他是五十一岁了。和帝永元元年（西元八九），车骑将军窦宪出征匈奴，用他做中护军，参议军机大事。这一回匈奴大败，逃得不知去向。窦宪在出塞三千多里外的燕然山上刻石纪功，教班固作铭。这是著名的大手笔。❾

次年他回到京师，就做窦宪的秘书。当时窦宪威势极盛；班固倒没有仗窦家的势欺压人，但他的儿子和奴仆却都无法无天的。这就得罪了许多地面上的官儿；他们都敢怒而不敢言。有一回他的奴子喝醉了，在街上骂了洛阳令种兢；种兢气恨极了，但也只能记在心里。永元四年（西元九二），窦宪阴谋弑和帝；事败，自杀。他的党羽，或诛死，或免官。班固先只免了官，种兢却饶不过他，逮捕了他，下在狱里。他已经六十一岁了，受不得那种苦，便在狱里死了。和帝得知，很觉可惜，特地下诏申斥种兢，命他将主办的官员抵罪。班固死后，《汉书》的稿子很散乱。他的妹子班昭也是高才博学，嫁给曹世叔，世叔早死，她的节行并为人所重。当时称为曹大家。这时候她奉诏整理哥哥的书；并有高些正是《史记》的核心部分。历史，说到底是人的历史。读者通过这种体例，通过众多人物的故事，去了解历史上的重要事件。这就突破了编年体的局限。

班固《汉书·司马迁传赞》评价司马迁和《史记》在史学上的贡献："其文直，其事核，不虚美，不隐恶，故谓之实录。"说司马迁的文章秉笔直书，记录的事情真实可信，不做虚假的赞美，也不掩饰缺点、过失和丑恶，所以可以称之为"实录"。

在这句话中，"直"训为直白、直书，似乎比训为"简省"更佳。

"实录"，正是史家最可贵的精神。

❽ 班固不光是著名的历史学家，也是辞赋大家，与司马相如、扬雄（一作"杨雄"）、张衡并称"汉赋四大家"。他的《两都赋》是著名大赋，分《西都赋》《东都赋》两篇。因为东汉迁都洛阳，许多西汉故都长安的父老都希望能够还都长安。《西都赋》由假想人物西都宾夸耀长安的优越性，《东都赋》则由另一假想人物东都主人对洛阳进行描述赞美，以压倒长安，论证迁都的决定是正确的。《两都赋》开创了京都赋的类型，后来张衡《二京赋》、左思《三都赋》等，都是学习《两都赋》而作的。

❾ 班超（32—102），字仲升，班固之弟。他投笔从戎，后来出使西域，凭借大智大勇，促成了西域的回归。他在那里镇守了三十年，官至西域都护，封定远侯，世称"班定远"。班超为祖国边疆的巩固和建设做出了重大贡献，是中国历史上著名的英雄人物。

班固所作的《燕然山铭》实物已经被发现。20世纪90年代，在蒙古国杭爱山发现了摩崖石刻。2017年，由中蒙两国联合考察队成功解读，并确认为《燕然山铭》。

❿ 《汉书》的八表由班昭补写，《天文志》由马续补写，最后由班昭统一审阅定稿。

才郎官十人，从她研究这部书——经学大师扶风马融，就在这十人里。书中的八表和天文志那时还未完成，她和马融的哥哥马续参考皇家藏书，将这些篇写定，这也是奉诏办的。❿

《汉书》的名称从《尚书》来，是班固定的。他说唐虞三代当时都有记载，颂述功德；汉朝却到了第六代才有司马迁的《史记》。而《史记》是通史，将汉朝皇帝的本纪放在尽后头，并且将尧的后裔的汉和秦、项放在相等的地位，这实在不足以推尊本朝。况《史记》只到武帝而止，也没有成段落似的。他所以断代述史，起于高祖，终于平帝时王莽之诛，共十二世，二百三十年，作纪、表、志、传凡百篇，称为《汉书》。①班固著《汉书》，虽然根据父亲的评论，修正了《史记》的缺失，但断代的主张，却是他的创见。他这样一面保存了文献，一面贯彻了发扬本朝功德的趣旨。所以后来的正史都以他的书为范本，名称也多叫作"书"。他这个创见，影响是极大的。他的书所包举的，比《史记》更为广大；天地、鬼神、人事、政治、道德、艺术、文章，尽在其中。

书里没有世家一体，本于班彪《后传》。汉代封建制度，实际上已不存在；无所谓侯国，也就无所谓世家。这一体的并入列传，也是自然之势。至于改"书"为"志"，只是避免与《汉书》的"书"字相重，无关得失。但增加了《艺文志》，叙述古代学术源流，记载皇家藏书目录，所关却就大了。《艺文志》的底本是刘歆的《七略》。刘向、刘歆父子都曾奉诏校读皇家藏书；他们开始分别源流，编订目录，②使那些"中秘书"渐得流传于世，功劳是很大的。他们的原著都已不存，但《艺文志》还保留着刘歆《七略》的大部分。这是后来目录学家的宝典。原来秦火之后，直到成帝时，书籍才渐渐出现；成帝诏求遗书于天下，这些书便

①　《汉书·叙传》。

②　刘向著有《别录》。

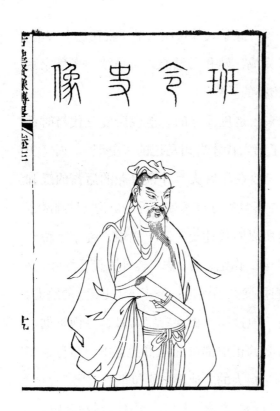

班固像。图片采自〔清〕顾沅辑录、孔莲卿绘《古圣贤像传略》，清道光十年（1830）刊本，中国国家图书馆藏。

⓫　班固《汉书》把世家归并到传（列传）中，这一做法是符合历史发展实际的，也为后世的纪传体史书所继承。《汉书》所最后确立的纪、传、表、志四个组成部分，成为正史的标准形式。这样的构成，既有时间的顺序，又有人物的作为，还有同类性质的活动和典章制度。三个方面相辅相成，形成一个完善的系统，比只能按照时间顺序记事的编年体有很大的进步。

⓬　正因为班固《汉书》中收载了许多整篇文章，这些文章才得以保留下来，所以《汉书》对于保存古代文献，也是有很大的功劳的。这些文章里有政论文、学术论文，也有辞赋等文学作品。

多聚在皇家。刘氏父子所以能有那样大的贡献，班固所以想到在《汉书》里增立《艺文志》，都是时代使然。司马迁便没有这样好运气。❶

《史记》成于一人之手，《汉书》成于四人之手。表、志由曹大家和马续补成；纪、传从昭帝至平帝有班彪的《后传》作底本。而从高祖至武帝，更多用《史记》的文字。这样一看，班固自己作的似乎太少。因此有人说他的书是"剽窃"而成①，算不得著作。但那时的著作权的观念还不甚分明，不以钞袭为嫌；而史书也不能凭虚别构。班固删润旧文，正是所谓"述而不作"。他删润的地方，却颇有别裁，决非率尔下笔。史书叙汉事，有阙略的，有隐晦的，经他润色，便变得详明；这是他的独到处。汉代"明主、贤君、忠臣、死义之士"，他实在表彰得更为到家。书中收载别人整篇的文章甚多，有人因此说他是"浮华"之士。②这些文章大抵关系政治学术，多是经世有用之作。那时还没有文集，史书加以搜罗，不失保存文献之旨。至于收录辞赋，却是当时的风气和他个人的嗜好；不过从现在看来，这些也正是文学史料，不能抹煞的。❷

班、马优劣论起于王充《论衡》。他说班氏父子"文义浃备，纪事详赡"，观者以为胜于《史记》。③王充论文，是主张"华实俱成"的。④汉代是个辞赋的时代，所谓"华"，便是辞赋化。《史记》当时还用散行文字；到了《汉书》，便弘丽精整，多用排偶，句子也长了。这正是辞赋的影响。自此以后，直到唐代，一般文士，大多偏爱《汉书》，专门传习，《史记》的传习者却甚少。这反映着那时期崇尚骈文的风气。唐以后，散文渐成正统，大家才提倡起《史记》来；明归有光及清桐城派更力加推尊，《史记》差不多要驾乎《汉书》之上了。这种优劣论起于二书散整

---

① ② 《通志·总序》。

③ 《超奇篇》，这里据《史通·鉴识》原注引，和通行本文字略异。

④ 《超奇篇》。

❸　范晔《后汉书·班固传赞》说班固叙事"不激诡，不抑抗，赡而不秽，详而有体，使读之者亹（wěi）亹而不厌"，意思是不毁誉过当，不压抑也不夸张，丰富而不杂乱，详细而有条理，使人读来饶有兴味，乃至孜孜不厌倦。

激：扬。诡：毁。抑：退。抗：进。

激、诡、抑、抗，都是指史家容易犯的一种毛病，就是为了让文章好看，故意夸张，造成毁誉过当，偏离事实。要做到"不激诡，不抑抗"，把握好写史的尺度，不偏不倚，实事求是，是很难的。但是班固做到了。

❹　南朝宋范晔《后汉书·班固传赞》："迁文直而事核，固文赡而事详。"司马迁的文章正直而叙事真实，班固的文章丰富而叙事详尽。

明代茅坤《刻〈汉书评林〉序》："《史记》以风神胜，而《汉书》以矩矱（jǔyuē）胜。"《史记》胜在风神飘逸，《汉书》胜在法度精严。

清代章学诚《文史通义·书教下》说"班氏守绳墨"，"班氏体方用智"，都是说《汉书》守法度，守规矩。《汉书》虽然不如《史记》多变化，有神采，但是守住史书的体例规矩，自有端方严谨的气象。

唐代刘知幾《史通·书事》引用晋代傅玄评班固的话："论国体则饰主阙而折忠臣，叙世教则贵取容而贱直节，述时务则谨辞章而略事实。此其所失也。"论述国家大体时，掩饰君主的缺失，而贬抑（敢于指斥君过的）忠臣。叙述世风教化时，则推崇曲意讨好的人，却贬低正直有节操之士。记述时务时，重视辞章文字的修饰，却忽略事实。这就是班固的失误之处。

不同，质文各异；其实是跟着时代的好尚而转变的。

　　晋代张辅，独不好《汉书》。他说："世人论司马迁班固才的优劣，多以固为胜，但是司马迁叙三千年事，只五十万言，班固叙二百年事，却有八十万言。烦省相差如此之远，班固哪里赶得上司马迁呢！"①刘知幾《史通》却以为"《史记》虽叙三千年事，详备的也只汉兴七十多年，前省后烦，未能折中；若教他作《汉书》，恐怕比班固还要烦些"。②刘知幾左祖班固，不无过甚其辞。平心而论，《汉书》确比《史记》繁些。《史记》是通史，虽然意在尊汉，不妨详近略远，但叙汉事到底不能太详；司马迁是知道"折中"的。《汉书》断代为书，尽可充分利用史料，尽其颂述功德的职分：载事既多，文字自然繁了，这是一。《汉书》载别人文字也比《史记》多，这是二。《汉书》文字趋向骈体，句子比散体长，这是三。这都是"事有必至，理有固然"，不足为《汉书》病。范晔《后汉书·班固传赞》说班固叙事"不激诡，不抑抗，赡而不秽，详而有体，使读之者亹亹而不厌"，这是不错的。❸

　　宋代郑樵在《通志·总序》里抨击班固，几乎说得他不值一钱。刘知幾论通史不如断代，以为通史年月悠长，史料亡佚太多，所可采录的大都陈陈相因，难得新异。《史记》已不免此失；后世仿作，贪多务得，又加上繁杂的毛病，简直教人懒得去看。③按他的说法，像《鲁春秋》等，怕也只能算是截取一个时代的一段儿，相当于《史记》的叙述汉事；不是无首无尾，就是有首无尾。这都不如断代史的首尾一贯好。像《汉书》那样，所记的只是班固的近代，史料丰富，搜求不难。只需破费工夫，总可一新耳目，"使读之者亹亹而不厌"的。④郑樵的意见恰相反。他注

---

①　原文见《晋书·张辅传》。

②　原文见《史通·杂说上》。

③④　《史通·六家》。

【补充参考书目】

【汉】司马迁撰，【宋】裴骃集解，【唐】司马贞索隐，【唐】张守节正义《史记》，中华书局，2014年。

陈曦、周旻等注，陈曦、王珏、王晓东、周旻译，韩兆琦审阅《史记》，中华书局，2022年。

【汉】司马迁著，杨燕起译注《史记》，岳麓书社，2021年。

【汉】班固《汉书》，中华书局，1962年。

【汉】班固撰，王继如主编《汉书今注》，凤凰出版社，2013年。

张大可《司马迁评传》，南京大学出版社，2011年。

张大可《史记研究》，商务印书馆，2011年。

陈其泰、赵永春《班固评传》，南京大学出版社，2011年。

陈其泰《再建丰碑：班固与〈汉书〉》，华夏出版社，2018年。

【思考题】

1.《史记》是一部什么书？它的作者是谁？大概成书过程是怎样的？

2.《汉书》是一部什么书？它的作者是谁？大概成书过程是怎样的？

3.《史记》、《汉书》在体例、风格上有什么异同？它们对于我们学习中国古代历史有什么意义？

重会通，以为历史是联贯的，要明白因革损益的轨迹，非会通不可。通史好在能见其全，能见其大。他称赞《史记》，说是"《六经》之后，惟有此作"。他说班固断汉为书，古今间隔，因革不明，失了会通之道，真只算是片段罢了。①其实通古和断代，各有短长，刘、郑都不免一偏之见。

《史》《汉》可以说是各自成家。《史记》"文直而事核"，《汉书》"文赡而事详"。②司马迁感慨多，微情妙旨，时在文字蹊径之外；《汉书》却一览之余，情词俱尽。但是就史论史，班固也许比较客观些，比较合体些。明茅坤说"《汉书》以矩矱胜"，③清章学诚说"班氏守绳墨"，"班氏体方用智"④，都是这个意思。晋傅玄评班固，"论国体则饰主阙而折忠臣，叙世教则贵取容而贱直节"。⑤这些只关识见高低，不见性情偏正，和司马迁《游侠》《货殖》两传蕴含着无穷的身世之痛的不能相比，所以还无碍其为客观的。总之，《史》《汉》二书，文质和繁省虽然各不相同，而所采者博，所择者精，却是一样；组织的弘大，描写的曲达，也同工异曲。二书并称良史，决不是偶然的。❿

[参考资料]

郑鹤声《史汉研究》。

《司马迁年谱》。

《班固年谱》。

---

① 《通志·总序》。
② 《后汉书·班固传赞》。
③ 《刻〈汉书评林〉叙》。
④ 《文史通义·书教下》。
⑤ 《史通·书事》引。

详析

❶   春秋战国是一个社会剧烈变动的时代，各种问题、各种矛盾纷纷涌现，如何解决它们？很多人对此提出了自己不同的意见。他们纷纷著书立说，甚至收徒讲学，形成了许多学派，如儒、墨、道、法、名、阴阳、农、兵、纵横、杂等家，这就是所谓的"诸子百家"。因为列国纷争，没有一个统一的强权来整合思想，而各国为了在竞争中胜出，都对有学问、有才能的士人加以招纳、礼遇、重用。游士得以在各国之间自由往来，获得了较大的生存空间。所以各派思想也都得以比较自由地传播，并互相争论辩难，一时形成思想解放、异彩纷呈的繁荣局面，史称"百家争鸣"。这是中国思想史上的黄金时代，奠定了中国思想界的基本框架。

诸子第十 ❶

　　春秋末年，封建制度开始崩坏，贵族的统治权，渐渐维持不住。社会上的阶级，有了紊乱的现象。到了战国，更看见农奴解放，商人抬头。这时候一切政治的社会的经济的制度，都起了根本的变化。大家平等自由，形成了一个大解放的时代。在这个大变动当中，一些才智之士对于当前的情势，有种种的看法，有种种的主张；他们都想收拾那动乱的局面，让它稳定下来。有些倾向于守旧的，便起来拥护旧文化、旧制度；向当世的君主和一般人申述他们拥护的理由，给旧文化、旧制度找出理论上的根据。也有些人起来批评或反对旧文化、旧制度；又有些人要修正那些。还有人要建立新文化、新制度来代替旧的；还有人压根儿反对一切文化和制度。这些人也都根据他们自己的见解各说各的，都"持之有故，言之成理"。这便是诸子之学，大部分可以称为哲学。这是一个思想解放的时代，也是一个思想发达的时代，在中国学术史里是稀有的。

　　诸子都出于职业的"士"。"士"本是封建制度里贵族的末一级；但到了春秋、战国之际，"士"成了有才能的人的通称。在贵族政治未崩坏

❷ 《论语·卫灵公》："有教无类。"这句话意思是，对任何人都可以教育，不限种类。这是孔子著名的教育思想。他打破了阶级界线，把教育推广到了下层民众。

孔子说自己是"述而不作，信而好古"。（《论语·述而》）意思是，传述而不创作，相信并爱好古代文化。

朱熹《论语集注》："述，传旧而已。作，则创始也。故作非圣人不能，而述则贤者可及。……孔子删《诗》《书》，定《礼》《乐》，赞《周易》，修《春秋》，皆传先王之旧，而未尝有所作也，故其自言如此。盖不惟不敢当作者之圣，而亦不敢显然自附于古之贤人；盖其德愈盛而心愈下，不自知其辞之谦也。然当是时，作者略备，夫子盖集群圣之大成而折衷之。其事虽述，而功则倍于作矣，此又不可不知也。"

《礼记·中庸》："仲尼祖述尧舜，宪章文武。"孔子称述、继承尧舜之道，严守周文王、周武王的成法。

孔子所代表的早期儒家，就是一群传习周代典籍和典章制度的人，他们的工作就是维护、传承旧的文化、旧的传统，让它们在剧烈的社会变革中不至于崩溃消散。"述而不作，信而好古"正是他们学术态度、学术趣味的精辟概括。"述而不作"并不是完全消极地死守传统不创作，而是通过传述，对传统加以整理、归纳，并使其更加理论化，从而在新的社会环境中具备更强的生存力。

对传统的珍视，也使得儒家成为周代礼乐文化和"六经"等经典古籍最好的传承者和守护者。

的时候，所有的知识、礼、乐等等，都在贵族手里，平民是没份的。那时有知识技能的专家，都由贵族专养专用，都是在官的。到了贵族政治崩坏以后，贵族有的失了势，穷了，养不起自用的专家。这些专家失了业，流落到民间。便卖他们的知识技能为生。凡有权有钱的都可以临时雇用他们；他们起初还是伺候贵族的时候多，不过不限于一家贵族罢了。这样发展了一些自由职业；靠这些自由职业为生的，渐渐形成了一个特殊阶级，便是"士农工商"的"士"。这些"士"，这些专家，后来居然开门授徒起来。徒弟多了，声势就大了，地位也高了。他们除掉执行自己的职业之外，不免根据他们专门的知识技能，研究起当时的文化和制度来了。这就有了种种看法和主张。各"思以其道易天下"。①诸子百家便是这样兴起的。

第一个开门授徒发扬光大那非农非工非商非官的"士"的阶级的，是孔子。❷孔子名丘，他家原是宋国的贵族，贫寒失势，才流落到鲁国去。他自己做了一个儒士；儒士是以教书和相礼为职业的，他却只是一个"老教书匠"。他的教书有一个特别的地方，就是"有教无类"。②他大招学生，不问身家，只要缴相当的学费就收；收来的学生，一律教他们读《诗》《书》等名贵的古籍，并教他们礼乐等功课。这些从前是只有贵族才能够享受的，孔子是第一个将学术民众化的人。他又带着学生，周游列国，说当世的君主；这也是从前没有的。他一个人开了讲学和游说的风气，是"士"阶级的老祖宗。他是旧文化、旧制度的辩护人，以这种姿态创始了所谓儒家。所谓旧文化、旧制度，主要的是西周的文化和制度，孔子相信是文王、周公创造的。继续文王、周公的事业，便是

① 语见章学诚《文史通义·言公上》。
② 《论语·卫灵公》。

❸　孔子认为，治理一个国家，最首要的事情，就是"正名"。他说："名不正，则言不顺；言不顺，则事不成；事不成，则礼乐不兴；礼乐不兴，则刑罚不中；刑罚不中，则民无所措手足。"（《论语·子路》）

在春秋末年，礼崩乐坏，各国君臣之间的名分等级都已经发生了很大的混乱。孔子认为，要终结这种混乱局面，就必须"正名"，让君臣父子都重新确定该有的名分，并按照这种名分规规矩矩地行事，这样一切就都会回复到原有的轨道上去。

❹　孟子的性善论，我们已经在"四书"专题中进行了介绍。在性善论基础上提出的政治主张就是"仁政"。他主张通过井田制分给农民固定的土地，让他们有恒产，也就会有恒心。让老百姓在自己的土地上安居乐业，专心生产，不违农时，统治者控制自己的享受欲望，轻徭薄赋，人民就可以过上比较好的日子。统治者要追求礼义道德，以德服人。孟子认为"义"比"利"更重要，统治者应该重义轻利，才能维护好统治秩序，使人民都心悦诚服，为其效力。

孟子非常重视人民的力量，甚至说出"民为贵，社稷次之，君为轻"（《孟子·尽心下》）这样在当时惊世骇俗的话来。这种民本思想有很大的进步意义，提醒统治者要重视民心，关心人民利益，缓和阶级矛盾。

荀子名况，又称"荀卿""孙卿"，战国后期的儒学大师，赵国人，大约活动于前298至前238年之间。曾经长期在齐国的稷下学宫讲学，后来又担任过楚国的兰陵令（兰陵在今山东苍南），还去过秦国、赵国。

孟子认为善是一种天赋的道德，学习是为了求"放心"，恢复本来就有的"良知"。荀子却相反，主张性恶论。《荀子·性恶》："人之性恶，其善者伪也。""伪"在这里不是虚伪的意思，而是"人为"的意思。荀子认为，人的本性是恶的，之所以会有善，那是人为的结果。正因为人性恶，所以才需要圣人、君主的教化，需要礼义制度和道德规范来引导。经过后天努力，就可以成为善人。这也就为文化、道德、礼乐制度找到了存他给他自己的使命。他自己说，"述而不作，信而好古"；①所述的，所信所好的，都是周代的文化和制度。《诗》《书》《礼》《乐》等是周文化的代表，所以他拿来作学生的必修科目。这些原是共同的遗产，但后来各家都讲自己的新学说，不讲这些；讲这些的始终只有"述而不作"的儒家。因此《诗》《书》《礼》《乐》等便成为儒家的专有品了。

　　孔子是个博学多能的人，他的讲学是多方面的。他讲学的目的在于养成"人"，养成为国家服务的人，并不在于养成某一家的学者。他教学生读各种书，学各种功课之外，更注重人格的修养。他说为人要有真性情，要有同情心，能够推己及人，这所谓"直""仁""忠""恕"；一面还得合乎礼，就是遵守社会的规范。凡事只问该做不该做，不必问有用无用；只重义，不计利。这样人才配去干政治，为国家服务。孔子的政治学说，是"正名主义"。他想着当时制度的崩坏，阶级的紊乱，都是名不正的缘故。君没有君道，臣没有臣道，父没有父道，子没有子道，实和名不能符合起来，天下自然乱了。救时之道，便是"君君，臣臣，父父，子子"②；正名定分，社会的秩序，封建的阶级便会恢复的。他是给封建制度找了一个理论的根据。这个正名主义，又是从《春秋》和古史官的种种书法归纳得来的。他所谓"述而不作"，其实是以述为作，就是理论化旧文化、旧制度，要将那些维持下去。他对于中国文化的贡献，便在这里。❸

　　孔子以后，儒家还出了两位大师，孟子和荀子。❹孟子名轲，邹人；荀子名况，赵人。这两位大师代表儒家的两派。他们也都拥护周代的文化和制度，但更进一步的加以理论化和理想化。孟子说人性是善的。人都有恻隐心、羞恶心、辞让心、是非心；这便是仁义礼智等善端，只要

---

①　《论语·述而》。

②　《论语·颜渊》。

在的必要性。

荀子提出"化性起伪"，在礼义、法度的帮助下，改变人的本性，化恶为善，人就可以成为像禹那样的圣人。圣人和普通人本性都是一样恶的，都爱慕虚荣，憎恶耻辱，喜欢利益，憎恶危害。但是他们和普通人不同的地方，就是能够通过后天的人为努力，刻苦学习，修炼仁义道德，改恶迁善。

现代哲学家冯友兰认为，孟子代表儒家的理想主义的一翼，而荀子则代表儒家的现实主义的一翼。

❺　墨子名翟（dí），是墨家的创立者，宋国人，但是长期生活在鲁国。生卒年不详，大概是前468至前376年左右。墨家主要成分是下层手工业者和农民，代表了他们的思想和利益。这些人精通机械制造，结成了严密的组织，具有很强的军事能力。"巨子"是组织的首领，权力非常大，对组织成员有生杀予夺的大权。《墨子》一书的主要部分是记录墨子本人的思想和活动，由其弟子或再传弟子记录整理，也有一部分是战国后期墨家学派的著作。

❻　墨子思想的核心就是"兼爱"。战国时期，诸国互相攻战，人与人之间也互相残杀，天下一片混乱，百姓痛苦不堪。墨子认为这是人们"交相恶"造成的。《墨子·兼爱上》："天下兼相爱则治，交相恶则乱。"《墨子·兼爱中》提出自己的主张，是要天下人都"兼相爱、交相利"，也就是大家都应该相亲相爱，互助互利。文章紧接着说："爱人者，人亦从而爱之；利人者，人亦从而利之。"如果人人都能够做到相爱相利，那么一定会天下太平。

儒家也讲仁爱，墨家也讲爱，但是他们之间区别很大。墨家认为天下每个人都应该同样地、无差别地爱别人，也就是所谓"爱无差等"。而儒家讲爱有差等，一个人首先应该爱自己的父母，然后才爱妻子儿女，然后再爱伯父、叔父、兄弟，再到其他亲戚，再到关系更远的其他人。这种爱，是建立在宗法血缘的基础上的，所谓"亲亲有术，尊能够加以扩充，便成善人。这些善端，又总称为"不忍人之心"。圣王本于"不忍人之心"，发为"不忍人之政"，①便是"仁政""王政"。一切政治的经济的制度都是为民设的，君也是为民设的 —— 这却已经不是封建制度的精神了。和王政相对的是霸政。霸主的种种制作设施，有时也似乎为民，其实不过是达到好名好利好尊荣的手段罢了。荀子说人性是恶的。性是生之本然，里面不但没有善端，还有争夺放纵等恶端。但是人有相当聪明才力，可以渐渐改善学好；积久了，习惯自然，再加上专一的工夫，可以到圣人的地步。所以善是人为的。孟子反对功利，他却注重它。他论王霸的分别，也从功利着眼。孟子注重圣王的道德，他却注重圣王的威权。他说生民之初，纵欲相争，乱得一团糟；圣王建立社会国家，是为明分息争的。礼是社会的秩序和规范，作用便在明分；乐是调和情感的，作用便在息争。他这样从功利主义出发，给一切文化和制度找到了理论的根据。

儒士多半是上层社会的失业流民；儒家所拥护的制度，所讲所行的道德也是上层社会所讲所行的。还有原业农工的下层失业流民，却多半成为武士。武士是以帮人打仗为职业的专家。墨翟便出于武士。墨家的创始者墨翟，鲁国人，后来做到宋国的大夫，但出身大概是很微贱的。"墨"原是做苦工的犯人的意思，大概是个诨名；"翟"是名字。墨家本是贱者，也就不辞用那个诨名自称他们的学派。墨家是有团体组织的，他们的首领叫作"巨子"；墨子大约就是第一任"巨子"。他们不但是打仗的专家，并且是制造战争器械的专家。❺

但墨家和别的武士不同，他们是有主义的。❻他们虽以帮人打仗为生，却反对侵略的打仗；他们只帮被侵略的弱小国家做防卫的工作。《墨

---

① 《孟子·公孙丑》。

贤有等"（《墨子·非儒下》）。

儒、墨两家在这个问题上互相辩驳，甚至讥讽嘲骂。孟子说："杨氏为我，是无君也。墨氏兼爱，是无父也。无父无君，是禽兽也。"（《孟子·滕文公下》）认为墨家的兼爱主张，就是把父母和陌生人同等对待，这是眼里没有父母，简直就是禽兽。

墨家还主张"非攻"，反对互相攻伐，尤其是反对侵略战争。墨子指出，战争给双方都带来了巨大的生命和财产损失，被侵略的国家固然悲惨，而侵略者也同样损失惨重，得不偿失。战争中没有胜利者。所以墨家利用自己的工程技能，帮助防御一方制造守城器械，全力以赴地制止不义的战争。

墨家主张"尚贤""尚同"，反对世袭制，希望举贤任能，让贤者来统治全国，统一是非标准，整顿国家纲纪。他们还从实用主义出发，反对儒家的各种浪费财富的繁文缛节，提倡简朴节约，所以提出"节葬""短丧""节用""非乐"等主张。

墨家主张天是有意志的，鬼神是真实存在的。一方面，这是下层百姓的长期信仰；另一方面，墨家也是想借用宗教的威力来诱导、迫使人们实行"兼爱"。他们宣传说，天和鬼神会奖励那些实行兼爱的人，惩罚那些不实行的人。

❼　老子，是道家的创始人。姓李名耳，字伯阳，谥号曰聃，所以又叫老聃。楚国苦县（今河南鹿邑）人，春秋时周王室的史官，后为避内乱，归隐故里。大约出生于前581年或前571年，卒年不详。记录他思想的著作《老子》，又叫《道德经》，大概写定于战国中期，共五千余字。

"道"是道家最高的实体范畴，它最重要的意思，就是指万物的本源：

有物混成，先天地生。寂兮寥兮，独立而不改，周行而不殆，可以为天下母。吾不知其名，强字之曰"道"，强为之名曰"大"。（《老子》第二十五章。下面引用《老子》，皆只标明章数。）

道生一，一生二，二生三，三生万物。万物负阴而抱阳，冲气以为和。（第四十二章）

"道"又可以指世界运行的本质规律。它的原理，与自然是一体的："人法地，地法子》里只讲守的器械和方法，攻的方面，特意不讲。这是他们的"非攻"主义。他们说天下大害，在于人的互争；天下人都该视人如己，互相帮助，不但利他，而且利己。这是"兼爱"主义。墨家注重功利，凡与国家人民有利的事物，才认为有价值。国家人民，利在富庶；凡能使人民富庶的事物是有用的，别的都是无益或有害。他们是平民的代言人，所以反对贵族的周代的文化和制度。他们主张"节葬""短丧""节用""非乐"，都和儒家相反。他们说他们是以节俭勤苦的夏禹为法的。他们又相信有上帝和鬼神，能够赏善罚恶；这也是下层社会的旧信仰。儒家和墨家其实都是守旧的；不过一个守原来上层社会的旧，一个守原来下层社会的旧罢了。

　　压根儿反对一切文化和制度的是道家。❼道家出于隐士。孔子一生曾遇到好些"避世"之士；他们着实讥评孔子。这些人都是有知识学问的。他们看见时世太乱，难以挽救，便消极起来，对于世事，取一种不闻不问的态度。他们讥评孔子"知其不可而为之"①，费力不讨好；他们自己便是知其不可而不为的，独善其身的聪明人。后来有个杨朱，也是这一流人，他却将这种态度理论化了，建立"为我"的学说。他主张"全生保真，不以物累形"②；将天下给他，换他小腿上一根汗毛，他是不干的。天下虽大，是外物；一根毛虽小，却是自己的一部分。所谓"真"，便是自然。杨朱所说的只是教人因生命的自然，不加伤害；"避世"便是"全生保真"的路。不过世事变化无穷，避世未必就能避害，杨朱的教义到这里却穷了。老子、庄子的学说似乎便是从这里出发，加以扩充的。杨朱实在是道家的先锋。

　　老子相传姓李名耳，楚国隐士。楚人是南方新兴的民族，受周文化

---

① 《论语·宪问》。

② 《淮南子·泛论训》。

天，天法道，道法自然。"（第二十五章）

《老子》对道的论述，最大的特点，是强调物极必反，事物都有向相反方向运动的特质。"反者道之动，弱者道之用。"（第四十章）"物壮则老。"（第三十章、第五十五章）这是一种朴素的辩证法思想。用我们今天的话来说，老子特别善于逆向思维。认识到了这一点，我们看待人生，就可以更加达观了：

　　　　祸兮，福之所倚；福兮，祸之所伏。（第五十八章）

　　　　甚爱必大费，多藏必厚亡。知足不辱，知止不殆，可以长久。（第四十四章）

祸福相生，碰到灾祸不要太悲观，碰到好事也不要太得意。不要太吝惜小气，也不要过多集聚财富，因为后面往往会有大的破费和亡失。所以，知道满足，就不会受到侮辱；知道适可而止，就不会遇到危险。这样才可以长久平安。

从这个思路继续往前，在做人做事的态度上，老子就提出"无为"的主张。"以无事取天下。"（第五十七章）"无为而无不为。"（第四十八章）好像什么都没有做，但又好像什么都做了。老子说的"无为"，并不是真的完全无所作为，而是指不违反自然规律，任意强为、乱为。

"为无为，则无不治。"（第三章）用无为的态度来治理国家，没有治理不好的。这也就是所谓"无为而治""不治而治"。西汉初年的统治者就采取了黄老无为的治国方略，很少像秦始皇那样劳民伤财，搞各种大工程，而是清静无为，轻徭薄赋，与民休息，让老百姓安居乐业，结果使生产力逐渐恢复，经济逐渐繁荣，人口也成倍增长，国家富强起来。

与"无为"相配合的，是"不争"。"夫唯不争，故天下莫能与之争。"（第二十二章）正因为不去争夺，反而天下没有人能够和他争夺。"将欲翕之，必固张之；将欲弱之，必固强之；将欲废之，必固兴之；将欲夺（一作'取'）之，必固与之。"（第三十六章）如果想要夺取对手的东西，先要采取退让姿态，给对手一些好处。这里面似乎有许多权谋的意思。所以后代喜欢老子思想的，不都是谦和退让的人，还包括许多野心勃勃、精于算计的人物，他们从《老子》中发掘出了以退为进、欲取先与、欲擒故纵、后发制人的影响很少；他们往往有极新的思想。孔子遇到那些隐士，也都在楚国；这似乎不是偶然的。庄子名周，宋国人，他的思想却接近楚人。老学以为宇宙间事物的变化，都遵循一定的公律，在天然界如此，在人事界也如此。这叫作"常"。顺应这些公律，便不须避害，自然能避害。所以说，"知常曰明"。①事物变化的最大公律是物极则反。处世接物，最好先从反面下手。"将欲翕之，必固张之；将欲弱之，必固强之；将欲废之，必固兴之；将欲夺之，必固与之。"②"大直若屈，大巧若拙，大辩若讷。"③这样以退为进，便不至于有什么冲突了。因为物极则反，所以社会上政治上种种制度，推行起来，结果往往和原来目的相反。"法令滋彰，盗贼多有。"④治天下本求有所作为，但这是费力不讨好的，不如排除一切制度，顺应自然，无为而为，不治而治。那就无不为，无不治了。自然就是"道"，就是天地万物所以生的总原理。物得道而生，是道的具体表现。一物所以生的原理叫作"德"，"德"是"得"的意思。所以宇宙万物都是自然的。这是老学的根本思想；也是庄学的根本思想。但庄学比老学更进一步。他们主张绝对的自由，绝对的平等。天地万物，无时不在变化之中，不齐是自然的。一切但须顺其自然，所有的分别，所有的标准，都是不必要的。社会上政治上的制度，硬教不齐的齐起来，只徒然伤害人性罢了。所以圣人是要不得的；儒墨是"不知耻"的。⑤按庄学说，凡天下之物都无不好，凡天下的意见，都无不对；无所谓物我，无所谓是非。甚至死和生也都是自然的变化，都是可喜的。明白这些个，便能与自然打成一片，成为"无入而不自得"的至人了。老庄两派，汉

① 《老子》十六章。
② 《老子》三十六章。
③ 《老子》四十五章。
④ 《老子》五十七章。
⑤ 《庄子·在宥》《天运》。

的权谋术。

老子又说："致虚极，守静笃。"（第十六章）总体上，他是主张用退守、静观的方法去把握"道"。这是一种独特的处世之道、修养之道，对后代许多人的人生观产生了很大影响。

庄子，道家主要代表人物，名周，宋国蒙（今河南商丘东北）人，与老子并称"老庄"。生卒年不详，大约生活在前375至前300年之间。《庄子》一书，是他和他学派的人的著作结集，流传至今的通行本有三十三篇，其中内篇七篇，外篇十五篇，杂篇十一篇。一般认为，内篇是庄子自己的著作，外篇和杂篇则大多出于其门人和后学之手。

庄子追求绝对的自由。要获得绝对的自由，就要摆脱一切依靠和限制，也就是"无待"，才能在天地之间自由行动，也就是"逍遥游"；还要摆脱自己肉体和精神的限制，达到"无己"，没有忧虑，没有好恶，对于生死也不太在乎，一切都顺应自然。

庄子的认识论的特点，就是相对主义。他认为事物之间的差别都是相对的，主要是看用什么标准、从什么角度来看。"自其异者视之，肝胆楚越也；自其同者视之，万物皆一也。"（《庄子·德充符》）从事物相异的方面去看，本来挨在一起的肝和胆两个器官，就好像楚国和越国那样距离遥远；从事物相同的方面去看，万事万物都是一样的。

参照坐标不同，那么得出的结论也就不同。《庄子·齐物论》：

> 天下莫大于秋豪之末，而大山为小；莫寿于殇子，而彭祖为夭。天地与我并生，而万物与我为一。

"豪"，同"毫"。秋毫，就是动物在秋天所生长出的毫毛，指非常微小的东西。但是如果有某种微生物，就住在这根毫毛上，它会认为这根毫毛就是整个世界，没有比它更大的了。"大山"，就是泰山，在古文中"大""太""泰"几个字经常混用。在我们看来，泰山是非常大的了，但是如果拿比它大千万倍、无数倍的事物，比如地球，来和它相比，那它就是小的了。"殇子"，就是夭折的小孩子，寿命很短。彭祖，是传说中长寿的人，据说活了八百岁。同上文一样，如果在不同的参照系下，殇子也许可以算是最长寿的，代总称为道家。

庄学排除是非，是当时"辩者"的影响。❽"辩者"汉代称为名家，出于讼师。辩者的一个首领郑国邓析，便是春秋末年著名的讼师。另一个首领梁相惠施，也是法律行家。邓析的本事在对于法令能够咬文嚼字的取巧，"以是为非，以非为是。"①语言文字往往是多义的；他能够分析语言文字的意义，利用来作种种不同甚至相反的解释。这样发展了辩者的学说。当时的辩者有惠施和公孙龙两派。惠施派说，世间各个体的物，各有许多性质；但这些性质，都因比较而显，所以不是绝对的。各物都有相同之处，也都有相异之处。从同的一方面看，可以说万物无不相同；从异的一方面看，可以说万物无不相异。同异都是相对的：这叫作"合同异"。②

公孙龙，赵人。他这一派不重个体而重根本，他说概念有独立分离的存在。譬如一块坚而白的石头，看的时候只见白，没有坚；摸的时候只觉坚，不见白。所以白性与坚性两者是分离的。况且天下白的东西很多，坚的东西也很多，有白而不坚的，也有坚而不白的。也可见白性与坚性是分离的，白性使物白，坚性使物坚；这些虽然必须因具体的物而见，但实在有着独立的存在，不过是潜存罢了。这叫作"离坚白"。③这种讨论与一般人感觉和常识相反，所以当时以为"怪说""琦辞"，"辩而无用"。④但这种纯理论的兴趣，在哲学上是有它的价值的。至于辩者对于社会政治的主张，却近于墨家。❾

儒、墨、道各家有一个共通的态度，就是托古立言；他们都假托古

---

① 《吕氏春秋·审应览·离谓篇》。
②③　语见《庄子·秋水》。
④ 《荀子·非十二子篇》。

而彭祖则算是短命鬼了。把这种思路延伸开去，事物之间的差别是可以抹去的。天地与我同时存在，万物与我合为一体。

从这种相对主义出发，庄子提出了齐万物、等贵贱、一生死、和是非等理论。无所谓物我，无所谓贵贱，无所谓生死，无所谓是非。相对主义在哲学思辨上是有价值的，但是发展到极致，就走向了诡辩和不可知论。

❽ 邓析、惠施、公孙龙等"辩者"，专注于辩论，被称为"名家"。名家喜欢讨论名与实之间的关系，研究逻辑问题。他们经常提出一些怪论，往往是诡辩和悖论，虽然遭到时人很多批评，但对于哲学思辨的发展是有贡献的。

惠施（约前370—约前310），相传生于宋国，主要活动在魏国，曾经担任过魏惠王的相。他与庄子同时，著作已经亡佚，其学说主要保存在《庄子·天下》中。惠施着重强调的是事物之间差异的相对性，也就是"合同异"。具体论点如："天与地卑，山与泽平。日方中方睨，物方生方死。"天和地一样高，山和水一样平。太阳刚刚升到天空中央，就已经开始倾斜；万物刚刚出生，就已经走向死亡。

❾ 公孙龙（约前325—约前250），赵国人，年代比惠施稍晚，曾经长期在赵国平原君赵胜门下做门客。他的学说收进《公孙龙子》一书中，今天只残存六篇。

除了"离坚白"之外，公孙龙最有名的命题就是"白马非马"。他把"白马"和"马"看作两个完全不同的概念，有不同的内涵和外延，所以"白马"不是"马"。

公孙龙强调名是绝对的、不变的，概念对于事物来说是独立的。在很多人看来，他的这些奇谈怪论都是诡辩，虽然说得天花乱坠、头头是道，却没有什么用。但他从名实关系入手，在逻辑问题上进行深入探索，在中国哲学史上是有重要意义的。这也正是名家的价值所在。

❿ 法家最先有三派：商鞅强调法，也就是法律、法制；申不害强调术，也就是君

圣贤之言以自重。孔子托于文王、周公，墨子托于禹，孟子托于尧舜，老、庄托于传说中尧、舜以前的人物；一个比一个古，一个压一个。不托古而变古的只有法家。法家出于"法术之士"①，法术之士是以政治为职业的专家。贵族政治崩坏的结果，一方面是平民的解放，一方面是君主的集权。这时候国家的范围，一天一天扩大，社会的组织也一天一天复杂。人治、礼治，都不适用了。法术之士便创一种新的政治方法帮助当时的君主整理国政，做他们的参谋。这就是法治。当时现实政治和各方面的趋势是变古——尊君权、禁私学、重富豪。法术之士便拥护这种趋势，加以理论化。

他们中间有重势、重术、重法三派，而韩非子集其大成。他本是韩国的贵族，学于荀子。他采取荀学、老学和辩者的理论，创立他的一家言；他说势、术、法三者都是"帝王之具"②，缺一不可。势的表现是赏罚：赏罚严，才可以推行法和术。因为人性究竟是恶的。术是君主驾驭臣下的技巧。综核名实是一个例。譬如教人做某官，按那官的名位，该能做出某些成绩来；君主就可以照着去考核，看他名实能相副否。又如臣下有所建议，君主便叫他去做，看他能照所说的做到否。名实相副的赏；否则罚。法是规矩准绳，明主制下了法，庸主只要守着，也就可以治了。君主能够兼用法、术、势，就可以一驭万，以静制动，无为而治。诸子都讲政治，但都是非职业的，多偏于理想。只有法家的学说，从实际政治出来，切于实用。中国后来的政治，大部分是受法家的学说支配的。❿

古代贵族养着礼乐专家，也养着巫祝、术数专家。礼乐原来的最大的用处在丧、祭。丧、祭用礼乐专家，也用巫祝；这两种人是常在一处

---

① 语见《韩非子·孤愤》。

② 《韩非子·定法》。

王的统治术，使用、控御臣下的手法和艺术；慎到强调势，也就是君主的权力、权威。

韩非（约前280—前233），战国后期人，法家的集大成者。他是韩国的公子，曾经与李斯同为荀子的学生，但他们却都成为了法家人物。韩非写了很多著作，系统阐发自己的法家思想。秦王嬴政读了，非常欣赏，以武力要挟韩国，把他弄到了秦国。但是他在秦国并没有受到重用，反而被李斯等人谗言陷害，死于狱中。他的著作被后人编为《韩非子》一书。

韩非子认为，法、术、势都是必不可少的，他把这三方面结合起来，加以统一论述。他认为这三者中，法是核心，提出"以法为教""以吏为师"（《韩非子·五蠹》，以下皆只注篇名）。法是全社会唯一的行为规范，从上级官员开始，所有人都要遵守，"刑过不避大臣，赏善不遗匹夫"（《有度》）。统一法令，国家才能治理好。

君主驾驭群臣的权术、心机，就是"术"。

术者，因任而授官，循名而责实，操杀生之柄，课群臣之能者也。此人主之所执也。法者，宪令著于官府，刑罚必于民心，赏存乎慎法，而罚加乎奸令者也。此臣之所师也。君无术则弊于上，臣无法则乱于下，此不可一无，皆帝王之具也。（《定法》）

韩非子还认为，"术"是隐秘的，不能让群臣窥测的。

术者，藏之于胸中，以偶众端而潜御群臣者也。故法莫如显，而术不欲见。是以明主言法，则境内卑贱莫不闻知也，不独满于堂。用术，则亲爱近习莫之得闻也，不得满室。（《难三》）

君主要好好利用自己的"势"，也就是权势。君主有"二柄"，就是赏和罚。人性都是有好恶的，是趋利避害的，君主利用这一点，就可以用赏罚的手段驾驭臣下。（《八经》）君主一定要牢牢抓住这两个权柄，否则就会失去权势。"赏罚下共则威分"（《八经》），"赏罚共则禁令不行"（《外储说右下》）。"夫赏罚之为道，利器也。君固握之，不可以示人。"（《内储说上》）君主失势，权柄必然被大臣掌握，这样上下易位，国家就危险了。（《亡征》）

由此可见，韩非子完全是站在君王的角度来考虑问题，主张君王利用手中权势，运的同事。巫祝固然是迷信的；礼乐里原先也是有迷信成分的。礼乐专家后来沦为儒士；巫祝术数专家便沦为方士。他们关系极密切，所注意的事有些是相同的。汉代所称的阴阳家便出于方士。古代术数注意于所谓"天人之际"，以为天道人事互相影响。战国末年有些人更将这种思想推行起来，并加以理论化，使它成为一贯的学说。这就是阴阳家。

当时阴阳家的首领是齐人驺衍。他研究"阴阳消息"①，创为"五德终始"说②。"五德"就是五行之德。五行是古代的信仰。驺衍以为五行是五种天然势力，所谓"德"。每一德，各有盛衰的循环。在它当运的时候，天道人事，都受它支配。等到它运尽而衰，为别一德所胜所克，别一德就继起当运。木胜土，金胜木，火胜金，水胜火，土胜水，这样"终始"不息。历史上的事变都是这些天然势力的表现。每一朝代，代表一德；朝代是常变的，不是一家一姓可以永保的。阴阳家也讲仁义名分，却是受儒家的影响。那时候儒家也在开始受他们的影响，讲《周易》，作《易传》。到了秦汉间，儒家更几乎与他们混合为一；西汉今文家的经学大部便建立在阴阳家的基础上。后来"古文经学"虽然扫除了一些"非常""可怪"之论③，但阴阳家的思想已深入人心，牢不可拔了。❶

战国末期，一般人渐渐感着统一思想的需要，秦相吕不韦便是作这种尝试的第一个人。他教许多门客合撰了一部《吕氏春秋》。现在所传的诸子书，大概都是汉人整理编定的；他们大概是将同一学派的各篇编辑起来，题为某子。所以都不是有系统的著作。《吕氏春秋》却不然；它是第一部完整的书。吕不韦所以编这部书，就是想化零为整，集

---

① 《史记·孟子荀卿列传》。

② 《吕氏春秋·有始览·名类篇》及《文选》左思《魏都赋》李善注引《七略》。

③ 何休《春秋公羊经传解诂序》说《春秋》中"多非常异议可怪之论"。

用各种权谋秘技，操纵、驾驭臣下，实现他的目的。他认为君主的利益是与国家利益一致的，由此也就成为一切行为善恶的评判标准。秦国彻底地实行了韩非子的主张，但韩非子本人却死在了秦国。秦国最后用这一套法家的政治体系消灭了六国，统一了天下，展现了它的威力。但是其君主独断专行，不爱惜臣民，视其如工具，如牛马，如草芥，这一重大缺陷也很快就彰显出来，激化了阶级矛盾，导致秦朝二世而亡。

法家政治是典型的"霸道"，儒家主张的仁政则是"王道"。汉代统治者综合了这两者，各取其优长，所谓"霸王道杂之"（《汉书·元帝纪》）。中国后来历代王朝的统治方法，大多是在这条道路上继续往下走的。

⓫ "阴阳消息"，指阴气、阳气的互相消长。

"五德终始"说就是以金木水火土五行的相生相克来解释世界的运行，它同样可以解释历史的发展，朝代的更替。

最先战国人驺衍（邹衍）发明这一学说，是用五行相克（相胜）的理论来解释朝代更替的。黄帝为土德，色尚黄。夏朝为木德，色尚青。木克土，所以夏禹一系取代了黄帝一系。商朝为金德，色尚白。金克木，所以商朝灭掉了夏朝。周朝为火德，色尚赤。火克金，所以周朝灭掉了商朝。在东周末年战国时代的人看来，将来灭掉周朝的一定是一个水德的朝代，色尚黑。灭掉这个水德朝代的，必然是又一个土德的朝代，色尚黄。如此往返循环。

后来秦朝灭了周，果然就以水德自居，秦始皇改河水（黄河）名为"德水"。而继秦而兴的汉朝则比较复杂。汉高祖刘邦继承了秦朝的全部制度，也继承了水德，所以自称"黑帝"。但是到了汉文帝的时候，有人就主张汉代是推翻了秦朝建立的，所以应该是土德。但直到汉武帝时，才于前104年正式宣布改为土德，也颁布了新的历法"太初历"。

阴阳家的理论深刻地与儒家今文经学结合在了一起。董仲舒最先创立了五行相生说：木生火，火生土，土生金，金生水，水生木。到了西汉末年，刘向、刘歆父子发展了这一新理论，王莽利用它来为自己篡位做依据。在新的朝代禅让的理论中，五行相克合众长，统一思想。他的基调却是道家。秦始皇统一天下，李斯为相，实行统一思想。他烧书，禁天下藏"《诗》《书》百家语"。①但时机到底还未成熟，而秦不久也就亡了，李斯是失败了。所以汉初诸子学依然很盛。⓬

到了汉武帝的时候，淮南王刘安仿效吕不韦的故智，教门客编了一部《淮南子》，也以道家为基调，也想来统一思想。但成功的不是他，是董仲舒。董仲舒向武帝建议："《六经》和孔子的学说以外，各家一概禁止。邪说息了，秩序才可统一，标准才可分明，人民才知道他们应走的路。"②武帝采纳了他的话。从此，帝王用功名利禄提倡他们所定的儒学，儒学统于一尊；春秋战国时代言论思想极端自由的空气便消灭了。这时候政治上既开了从来未有的大局面，社会和经济各方面的变动也渐渐凝成了新秩序，思想渐归于统一，也是自然的趋势。在这新秩序里，农民还占着大多数，宗法社会还保留着，旧时的礼教与制度一部分还可适用，不过民众化了罢了。另一方面，要创立政治上社会上各种新制度，也得参考旧的。这里便非用儒者不可了。儒者通晓以前的典籍，熟悉以前的制度，而又能够加以理想化、理论化，使那些东西秩然有序，粲然可观。别家虽也有政治社会学说，却无具体的办法，就是有，也不完备，赶不上儒家；在这建设时代，自然不能和儒学争胜。儒学的独尊，也是当然的。⓭

[参考资料]

冯友兰《中国哲学史》第一篇。

① 《史记·秦始皇本纪》。
② 原文见《汉书·董仲舒传》。

被五行相生所取代。各朝的"德"也就需要相应做改变。王莽自称为舜的后裔，说舜是土德。汉室是尧的后裔，是火德。从前尧禅让给舜，现在汉也同样应该把政权禅让给王莽的新朝，都是火生土。

经过一番复杂操作，重新解释，周变成了木德，木生火。而秦朝仍然是水德，那么它注定是短暂的过渡王朝，不能继承周的王业。真正继承周朝的是汉朝，汉朝是火德。而王莽的新朝接受汉朝的禅让，就是土德。虽然新朝建立十多年后就灭亡了，但是东汉光武帝却仍然承认汉是火德。从西汉末年到整个东汉，都认为自己的汉朝是火德。后来汉朝又被称为"炎汉"，也与此有关。

综上，汉朝先后经历了水德、土德、火德三种理论定位，可见这种充满了神秘主义的历史理论是多么不靠谱。

"五德终始"说的影响力后来下降了，但是仍然时不时被想搞政权禅代的野心家拿出来利用一番。直到清末，皇帝的正式头衔"奉天承运皇帝"，其中的"承运"，承的就是五德转移之运。

⑫　朱自清说"现在所传的诸子书，大概都是汉人整理编定的"，是当时的学术观点。今天的学者多不认可这个说法。许多子书在战国的时候就已经编辑成书了。

吕不韦（？—前235年），战国末年卫国人，本是阳翟的富商，后来通过政治投机当上了秦国的丞相。前239年，他召集天下名士，共同撰写了《吕氏春秋》，又称《吕览》，想用这部书作为即将统一天下的秦帝国的治国纲领。但是几年后吕不韦就失势被杀，这部书终究没有成为秦帝国的政策指导书。

《吕氏春秋》体系完备，分为纪、览、论三个部分，共一百六十篇。它明显受到道家的影响，但是又有一定的发展。它认为宇宙的本源是一种"精气"，又叫"太一"，又叫"道"。它不信鬼神，也不承认天命。在政治理论上，明显与秦国主流的法家不同，而是有道家和儒家的色彩。提出君主要无为而治，要行仁义，得民心。这部书因为汇合了

【补充参考书目】

方勇、李波译注《荀子》，中华书局，2015年第2版。

张觉《荀子译注》，上海古籍出版社，2012年。

方勇译注《墨子》，中华书局，2015年第2版。

张永祥、肖霞《墨子译注》，上海古籍出版社，2016年。

陈鼓应《老子今注今译》，商务印书馆，2003年。

辛战军《老子译注》，中华书局，2008年。

汤漳平、王朝华译注《老子》，中华书局，2014年。

张景、张松辉译注《道德经》，中华书局，2021年。

陈剑《老子译注》，上海古籍出版社，2016年。

陈鼓应《庄子今注今译》，中华书局，2020年。

方勇译注《庄子》，中华书局，2015年第2版。

章启群《庄子新注》，中华书局，2018年。

方勇、刘涛《庄子译注》，上海古籍出版社，2019年。

陈鼓应《老庄新论（修订版）》，商务印书馆，2008年。

崔大华《庄学研究》，人民出版社，1992年。

杨立华《庄子哲学研究》，北京大学出版社，2020年。

谭业谦《公孙龙子译注》，中华书局，1997年。

黄克剑译注《公孙龙子（外三种）》，中华书局，2012年。

高华平、王齐洲、张三夕译注《韩非子》，中华书局，2015年第2版。

张觉等《韩非子译注》，上海古籍出版社，2016年。

张双棣、张万彬、殷国光、陈涛《吕氏春秋译注（修订本）》，北京大学出版社，
2011年第2版。

陆玖译注《吕氏春秋》，中华书局，2011年。

各派思想，所以又被称为"杂家"。

⑬ 刘安（前179— 前122），汉高祖刘邦之孙，袭封淮南王。后因谋反事败，被迫自杀。他喜欢读书，博学多才，善于文辞，在身边聚集了一批文士。他主编了一部《淮南子》，又叫《淮南鸿烈》，是《吕氏春秋》之后又一部集先秦诸子之大成的巨著，也是"杂家"的标志性著作之一。它有较浓的道家倾向，但是又广泛吸收了各家的思想，建立了新的思想体系，反映了汉代初年学术融合的趋势。

汉朝政权统一，天下安定之后，思想上追求统一是历史的必然。而儒家传承古代典籍和礼仪制度，又强调仁义道德，特别适合在太平时代维持统治。董仲舒向汉武帝建议"罢黜百家，独尊儒术"，被武帝采纳。从此儒家成为官方意识形态，别的诸子之说被压制。"百家争鸣"的思想自由时代逐渐远去了。

陈广忠译注《淮南子》，中华书局，2022年第2版。

陈广忠《淮南子译注》，上海古籍出版社，2016年。

马庆洲《淮南子今注》，凤凰出版社，2013年。

马庆洲《淮南子考论》，北京大学出版社，2009年。

冯友兰《中国哲学史》，北京大学出版社，2022年。

冯友兰《中国哲学简史》，北京大学出版社，2013年。

北京大学哲学系中国哲学教研室《中国哲学史（第二版）》，北京大学出版社，2003年第2版。

葛兆光《中国思想史》，复旦大学出版社，2013年第2版。

冯达文、郭齐勇主编《新编中国哲学史》，人民出版社，2004年。

郭齐勇《中国哲学史》，商务印书馆，2021年。

【思考题】

1.什么是"百家争鸣"？

2.儒、墨、道、法、名、阴阳、杂等各家分别有哪些主张？它们的代表人物是谁？代表著作是什么？

3.你对先秦诸子中谁的思想最感兴趣？为什么？

详析

❶　屈原（约前339—约前278）是我国伟大的爱国主义诗人，楚国人，名平，字原。他融汇楚地的民歌、方言、名物，以绝世的才华开创了楚辞体诗歌。由于其代表作是《离骚》，这种诗体又被称作"骚体"。除了《离骚》外，屈原还创作了《九歌》《九章》《天问》等篇章，都是千古传诵的文学精品。在屈原之后，楚国的宋玉以《九辩》等作品名世，成为另一个楚辞大家。

楚辞飞腾瑰丽的想象，热烈奔放的激情，华美富艳的辞藻，都对我国文学的发展起了非凡的开启作用，成为我国浪漫主义文学的一个重要源头。屈原的人格和作品深入人心，逐渐内化为中国民族精神中一种极为活跃和坚强的元素。刘勰《文心雕龙·辨骚》称赞说"其衣被词人，非一代也"，李白《江上吟》"屈平辞赋悬日月，楚王台榭空山丘"，杜甫《戏为六绝句》之五"窃攀屈宋宜方驾，恐与齐梁作后尘"，都表达了对屈原的无限景仰之情。

赋是汉代兴起的一种文学体裁，它受楚辞的影响，却更加散文化。汉代人把屈原的楚辞作品也称为"赋"。这两种相似的文体并称"辞赋"。汉赋的著名作家有司马相如、扬雄、班固、张衡等人。汉朝最有代表性的文体是散体大赋，东汉时期，抒情小赋开始兴起。魏晋以后，赋的体裁继续嬗变，在南北朝到初唐时趋向排偶化、格律化，追求形式美。而唐宋古文运动兴起后，赋也跟着走向了散文化。

❷　楚国的王族是芈（mǐ）姓，屈、昭、景等都是它分出来的氏，所以屈原是楚国的王族。对他来说，爱国和爱自己的家是一回事。

原文

辞赋第十一 ❶

　　屈原是我国历史里永被纪念着的一个人。旧历五月五日端午节，相传便是他的忌日；他是投水死的，竞渡据说原来是表示救他的，粽子原来是祭他的。现在定五月五日为诗人节，也是为了纪念的缘故。他是个忠臣，而且是个缠绵悱恻的忠臣；他是个节士，而且是个浮游尘外、清白不污的节士。"举世皆浊而我独清，众人皆醉而我独醒"①，他的身世是一出悲剧。可是他永生在我们的敬意尤其是我们的同情里。"原"是他的号，"平"是他的名字。他是楚国的贵族，怀王时候，做"左徒"的官。左徒好像现在的秘书。他很有学问，熟悉历史和政治，口才又好。一方面参赞国事，一方面给怀王见客，办外交，头头是道。怀王很信任他。❷

　　当时楚国有亲秦亲齐两派；屈原是亲齐派。秦国看见屈原得势，便派张仪买通了楚国的贵臣上官大夫、靳尚等，在怀王面前说他的坏话。怀王果然被他们所惑，将屈原放逐到汉北去。张仪便劝怀王和齐国绝交，

---

　　① 《楚辞·渔父》。

❸   前278年，秦军攻陷楚国的郢都（今湖北江陵纪南），楚国被迫迁都到陈（今河南周口淮阳）。或许是这个国破家亡的惨重失败给了屈原沉重的一击，让他最后走上了自沉的道路。所以许多学者把屈原的卒年算在前278年，也有学者往后又推了一两年。

❹   《离骚》是屈原的代表作，是一首政治抒情长诗。全诗有三百七十多句，将近二千五百字。关于篇名"离骚"是什么意思，历来有多种解释。影响最大的有两种：一、司马迁《史记·屈原贾生列传》："《离骚》者，犹离忧也。"班固《离骚赞序》作了进一步解释："离，犹遭也；骚，忧也。明己遭忧作辞也。"这一派的意见，认为"离骚"就是遭遇到忧愁。二、东汉王逸是著名的楚辞研究者，他认为"离骚"就是离别的忧愁。他在《楚辞章句·离骚经序》中说："离，别也。骚，愁也。经，径也。言己放逐离别，中心愁思，犹依道径，以风谏君也。"

当代文字学家陈剑通过研究新出土的战国楚简，提出"离骚"本来在楚国文字中应该是"离蚤"，后来汉代人在转写为通行的隶书的时候将"蚤"误认为"蚤"，并因为"离蚤"无义，于是进一步改为了"骚"。"蚤"读为"尤"，在楚国文字中相当于"邮"或"尤"。"尤"在旧注中多训为"过"，过错。"离尤"就是"遭到责怪"一类的意思。

《离骚》大致可以分为两个部分。在前一部分，以充沛的激情回顾了自己不懈努力、加强自身修养、尽力辅佐引导君王、希望能够实现理想中的"美政"、但是却反而蒙受冤屈、遭到不公正待遇的经过，表达了对谗害自己的小人的愤慨，对楚王听信谗言的哀怨，对国家前途的担忧。在后一部分，诗人开始奇幻之旅。既然理想在现实中无法实现，他就去想象中的世界遨游。他向重华（舜）倾诉心中的苦闷，又驾上龙车在天空飞翔，"周流观乎上下""浮游而求女"，但都未能达成心愿。最后他决定"远逝以自疏"，想要远远地离开楚国，自我疏离。但就在做好了一切准备，即将出发的时候，对故国的眷恋之情终于占了上风，他流连回顾，最终还是留了下来，决心一死以殉自己的家国，殉自己的"美政"理想。

说秦国答应割地六百里。楚和齐绝了交，张仪却说答应的是六里。怀王大怒，便举兵伐秦，不料大败而归。这时候想起屈原来了，将他召回，教他出使齐国。亲齐派暂时抬头。但是亲秦派不久又得势。怀王终于让秦国骗了去，拘留着，就死在那里。这件事是楚人最痛心的，屈原更不用说了。可是怀王的儿子顷襄王，却还是听亲秦派的话，将他二次放逐到江南去。他流浪了九年，秦国的侵略一天紧似一天；他不忍亲见亡国的惨象，又想以一死来感悟顷襄王，便自沉在汨罗江里。❸

　　《楚辞》中《离骚》和《九章》的各篇，都是他放逐时候所作。《离骚》尤其是千古流传的杰构。这一篇大概是二次被放时作的。他感念怀王的信任，却恨他糊涂，让一群小人蒙蔽着，播弄着。而顷襄王又不能觉悟；以致国土日削，国势日危。他自己呢，"信而见疑，忠而被谤"①，简直走投无路；满腔委屈，千端万绪的，没人可以诉说。终于只能告诉自己的一支笔，《离骚》便是这样写成的。"离骚"是"别愁"或"遭忧"的意思。②他是个富于感情的人，那一腔遏抑不住的悲愤，随着他的笔奔迸出来，"东一句，西一句，天上一句，地下一句"③，只是一片一段的，没有篇章可言。这和人在疲倦或苦痛的时候，叫"妈呀！""天哪！"一样；心里乱极了，闷极了，叫叫透一口气，自然是顾不到什么组织的。❹

　　篇中陈说唐、虞、三代的治，桀、纣、羿、浇的乱，善恶因果，历历分明；用来讽刺当世，感悟君王。他又用了许多神话里的譬喻和动植物的譬喻，委曲地表达出他对于怀王的忠爱，对于贤人君子的向往，对于群小的深恶痛疾。他将怀王比作美人，他是"求之不得"，"辗转

---

①　《史记·屈原传》。

②　王逸《离骚经序》，班固《离骚赞序》。

③　刘熙载《艺概》中《赋概》。

❺ 司马迁在《史记·屈原贾生列传》中对屈原及其作品有一段著名的论述：

屈平之作《离骚》，盖自怨生也。《国风》好色而不淫，《小雅》怨诽而不乱。若《离骚》者，可谓兼之矣。上称帝喾，下道齐桓，中述汤武，以刺世事。明道德之广崇，治乱之条贯，靡不毕见。其文约，其辞微，其志洁，其行廉，其称文小而其指极大，举类迩而见义远。其志洁，故其称物芳。其行廉，故死而不容。自疏濯淖污泥之中，蝉蜕于浊秽，以浮游尘埃之外，不获世之滋垢，皭然泥而不滓者也。推此志也，虽与日月争光可也。

这段文字的全部或者部分，录自汉代淮南王刘安所作的《离骚传》，但具体情况，今天已经无法完全弄清楚了。

《离骚》中"美人香草"的意象很多，一方面，使得诗歌的辞藻更加艳丽，色彩更加绚烂，读起来更具美感；另一方面，这些意象具有典型的象征意味。其中"美人"常常指君王，也可以指贤臣，或者自喻。如"惟草木之零落兮，恐美人之迟暮。"成语"美人迟暮"就是出自于此。这里的"美人"指的就是楚怀王。屈原希望楚怀王趁着年富力强，与他一起推进政治改革，除去楚国的积弊，做出一番振兴国家的事业。当然，也有不少学者认为这里的"美人"是指屈原自己，担心自己蹉跎岁月，年华老去，而一事无成。

《离骚》中以对美人的爱、追求，比喻自己对楚王的忠诚。这种情感哀婉缠绵，浓郁绰约，感人至深。屈原开辟了中国诗歌以夫妇之情喻君臣之义的写法，后世的诗人常常继承这一传统，以爱情来隐喻政治。

楚辞作品中的香草有很多，在《离骚》中，它们往往象征着高洁的人品，或政治斗争中正义的一方。如"扈江离与辟芷兮，纫秋兰以为佩""朝搴阰之木兰兮，夕揽洲之宿莽"等句子都是描写自己佩戴香草，饮食也与香草有关，形容自己对美德的不懈追求。"余既滋兰之九畹兮，又树蕙之百亩。畦留夷与揭车兮，杂杜衡与芳芷。"这几句写自己精心培植香草，比喻培养能够和自己一起革新朝政的青年人才。香草偶尔也指君王，如"荃不察余之中情兮"的"荃"。而恶草则代表小人。如："兰芷变而不芳兮，荃蕙化而为茅。何昔日之芳草兮，今直为此萧艾也？"

反侧"；情辞凄切，缠绵不已。他又将贤臣比作香草。"美人香草"从此便成为政治的譬喻，影响后来解诗作诗的人很大。汉淮南王刘安作《离骚传》说："'国风'好色而不淫，'小雅'怨诽而不乱，若《离骚》者可谓兼之矣。"① "好色而不淫"似乎就指美人香草用作政治的譬喻而言；"怨诽而不乱"是怨而不怒的意思。虽然我们相信"国风"的男女之辞并非政治的譬喻，但断章取义，淮南王的话却是《离骚》的确切评语。❺

《九章》的各篇原是分立的，大约汉人才合在一起，给了"九章"的名字。这里面有些是屈原初次被放时作的，有些是二次被放时作的。差不多都是"上以讽谏，下以自慰"②；引史事，用譬喻，也和《离骚》一样。《离骚》里记着屈原的世系和生辰，这几篇里也记着他放逐的时期和地域；这些都可以算是他的自叙传。他还作了《九歌》《天问》《远游》《招魂》等，却不能算自叙传，也"不皆是怨君"③；后世都说成怨君，便埋没了他的别一面的出世观了。他其实也是一"子"，也是一家之学。这可以说是神仙家，出于巫。《离骚》里说到周游上下四方，驾车的动物，驱使的役夫，都是神话里的。《远游》更全是说的周游上下四方的乐处。这种游仙的境界，便是神仙家的理想。

《远游》开篇说，"悲时俗之迫厄兮，愿轻举而远游"，篇中又说，"临不死之旧乡"。人间世太狭窄了，也太短促了，人是太不自由自在了。神仙家要无穷大的空间，所以要周行无碍；要无穷久的时间，所以要长生不老。他们要打破现实的有限的世界，用幻想创出一个无限的世界来。在这无限的世界里，所有的都是神话里的人物；有些是美丽的，也

---

① 《史记·屈原传》。

② 王逸《楚辞章句序》。

③ 《朱子语类》一三九。

"美人香草"象征隐喻的创作方法，对后世影响非常深远。后世许多诗人有意识地学习、继承屈骚传统，多用美丽的辞藻，多用比喻、象征的手法去写诗，从而极大地丰富了中国诗歌的表现手法，增强了诗歌的美感、内涵和多义性。

❻　《九章》包括《惜诵》《涉江》《哀郢》《抽思》《怀沙》《思美人》《惜往日》《橘颂》《悲回风》九篇抒情诗歌。其中《橘颂》是四言诗，是屈原青年时代的作品，通过对橘树的描写，赞美了它"独立不迁""深固难徙""苏世独立，横而不流"的高洁特质，暗喻自己的精神追求。其余各篇都是在流放期间所作，表达自己忧时忧国和愤懑的心境，总体情绪与《离骚》差不多，但是写实的成分更多，抒发情感也更加直接，《离骚》里那种游仙的成分则较少，所以浪漫色彩不如《离骚》。

《涉江》比较详细地记录了屈原的行踪，是研究屈原流放生活的重要资料。《哀郢》大概是郢都被秦军攻破以后，屈原表达悲痛之情而作。《怀沙》则很可能是他的绝命辞。汉朝至宋朝的人都认为"怀沙"就是指怀抱沙石，自沉江中。但是明代以后，有许多学者提出新说，认为"怀沙"是指怀念长沙。

《九歌》则包含了十一篇作品，是一组祭祀神灵的乐歌，最先是在楚地民间流传，后来经过屈原的加工改写，最终保存下来。

《远游》描写了神游天上的种种快乐。摆脱了尘世的沉浊污秽，自由地翱翔；远离喧嚣的人群，清净地独处。仰慕传说中赤松子、王子乔那样的仙人，希望能够秉承他们的风范，跟随他们逍遥娱戏。本篇开了后世游仙诗的先河。

《招魂》是招魂的歌词，在原始巫术中本来就有这一类歌词，屈原将其改造、提升，写成了《招魂》。它用夸张的笔法，详尽地描写了天地四方的艰危险恶，各种鬼魅横行；又对故乡的美丽舒适大加赞美，两相对比之下，招引对方的魂魄赶紧归来，返还到原本的身体里。本篇"凄入肝脾，哀感顽艳"（繁钦《与魏文帝笺》），动人心魄。

《天问》是一首拷问远古天文、历史的长诗，以四言句式为主。全篇共三百七十四句，提出了一百七十二个问题，涉及了天地生成、神话传说、历史兴亡等许多方面。屈有些是丑怪的。《九歌》里的神大都可爱；《招魂》里一半是上下四方的怪物，说得顶怕人的，可是一方面也奇诡可喜。因为注意空间的扩大，所以对于天地山川日月星辰，在在都有兴味。《天问》里许多关于天文地理的疑问，便是这样来的。一面惊奇天地之广大，一面也惊奇人事之诡异——善恶因果，往往有不相应的；《天问》里许多关于历史的疑问，便从这里着眼。这却又是他的入世观了。❻

要达到游仙的境界，须要"虚静以恬愉"，"无为而自得"，还须导引养生的修炼功夫，这在《远游》里都说了。屈原受庄学的影响极大。这些都是庄学；周行无碍，长生不老，以及神话里的人物，也都是庄学。但庄学只到"我"与自然打成一片而止，并不想创造一个无限的世界；神仙家似乎比庄学更进了一步。神仙家也受阴阳家的影响；阴阳家原也讲天地广大，讲禽兽异物的。阴阳家是齐学。齐国滨海，多有怪诞的思想。屈原常常出使到那里，所以也沾了齐气。还有齐人好"隐"。"隐"是"遁词以隐意，谲譬以指事"①，是用一种滑稽的态度来讽谏。淳于髡可为代表。楚人也好"隐"。屈原是楚人，而他的思想又受齐国的影响，他爱用种种政治的譬喻，大约也不免沾点齐气。但是他不取滑稽的态度，他是用一副悲剧面孔说话的。《诗大序》所谓"谲谏"，所谓"言之者无罪，闻之者足以戒"，倒是合适的说明。至于像《招魂》里的铺张排比，也许是纵横家的风气。❼

《离骚》各篇多用"兮"字足句，句逗以参差不齐为主。"兮"字足句，三百篇中已经不少；句逗参差，也许是"南音"的发展。"南"本是南乐的名称；三百篇中的二南，本该与风、雅、颂分立为四。二南是楚诗，乐调虽已不能知道，但和风、雅、颂必有异处。从二南到《离骚》，

---

① 《文心雕龙·谐隐篇》。

原大胆地追问，穷根究底，表现出了强烈的求知欲和怀疑精神，以及对楚国的命运、个人的命运的思索和忧虑。这首诗虽然以问句为主，却保留了许多上古的传说和历史资料，有非常重要的史料价值。

❼　楚国地大物博，楚文化在长期发展中，融合了南方少数民族文化和中原华夏文化，有深厚的积淀，足以滋养楚辞的生长。楚国巫风很盛，对于天地山川各种神祇的祭祀非常多，祭神歌曲、祭神典礼早就形成了庞大而完整的体系，这为屈原的创作提供了非常丰厚的养料。楚辞的浪漫主义，应该是根植于楚地浪漫主义文化的土壤上，在屈原举世无双的才华浇灌下，成长为一棵枝繁叶茂的绚丽的奇树的。所以屈原的楚辞创作，未必是受了庄子、神仙家和齐文化特别大的影响。

❽　宋人黄伯思《翼骚序》说："屈宋诸骚，皆书楚语，作楚声，纪楚地，名楚物，故可谓之'楚辞'。"（陈振孙《直斋书录解题》卷十五《楚辞类》引）

"楚辞"体有着浓郁的楚国地方色彩。它的音乐，我们今天无法听到了。楚地的方言词汇，大量地出现在辞作中。带有"兮"字的参差错落、富于变化的句式，也是楚辞的一大特色。另外，《招魂》中主要用"些"字，意思和用处也和"兮"差不多。

宋玉的《九辩》是一首长篇抒情诗，借对秋景的描写，抒发自己不能为世所用、一展才华的苦闷，也表达了坚持高尚人格、不愿随俗从流的信念，以及忧虑国家命运、忠于君王的心情。《九辩》一开篇就感叹道："悲哉秋之为气也！"然后花了大量篇幅来描写秋天肃杀悲凉的景象。在这个背景下，突出抒写了"贫士失职而志不平"的孤愤悲哀之情。《九辩》开创了我国文学的"悲秋"题材。

❾　屈原、宋玉等人的楚辞作品，从战国末年到西汉时期，都一直在社会上传播。汉代人热爱楚辞，不但爱读、爱拟作，还开始给楚辞做注解。现在所知道的最早为楚辞作注的人是汉武帝时的淮南王刘安。他的《离骚传》今天已经见不到全貌了。西汉末年

现在只能看出句逗由短而长、由齐而畸的一个趋势；这中间变迁的轨迹，我们还能找到一些，总之，决不是突如其来的。这句逗的发展，大概多少有音乐的影响。从《汉书·王褒传》，可以知道楚辞的诵读是有特别的调子的①，这正是音乐的影响。屈原诸作奠定了这种体制，模拟的日渐其多。就中最出色的是宋玉，他作了《九辩》。宋玉传说是屈原的弟子；《九辩》的题材和体制都模拟《离骚》和《九章》，算是代屈原说话，不过没有屈原那样激切罢了。宋玉自己可也加上一些新思想；他是第一个描写"悲秋"的人。还有个景差，据说是《大招》的作者；《大招》是模拟《招魂》的。❽

到了汉代，模拟《离骚》的更多，东方朔、王褒、刘向、王逸都走着宋玉的路。大概武帝时候最盛，以后就渐渐地差了。汉人称这种体制为"辞"，又称为"楚辞"。刘向将这些东西编辑起来，成为《楚辞》一书。东汉王逸给作注，并加进自己的拟作，叫作《楚辞章句》。北宋洪兴祖又作《楚辞补注》；《章句》和《补注》合为《楚辞》标准的注本。但汉人又称《离骚》等为"赋"。《史记·屈原传》说他"作《怀沙》之赋"；《怀沙》是《九章》之一，本无"赋"名。《传》尾又说，"宋玉、唐勒、景差之徒，皆好辞而以赋见称。"《汉书·艺文志》《诗赋略》列"屈原赋二十五篇"，就是《离骚》等。大概"辞"是后来的名字，专指屈、宋一类作品；赋虽从辞出，却是先起的名字，在未采用"辞"的名字以前，本包括"辞"而言。所以浑言称"赋"，称"辞赋"，分言称"辞"和"赋"。后世引述屈、宋诸家，只通称"楚辞"，没有单称"辞"的。但却有称"骚""骚体""骚赋"的，这自然是《离骚》的影响。❾

荀子的《赋篇》最早称"赋"。篇中分咏"礼""知""云""蚕""箴

———————————

① 《汉书·王褒传》："宣帝时征能为《楚辞》。九江被公召见诵读。"

刘向校书秘府，汇集了屈宋辞作和汉人的一些拟作，将其编定为十六卷《楚辞》。这个工作奠定了楚辞学在以后两千年中兴盛不绝的基础。今天我们能够看到的最早的保存完整的楚辞注本，是东汉王逸的《楚辞章句》。到了宋代，洪兴祖作《楚辞补注》，是楚辞的又一个重要注本，它包含了王逸的《章句》，并对它作了补充，有很高的学术价值。朱熹又作《楚辞集注》，也是一个重要的注本。

⓾   汉代兴起了一种新的文体，就是赋，它最终成为汉代最有代表性的文体。它有几个来源。其中最大的来源，当然就是楚辞。另外，还受到荀子《赋篇》和战国时代纵横家著作的影响。《赋篇》提供了"赋"这一名目，也开创了主客问答的体裁。而战国时代纵横家铺排夸张的文风，也影响到了汉赋的创作。

汉初的赋作，主要是楚辞体，又可以称为"骚体赋"，代表作家是贾谊。他的《吊屈原赋》和《鵩鸟赋》最为有名。其后淮南小山的《招隐士》、司马迁的《悲士不遇赋》、司马相如的《大人赋》《长门赋》、扬雄的《太玄赋》等等，都是优秀之作。

从枚乘的《七发》开始，散体的汉大赋逐渐形成。它最常用的体式，就是主客问答体，借用两三个人的互相问答来构建作品的主体框架。大赋的主要题材是写天子的游猎和京都的富丽，极尽铺排渲染之能事，有一种巨丽之美。司马相如的《子虚赋》《上林赋》、扬雄的《蜀都赋》《甘泉赋》《河东赋》《羽猎赋》《长杨赋》、班固的《两都赋》、张衡的《二京赋》，都是其代表作。这四位赋家也被后人并称为"汉赋四大家"。

从西汉后期开始，出现了一批述行赋，写旅途之间的所见所闻，以及作者心中的感受。代表作有刘歆《遂初赋》、班彪《北征赋》、班昭《东征赋》、蔡邕《述行赋》等等。

东汉时，作家们已经不满足于写靡丽铺排、"润色鸿业"的体物大赋，也开始用赋来抒写自己的真情实感，于是抒情小赋应运而生。代表作是张衡的《归田赋》、赵壹的《刺世疾邪赋》、祢衡的《鹦鹉赋》等。

⓫   汉代人写赋，是有政治目的的。他们用赋来赞美统一大帝国的富庶、强大，表

（针）"五件事物，像是谜语；其中颇有讽世的话，可以说是"隐"的支流余裔。荀子久居齐国的稷下，又在楚国做过县令，死在那里。他的好"隐"，也是自然的。《赋篇》总题分咏，自然和后来的赋不同，但是安排客主，问答成篇，却开了后来赋家的风气。荀赋和屈辞原来似乎各是各的；这两体的合一，也许是在贾谊手里。贾谊是荀卿的再传弟子，他的境遇却近于屈原，又久居屈原的故乡；很可能的，他模拟屈原的体制，却袭用了荀卿的"赋"的名字。这种赋日渐发展，屈原诸作也便被称为"赋"；"辞"的名字许是后来因为拟作多了，才分化出来，作为此体的专称的。辞本是"辩解的言语"的意思，用来称屈、宋诸家所作，倒也并无不合之处。❿

《汉书·艺文志·诗赋略》分赋为四类。"杂赋"十二家是总集，可以不论。屈原以下二十家，是言情之作。陆贾以下二十一家，已佚，大概近于纵横家言。就中"陆贾赋三篇"，在贾谊之先；但作品既不可见，是他自题为赋，还是后人追题，不能知道，只好存疑了。荀卿以下二十五家，大概是叙物明理之作。这三类里，贾谊以后各家，多少免不了屈原的影响，但已渐有散文化的趋势；第一类中的司马相如便是创始的人。——托为屈原作的《卜居》《渔父》，通篇散文化，只有几处用韵，似乎是《庄子》和荀赋的混合体制，又当别论。——散文化更容易铺张些。"赋"本是"铺"的意思，铺张倒是本来面目。可是铺张的作用原在讽谏；这时候却为铺张而铺张。所谓"劝百而讽一"①。当时汉武帝好辞赋，作者极众，争相竞胜，所以致此。扬雄说，"诗人之赋丽以则，辞人之赋丽以淫"②；"诗人之赋"便是前者，"辞人之赋"便是后者。甚至

① 《汉书·司马相如传赞》引扬雄语。
② 《法言·吾子篇》。

现了中华民族上升时期昂扬向上、充满自信的精神风貌。另外，赋家们也想借用赋的写作，来讽谏人君不要过度追求奢侈享受，而要节俭自制、努力修德。但是这两部分文字所占比例太过于悬殊，往往在赋的主体部分都是铺张扬厉、大肆渲染，极尽侈丽，只是在最后才加几句讽谏的话。帝王往往也只喜欢读前面那些赞美、铺排、夸张的部分，而把最后几句讽谏的话抛之脑后。所以这些大赋最终非但没有达到讽谏目的，反而助长了帝王追求奢靡、好大喜功的情绪，可以说是适得其反。大赋作家扬雄对此进行了深刻的反思。《汉书·扬雄传》："雄以为赋者，将以风（讽）之也，必推类而言，极丽靡之辞，闳侈巨衍，竞于使人不能加也，既乃归之于正，然览者已过矣。往时武帝好神仙，相如上《大人赋》，欲以风，帝反缥缥有陵（凌）云之志。繇（由）是言之，赋劝而不止，明矣。"《汉书·司马相如传赞》："扬雄以为靡丽之赋，劝百而风（讽）一，犹骋郑卫之声，曲终而奏雅，不已戏乎？""劝百讽一"，这是扬雄对大赋思想性的总结。应该说，它是一个中肯的评价。扬雄不但是著名的赋家，又是著名的赋论家。他又说："诗人之赋丽以则，辞人之赋丽以淫。"（《法言·吾子篇》）诗人的赋华丽而符合标准法则，辞人的赋华丽而铺张过度。这里的"淫"是指过度。在他看来，赋的铺张过度、思想性不足是一个问题，需要加以纠正，回到《诗经》的雅正标准上来。

⓬　魏晋时期，抒情小赋大量涌现，赋朝着抒情的方向发展，王粲的《登楼赋》、陶渊明《归去来兮辞》是其代表作。南朝骈文兴起，赋也在形式上受到影响，逐渐骈偶化，词句婉丽、音韵和谐，江淹《别赋》《恨赋》都是其中的名篇。庾信从南朝到北朝后，感于家国之变和个人身世，创作了《哀江南赋》。

唐代律赋兴起，讲求格律，因为与科举考试关系密切，应试之作多，艺术水平往往不太高。唐代又兴起了俗赋，是后世俗文学的先驱之一。

在唐宋古文运动开展起来之后，赋也开始走向散文化，欧阳修《秋声赋》、苏轼的《前赤壁赋》《后赤壁赋》都是其优秀代表作。虽然整体是散文化的，但是读来仍然朗朗上口，节奏错落有致，在韵律与自由之间达到了很好的平衡。

有诙谐嫚戏，毫无主旨的。难怪辞赋家会被人鄙视为倡优了。❶

东汉以来，班固作《两都赋》，"概众人之所眩曜，折以今之法度"①；张衡仿他作《二京赋》。晋左思又仿作《三都赋》。这种赋铺叙历史地理，近于后世的类书；是陆贾、荀卿两派的混合，是散文的更进一步。这和屈、贾言情之作却迥不相同了。此后赋体渐渐缩短，字句却整炼起来。那时期一般诗文都趋向排偶化，赋先是领着走，后来是跟着走；作赋专重写景述情，务求精巧，不再用来讽谏。这种赋发展到齐、梁、唐初为极盛，称为"俳体"的赋。②"俳"是游戏的意思，对讽谏而言；其实这种作品倒也并非滑稽嫚戏之作。唐代古文运动起来，宋代加以发挥光大，诗文不再重排偶而趋向散文化，赋体也变了。像欧阳修的《秋声赋》，苏轼的前后《赤壁赋》，虽然有韵而全篇散行，排偶极少，比《卜居》《渔父》更其散文的。这称为"文体"的赋。③唐宋两代，以诗赋取士，规定程式。那种赋定为八韵，调平仄，讲对仗；制题新巧，限韵险难。这只是一种技艺罢了。这称为"律赋"。对"律赋"而言，"俳体"和"文体"的赋都是"古赋"；这"古赋"的名字和"古文"的名字差不多，真正"古"的如屈宋的辞，汉人的赋，倒是不包括在内的。赋似乎是我国特有的体制；虽然有韵，而就它全部的发展看，却与文近些，不算是诗。❷

[参考资料]

游国恩《读骚》《论微初集》。

---

① 《两都赋序》。
② "俳体"的名称，见元祝尧《古赋辨体》。
③ "文体"的名称，见元祝尧《古赋辨体》。

【补充参考书目】

陈子展《楚辞直解》，江苏古籍出版社，1988年。

姜亮夫《屈原赋今译》，云南人民出版社，1999年。

马茂元《楚辞选》，人民文学出版社，2002年。

金开诚、董洪利、高路明《屈原集校注》，中华书局，1996年。

金开诚、高路明选注《屈原选集》，人民文学出版社，1998年。

林家骊译注《楚辞》，中华书局，2015年第2版。

董楚平《楚辞译注》，上海古籍出版社，2016年。

游国恩《游国恩楚辞论著集》，中华书局，2008年。

林庚《林庚楚辞研究两种》，清华大学出版社，2006年。

金开诚《屈原辞研究》，江苏古籍出版社，1992年。

郭维森《屈原评传》，南京大学出版社，1998年。

褚斌杰《楚辞要论》，北京大学出版社，2003年。

尹赛夫、吴坤定、赵乃增《中国历代赋选》，山西教育出版社，1989年。

瞿蜕园选注《汉魏六朝赋选》，上海古籍出版社，2019年。

费振刚、仇仲谦、刘南平《全汉赋校注》，广东教育出版社，2005年。

费振刚、仇仲谦《司马相如文选译》，凤凰出版社，2011年。

贾太宏编译《楚辞汉赋》，天津人民出版社，2017年。

马积高《赋史》，上海古籍出版社，1987年。

姜书阁《汉赋通义》，齐鲁书社，1989年。

龚克昌《汉赋研究》，山东文艺出版社，1990年。

龚克昌《中国辞赋研究》，山东大学出版社，2010年。

万光治《汉赋通论（增订本）》，中国社会科学出版社、华龄出版社，2004年。

程章灿《魏晋南北朝赋史》，江苏古籍出版社，2001年。

曹明纲《赋学概论》，上海古籍出版社，1998年。

许结《中国赋学：历史与批评》，江苏教育出版社，2001年。

【思考题】

1. 屈原是个什么样的人？楚辞是一种什么诗体？屈原和楚辞对中国后世的诗歌发展有什么影响？

2. 《离骚》《九歌》《九章》《天问》《远游》《招魂》《九辩》分别写了什么？有什么艺术特点？

3. 汉赋有哪几种形式？

4. 汉大赋有哪些代表作家和作品？有什么艺术特点？

5. 在汉朝以后，赋的大概发展脉络是怎样的？

详析

❶   本书的最后两个专题，分别写诗和文的发展，是两篇精炼的分体文学史。朱自清表现出了一个文学史家深厚的学术功底，在如此短的篇幅里就把文体发展的脉络勾画得如此清晰，并有自己的独特见解。著名学者吴小如在《读朱自清先生〈经典常谈〉》一文中感叹道："这本书中我认为写得最好的，乃是谈'诗'与'文'的两部分，抵得上一部清晰精到的文学史，甚至比那些粗制滥造的整部文学史还好。"

本篇写诗歌发展史。因为前面的专题已经介绍过先秦时代的《诗经》和楚辞，所以本专题从汉代讲起，一直讲到宋代。可能朱自清认为好的诗在宋代已经做得差不多了，后代的诗很难再有超越，所以就没有继续往下介绍。

❷   《汉书·艺文志》："自孝武立乐府而采歌谣，于是有代赵之讴，秦楚之风，皆感于哀乐，缘事而发。"从这段话中可以知道，乐府搜集了代、赵、秦、楚等地的民间歌谣。这些诗歌都是当时人们在生活中遇到了具体事件，有了哀乐的情绪，发生了感慨，不吐不快，而自然创作出来的。

诗第十二 ❶

　　汉武帝立乐府，采集代、赵、秦、楚的歌谣和乐谱；教李延年作协律都尉，负责整理那些歌辞和谱子，以备传习唱奏。当时乐府里养着各地的乐工好几百人，大约便是演奏这些乐歌的。歌谣采来以后，他们先审查一下。没有谱子的，便给制谱；有谱子的，也得看看合适不合适，不合适的地方，便给改动一些。这就是"协律"的工作。歌谣的"本辞"合乐时，有的保存原来的样子，有的删节，有的加进些复沓的甚至不相干的章句。"协律"以乐为主，只要合调；歌辞通不通，他们是不大在乎的。他们有时还在歌辞里夹进些泛声；"辞"写大字，"声"写小字。但流传久了，声辞混杂起来，后世便不容易看懂了。这种种乐歌，后来称为"乐府诗"，简称就叫"乐府"。北宋太原郭茂倩收集汉乐府以下历代合乐的和不合乐的歌谣，以及模拟之作，成为一书，题作《乐府诗集》；他所谓"乐府诗"，范围是很广的。就中汉乐府，沈约《宋书·乐志》特称为"古辞"。❷

　　汉乐府的声调和当时称为"雅乐"的三百篇不同，所采取的是新调子。这种新调子有两种："楚声"和"新声"。屈原的辞可为楚声的代表。

❸　汉乐府叙事诗最多。有些诗歌是写底层人民的痛苦生活。如《妇病行》写家中主妇多年生病，最终去世，死前把孩子托付给丈夫。但是丈夫也无力改变家庭的贫困面貌，只好上街乞讨，而家里的孩子则哭着要妈妈抱。《孤儿行》写父母去世后，年幼的弟弟被兄嫂虐待。《陌上桑》写罗敷巧妙地回绝使君，《羽林郎》写胡姬誓死抵抗羽林郎的调戏，都表达了人民的爱憎，歌颂了罗敷、胡姬这样的有气节的下层女子。汉乐府中还有一首非常有名的叙事长诗《孔雀东南飞》，叙述了焦仲卿、刘兰芝夫妇的婚姻悲剧，表达了对包办婚姻的控诉。

汉乐府中也有一些抒情诗，爱情婚姻题材的比较多。《上邪》是一个女子表达对爱情忠贞的誓词，用语极其有想象力：

　　　上邪！我欲与君相知，长命无绝衰。山无陵，江水为竭，冬雷震震，夏雨雪，天地合，乃敢与君绝！

❹　《古诗十九首》是汉代的文人五言诗，作者没有留下姓名，大概多是宦游失意的文人。这些诗的内容是游子之歌与思妇之词。当时许多读书人离家在外，追求功名富贵，但大部分人都是无法实现自己的理想的。在失意的时候，往往会痛苦、发牢骚。有人感叹人生短暂，应该及早占据显要职位，建功立业。（《今日良宴会》）有人感叹知音难觅，想变成鸿鹄，奋翅高飞。（《西北有高楼》）也有人想着干脆纵情享乐，忘却不快吧。而思乡之情更是普遍。"客行虽云乐，不如早旋归。"（《明月何皎皎》）思乡往往和思念妻子是紧密联系在一起的，如《涉江采芙蓉》：

　　　涉江采芙蓉，兰泽多芳草。采之欲遗谁，所思在远道。还顾望旧乡，长路漫浩浩。同心而离居，忧伤以终老。

同样，家中的妻子也在对丈夫苦苦思念，希望他能够早日回家。如《行行重行行》：

　　　行行重行行，与君生别离。相去万余里，各在天一涯。道路阻且长，会面安可知？胡马依北风，越鸟巢南枝。相去日已远，衣带日已缓。浮云蔽白日，游子汉高祖是楚人，喜欢楚声；楚声比雅乐好听。一般人不用说也是喜欢楚声的。楚声便成了风气。武帝时乐府所采的歌谣，楚以外虽然还有代、赵、秦各地的，但声调也许差不很多。那时却又输入了新声；新声出于西域和北狄的军歌。李延年多多采取这种调子唱奏歌谣，从此大行，楚声便让压下去了。楚声的句调比较雅乐参差得多，新声的更比楚声参差得多。可是楚声里也有整齐的五言，楚调曲里各篇更全然如此，像著名的《白头吟》《梁甫吟》《怨歌行》都是的。①这就是五言诗的源头。

汉乐府以叙事为主。❸所叙的社会故事和风俗最多，历史及游仙的故事也占一部分。此外便是男女相思和离别之作，格言式的教训，人生的慨叹等等。这些都是一般人所喜欢的题材。用一般人所喜欢的调子，歌咏一般人所喜欢的题材，自然可以风靡一世。哀帝即位，却以为这些都是不正经的乐歌；他废了乐府，裁了多一半乐工——共四百四十一人——大概都是唱奏各地乐歌的。当时颇想恢复雅乐，但没人懂得，只好罢了。不过一般人还是爱好那些乐歌。这风气直到汉末不变。东汉时候，这些乐歌已经普遍化，文人仿作的渐多；就中也有仿作整齐的五言的，像班固《咏史》。但这种五言的拟作极少；而班固那一首也未成熟，锺嵘在《诗品序》里评为"质木无文"，是不错的。直到汉末，一般文体都走向整炼一路，试验这五言体的便多起来；而最高的成就是《文选》所录的《古诗十九首》。❹

旧传最早的五言诗，是《古诗十九首》和苏武、李陵诗；说"十九首"里有七首是枚乘作的，和苏李诗都出现于汉武帝时代。但据近来的研究，这十九首古诗实在都是汉末的作品；苏李诗虽题了苏李的名字，却不合

---

① 　以上参用朱希祖《汉三大乐府调辨》（《清华学报》四卷二期）说。

不顾反。思君令人老，岁月忽已晚。弃捐勿复道，努力加餐饭。

诗中的女主人公担心自己的丈夫在外面有了新欢，不想回家了。她感到自己的青春已经在年复一年的等待和相思中一点点消逝，更添愁苦。最后她决定把这一切先抛开，好好吃饭，保证身体健康最重要。（一说，最后一句是叮嘱对方之辞，希望对方好好吃饭，保重身体。）

《古诗十九首》取得了很高的艺术成就，语言明白晓畅，却又低回婉转，情景交融，感人至深。钟嵘《诗品》说它"惊心动魄，可谓几乎一字千金"。

❺　曹操、曹丕、曹植父子合称"三曹"。他们是当时的诗坛领袖。

曹操（155—220）善于写四言诗，他的《步出夏门行·观沧海》是我国第一首较为完整的山水诗，而《短歌行》则表达了人生苦短、求贤若渴的心情，以及想要统一天下的雄心壮志。曹操也写五言诗，如《蒿里行》记录了关东义军讨伐董卓失败的经过，描写了长期战乱给国家带来的巨大破坏，给人民带来的深重灾难，场景触目惊心："白骨露于野，千里无鸡鸣。"

曹丕（187—226）虽然主要写五言诗，却创作了我国现存的第一首成熟的七言诗《燕歌行》。这是一首思妇诗：

秋风萧瑟天气凉，草木摇落露为霜，群燕辞归雁南翔。念君客游思断肠，慊慊思归恋故乡，君何淹留寄他方？贱妾茕茕守空房，忧来思君不敢忘，不觉泪下沾衣裳。援琴鸣弦发清商，短歌微吟不能长。明月皎皎照我床，星汉西流夜未央。牵牛织女遥相望，尔独何辜限河梁？

曹植（192—232）前期的创作充满了乐观向上的精神，如《白马篇》《薤露行》等。但是曹丕登基为帝后，曹植受到猜忌，处境变得危险，他的诗歌也就常常充满了忧惧和愤懑，如《野田黄雀行》《赠白马王彪》等。著名的《七步诗》，也属于这一类。曹植也有别的题材的作品，如《七哀》，是思妇诗中的杰作。

在汉末建安年间，还出现了"建安七子"，他们是孔融、陈琳、王粲、徐幹、阮瑀、于他们的事迹，从风格上看，大约也和"十九首"出现在差不多的时候。这十九首古诗并非一人之作，也非一时之作，但都模拟言情的乐府。歌咏的多是相思离别，以及人生无常当及时行乐的意思；也有对于邪臣当道、贤人放逐、朋友富贵相忘、知音难得等事的慨叹。这些都算是普遍的题材；但后一类是所谓"失志"之作，自然兼受了《楚辞》的影响。锺嵘评古诗，"可谓几乎一字千金"；因为所咏的几乎是人人心中所要说的，却不是人人口中笔下所能说的，而又能够那样平平说出，曲曲说出，所以是好。"十九首"只像对朋友说家常话，并不在字面上用功夫，而自然达意，委婉尽情，合于所谓"温柔敦厚"的诗教。①到唐为止，这是五言诗的标准。

汉献帝建安年间（西元一九六至二一九），文学极盛，曹操和他的儿子曹丕、曹植两兄弟是文坛的主持人；而曹植更是个大诗家。这时乐府声调已多失传，他们却用乐府旧题，改作新词；曹丕、曹植兄弟尤其努力在五言体上。他们一班人也作独立的五言诗。叙游宴，述恩荣，开后来应酬一派。但只求明白诚恳，还是歌谣本色。就中曹植在曹丕做了皇帝之后，颇受猜忌，忧患的情感，时时流露在他的作品里。诗中有了"我"，所以独成大家。这时候五言作者既多，开始有了工拙的评论；曹丕说刘桢"五言诗之善者，妙绝时人"②，便是例子。但真正奠定了五言诗的基础的是魏代的阮籍，他是第一个用全力作五言诗的人。❺

阮籍是老庄和屈原的信徒。他生在魏晋交替的时代，眼见司马氏三代专权，欺负曹家，压迫名士，一肚皮牢骚只得发泄在酒和诗里。他作了《咏怀诗》八十多首，述神话，引史事，叙艳情，托于鸟兽草木之名，主旨不外说富贵不能常保，祸患随时可至，年岁有限，一般人钻在利禄

---

① "诗教"见《礼记·经解》。

② 《与吴质书》。

应玚、刘桢。在那个乱世中，他们的诗歌表现出独特的风貌。刘勰《文心雕龙·时序》评论道："观其时文，雅好慷慨，良由世积乱离，风衰俗怨，并志深而笔长，故梗概而多气也。"这种诗风被后世称作"建安风骨"。

❻ 阮籍（210—263）是"竹林七贤"之一，代表作是《咏怀诗》八十二首，主要内容是抒发政治感慨。当时政治非常黑暗，司马氏为了抢夺曹魏政权，大肆杀戮异己，所以许多人都非常恐惧、苦闷。阮籍同情曹氏，却又害怕司马氏；想要在诗中表达自己的政治理念，却又害怕遭到祸难，所以用一种隐晦曲折的风格来写诗。他常常抒发壮志难酬、人生短暂的感叹。环境险恶，心中愁苦，这种情绪普遍地弥漫在他的诗中。如《咏怀诗》其一：

夜中不能寐，起坐弹鸣琴。薄帷鉴明月，清风吹我襟。孤鸿号外野，翔鸟鸣北林。徘徊将何见？忧思独伤心。

阮籍的诗歌，被宋代严羽《沧浪诗话》评论为："极为高古，有建安风骨。"

❼ 陶渊明（365？—427），又名潜，字元亮，号五柳先生，浔阳柴桑人，东晋大诗人。陶渊明天性爱自由，但是又为生活所迫，做过几任小官。后来当了八十多天的彭泽县令，郡里派督邮来巡视，县里的小吏对陶渊明说，上级来了，要束好衣带，恭敬地去拜见。陶渊明感叹说："我不能为五斗米折腰向乡里小人！"于是解去印绶，主动离职归家。

陶渊明从此成为一位隐士，再未出仕。他亲自耕田，自食其力。这种生活是贫困、艰苦的，但是陶渊明不后悔自己的选择。他写了很多诗文来表达自己隐居的快乐，比如《归去来兮辞》《归园田居（其一）》《饮酒（其五）》等等。他还花了大量笔墨写他的田园生活，如《归园田居（其三）》：

种豆南山下，草盛豆苗稀。晨兴理荒秽，带月荷锄归。道狭草木长，夕露沾我衣。衣沾不足惜，但使愿无违。

虽然农业劳作从早到晚，非常辛苦，露水沾湿了衣服，但是陶渊明却安之若素，觉的圈子里，不知放怀远大，真是可怜之极。他的诗充满了这种悲悯的情感，"忧思独伤心"①一句可以表见。这里《楚辞》的影响很大；钟嵘说他"源出于《小雅》"，似乎是皮相之谈。本来五言诗自始就脱不了《楚辞》的影响，不过他尤其如此。他还没有用心琢句；但语既浑括，譬喻又多，旨趣更往往难详。这许是当时的不得已，却因此增加了五言诗文人化的程度。他是这样扩大了诗的范围，正式成立了抒情的五言诗。❻

　　晋代诗渐渐排偶化、典故化。就中左思的《咏史诗》，郭璞的《游仙诗》，也取法《楚辞》，借古人及神仙抒写自己的怀抱，为后世所宗。郭璞是东晋初的人。跟着就流行了一派玄言诗。孙绰、许询是领袖。他们作诗，只是融化老庄的文句，抽象说理，所以钟嵘说像"道德论"。②这种诗千篇一律，没有"我"；《兰亭集诗》各人所作四言五言各一首，都是一个味儿，正是好例。但在这种影响下，却孕育了陶渊明和谢灵运两个大诗人。陶渊明，浔阳柴桑人，做了几回小官，觉得做官不自由，终于回到田园，躬耕自活。他也是老、庄的信徒，从躬耕里领略到自然的恬美和人生的道理。他是第一个人将田园生活描写在诗里。他的躬耕免祸的哲学也许不是新的，可都是他从真实生活里体验得来的，与口头的玄理不同，所以亲切有味。诗也不妨说理，但须有理趣，他的诗能够做到这一步。他作诗也只求明白诚恳，不排不典；他的诗是散文化的。这违反了当时的趋势，所以《诗品》只将他放在中品里。但他后来确成了千古"隐逸诗人之宗"③。❼

　　谢灵运，宋时做到临川太守。他是有政治野心的，可是不得志。他不但是老、庄的信徒，也是佛的信徒。他最爱游山玩水，常常领了一群

---

① 《咏怀》第一首。

② 《诗品序》。

③ 《诗品》论陶语。

得只要能够不违背自己热爱自由的心愿，这一切都是值得的。枯燥乏味的种植劳动，在诗人的笔下变得如此有诗意。而这种诗意不是矫揉造作出来的，而是在极为平淡舒缓的语气中，自然流淌出来的。因为陶渊明是真正地身体力行，全身心地参与了劳作，并不像有些隐士一般是作秀，所以他的生活体会是那样的真切，而那种恬淡之情又是那样的真实，令人仰慕和向往。

陶渊明是中国的第一位田园诗人，他的诗平淡自然，却有很高的意趣。宋代苏轼评论他的诗"质而实绮，癯而实腴"。（《与苏辙书》）看上去很质朴，实际上很绮丽；看上去很清癯，实际上很丰腴。这是一个非常精辟的评价。金代元好问《论诗》也赞美陶诗说："一语天然万古新，豪华落尽见真淳。"

❽　谢灵运（385—433）是个旅行家，热爱游山玩水，他是第一个大力写山水诗的人。他的山水诗注重写实，力求真实地描摹大自然之美，留下许多佳句。如："云日相辉映，空水共澄鲜。"（《登江中孤屿》）"池塘生春草，园柳变鸣禽。"（《登池上楼》）"野旷沙岸净，天高秋月明。"（《初去郡》）谢灵运有着敏锐的观察力和精准的语言表现力，能够把山水景物描绘得纤毫毕现，清新自然。但是，也常常有晦涩、呆板的毛病，而且不能像陶渊明那样，把景色的描写和诗人的性情融为一体，所以艺术水平还是比陶渊明稍逊一筹。他们二人，后世并称"陶谢"。在当时还有一位诗人颜延之，与谢灵运并称"颜谢"，实际上成就远不如谢灵运。

❾　魏晋以来，诗歌创作中对偶开始增多。到了南朝的宋、齐之际，诗人们已经刻意追求对偶了。而此时，在声律理论方面，也有了很大的突破。周颙、沈约等发现了汉语是有声调的，提出了声律论，规定了一套五言诗应该避免的声律上的毛病，后人总结为"八病"：平头、上尾、蜂腰、鹤膝、大韵、小韵、旁纽、正纽。

讲究声律和对偶，使得诗的写作有了新的追求，在南朝齐永明年间（483—493），形成了一种新体诗，又称"永明体"。之所以叫"新体诗"，是相对于以前的古体诗而言人到处探奇访胜；他的自然的哲学和出世的哲学教他沉溺在山水的清幽里。他是第一个在诗里用全力刻画山水的人；他也可以说是第一个用全力雕琢字句的人。他用排偶，用典故，却能创造新鲜的句子；不过描写有时不免太繁重罢了。他在赏玩山水的时候，也常悟到一些隐遁的超旷的人生哲理；但写到诗里，不能和那精巧的描写打成一片，像硬装进去似的。这便不如陶渊明的理趣足，但比那些"道德论"自然高妙得多。陶诗教给人怎样赏味田园，谢诗教给人怎样赏味山水；他们都是发现自然的诗人。陶是写意，谢是工笔。谢诗从制题到造句，无一不是工笔。他开了后世诗人着意描写的路子；他所以成为大家，一半也在这里。❽

齐武帝永明年间（西元四八三至四九三），"声律说"大盛。四声的分别，平仄的性质，双声叠韵的作用，都有人指出，让诗文作家注意。从前只着重句末的韵，这时更着重句中的"和"；"和"就是念起来顺口，听起来顺耳。从此诗文都力求谐调，远于语言的自然。这时的诗，一面讲究用典，一面讲究声律，不免有侧重技巧的毛病。到了梁简文帝，又加新变，专咏艳情，称为"宫体"，诗的境界更狭窄了。这种形式与题材的新变，一直影响到唐初的诗。这时候七言的乐歌渐渐发展。汉魏文士仿作乐府，已经有七言的，但只零星偶见，后来舞曲里常有七言之作。到了宋代，鲍照有《行路难》十八首，人生的感慨颇多，和舞曲描写声容的不一样，影响唐代的李白、杜甫很大。但是梁以来七言的发展，却还跟着舞曲的路子。不跟着鲍照的路子，这些都是宫体的谐调。❾

唐代谐调发展，成立了律诗绝句，称为近体；不是谐调的诗，称为古体；又成立了古近体的七言诗。古体的五言诗也变了格调。这些都是划时代的。初唐时候，大体上还继续着南朝的风气，辗转在艳情的圈子的。追求音韵美，使得中国诗歌在形式上有了更高的上升空间，为后来格律诗的成熟奠定了基础。这是中国古典诗歌的一大进步。

永明体的代表诗人是谢朓（464—499），他的山水诗清新流丽，对唐代李白等诗人产生了较大的影响，代表作是《晚登三山还望京邑》，中有"余霞散成绮，澄江静如练"之句。

梁简文帝萧纲（503—551）带动一批宫廷文人，以宫廷生活为描写对象，主要题材是咏物和艳情，这类诗号称"宫体诗"。它柔靡轻艳，格局褊小，完全脱离社会，而且往往表现统治者奢侈腐化的生活，思想境界不高。但是它对于诗歌艺术形式的探索仍然有贡献，继承了永明体，使诗歌进一步走向格律化。

这一时期七言诗写得比较多的是鲍照（414？—466）。他出身寒微，在豪门士族的压抑下，无法施展自己的抱负，一生贫病交加。这种不幸的遭遇、不公的命运让他极其痛苦，他把这种不满和愤恨之情宣泄在诗歌中，使诗作具备了慷慨不平的感情力量。他在《拟行路难》其六中写道："对案不能食，拔剑击柱长叹息。丈夫生世会几时？安能蹀躞垂羽翼！"壮志难酬，悲愤难平，最后只好无奈地自我排解："自古圣贤尽贫贱，何况我辈孤且直！"

❿   到了唐代，格律诗最终形成，当时叫作"近体诗"。与之相对应，此前不那么讲究格律的诗，被称为"古体诗"。

初唐时期，五言律诗走向成熟，在杜审言、李峤手中有了很大的发展，最后在沈佺期、宋之问的手中定型。它以粘、对规则形成声律格式，完成了由永明体的四声律到唐诗平仄律的过渡。上、去、入三声都被归为仄声，与平声相对。诗人们把粘对规则应用于七言诗，于唐中宗景龙年间完成了七言律诗的定型。

格律诗主要的格式就是四种：五言律诗、七言律诗、五言绝句、七言绝句，分别简称五律、七律、五绝、七绝。格律诗形成后，在唐代诗人们手中大放异彩，成为诗的主流形式。七言诗的地位上升，取得了与五言诗同等的地位。

里。但是就在这时候，沈佺期、宋之问奠定了律诗的体制。南朝论声律，只就一联两句说；沈宋却能看出谐调有四种句式。两联四句才是谐调的单位，可以称为周期。这单位后来写成"仄仄平平仄　平平仄仄平　平平平仄仄　仄仄仄平平"的谱。沈宋在一首诗里用两个周期，就是重叠一次；这样，声调便谐和富厚，又不致单调。这就是八句的律诗。律有"声律""法律"两义。律诗体制短小，组织必须经济，才能发挥它的效力；"法律"便是这个意思。但沈宋的成就只在声律上，"法律"上的进展，还等待后来的作家。❿

宫体诗渐渐有人觉得腻味了；陈子昂、李白等说这种诗颓靡浅薄，没有价值。他们不但否定了当时古体诗的题材，也否定了那些诗的形式。他们的五言古体，模拟阮籍的《咏怀》，但是失败了。一般作家却只大量的仿作七言的乐府歌行，带着多少的排偶与谐调。—— 当时往往就这种歌行里截取谐调的四句入乐奏唱 —— 可是李白更撇开了排偶和谐调，作他的七言乐府。李白，蜀人，明皇时作供奉翰林；触犯了杨贵妃，不能得志。他是个放浪不羁的人，便辞了职，游山水，喝酒，作诗。他的乐府很多，取材很广；他是借着乐府旧题来抒写自己生活的。他的生活态度是出世的；他作诗也全任自然。人家称他为"天上谪仙人"①；这说明了他的人和他的诗。他的歌行增进了七言诗的价值；但他的绝句更代表着新制。绝句是五言或七言的四句，大多数是谐调。南北朝民歌中，五言四句的谐调最多，影响了唐人；南朝乐府里也有七言四句的，但不太多。李白和别的诗家纷纷制作，大约因为当时输入的西域乐调宜于这体制，作来可供宫廷及贵人家奏唱。绝句最短小，贵含蓄，忌说尽。李白所作，自然而不觉费力，并且暗示着超远的境界；他给这新体诗立下

---

① 原是贺知章语，见《旧唐书·李白传》。

❶　陈子昂（659—700）看不起当时继承六朝余绪的诗风，向往汉魏风骨，主张恢复古诗比兴言志的风雅传统，其《感遇》就是这些理论主张的具体实践，而《登幽州台歌》更是慷慨悲凉，唱出了时代最强音：

前不见古人，后不见来者。念天地之悠悠，独怆然而涕下！

李白（701—762），字太白，号青莲居士，唐代伟大诗人，后人称他为"诗仙"。他有着强烈的功名心和自信心，渴望济苍生、安社稷，但是残酷的现实却让他的这种理想落空。

李白善于写古体诗，《古风五十九首》抒写怀抱，多有名作。《蜀道难》《将敬酒》《行路难》等作品大气磅礴、激情澎湃，充分表现了诗人狂放不羁的人格和壮志难酬的悲愤。七言歌行尤其适合李白驰骋自己的才能。《江上吟》《梦游天姥吟留别》《庐山谣寄卢侍御虚舟》等篇，雄奇的想象和喷薄的情感融合在一起，纵横开阖，来去无踪，以豪迈的激情和飘逸的风姿，写出了唐代昂扬向上的时代精神，是盛唐气象的典型代表。五言绝句《静夜思》《夜宿山寺》，七言绝句《峨眉山月歌》《望庐山瀑布》《望天门山》《黄鹤楼送孟浩然之广陵》《闻王昌龄左迁龙标遥有此寄》《独坐敬亭山》《赠汪伦》《早发白帝城》等，皆清新俊逸，风神爽朗，是脍炙人口的佳作。

李白一出现，就引起了诗坛的轰动。他傲岸不羁的人格，变幻莫测的想象，潇洒飘逸的风神，清新明快的语言，都让人叹服不已。杜甫赞美李白"白也诗无敌，飘然思不群"（《春日忆李白》），"笔落惊风雨，诗成泣鬼神"（《寄李十二白二十韵》），正是对他的精确写照。

了一个标准。**⓫**

但是真正继往开来的诗人是杜甫。他是河南巩县人。安禄山陷长安，肃宗在灵武即位，他从长安逃到灵武，做了"左拾遗"的官，因为谏救房琯，被放了出去。那时很乱，又是荒年，他辗转流落到成都，依靠故人严武，做到"检校工部员外郎"，所以后来称为杜工部。他在蜀中住了很久。严武死后，他避难到湖南，就死在那里。他是儒家的信徒；"致君尧舜上，再使风俗淳"是他的素志。①又身经乱离，亲见了民间疾苦。他的诗努力描写当时的情形，发抒自己的感想。唐代以诗取士，诗原是应试的玩意儿；诗又是供给乐工歌妓唱了去伺候宫廷及贵人的玩意儿。李白用来抒写自己的生活，杜甫用来抒写那个大时代，诗的领域扩大了，价值也增高了。而杜甫写"民间的实在痛苦，社会的实在问题，国家的实在状况，人生的实在希望与恐惧"②，更给诗开辟了新世界。

他不大仿作乐府，可是他描写社会生活正是乐府的精神；他的写实的态度也是从乐府来的。他常在诗里发议论，并且引证经史百家；但这些议论和典故都是通过了他的满腔热情奔迸出来的，所以还是诗。他这样将诗历史化和散文化；他这样给诗创造了新语言。古体的七言诗到他手里正式成立；古体的五言诗到他手里变了格调。从此"温柔敦厚"之外，又开了"沉着痛快"一派。③五言律诗，王维、孟浩然已经不用来写艳情而用来写山水；杜甫却更用来表现广大的实在的人生。他的七言律诗，也是如此。他作律诗很用心在组织上。他的五言律诗最多，差不多穷尽了这体制的变化。他的绝句直述胸怀，嫌没有余味；但那些描写片

———————

① 杜甫《奉赠韦左丞丈二十二韵》。

② 胡适《白话文学史》。

③ 《沧浪诗话》说诗的"大概有二：曰优游不迫，曰沉着痛快"。"优游不迫"就是"温柔敦厚"。

⓬   杜甫（712—770），字子美，别号少陵野老，被后人尊称为"诗圣"。他与李白并称"李杜"，是中国诗歌史上伟大的诗人，正如韩愈在《调张籍》中所称："李杜文章在，光焰万丈长。"

杜甫亲身经历了开元盛世和安史之乱，目睹了国家由强盛的顶点一下子跌落到战乱残破的深渊。他关心国家命运，同情百姓疾苦，写下了一大批优秀的现实主义诗作，真实而形象地记录、反映了那个时代的历史，因而被称为"诗史"。他的叙事精炼有力，善于把握典型细节来加以刻画，同时融入了自己的感情，表达了强烈的爱憎。

杜甫写时事的诗，多为古体。《兵车行》《丽人行》《哀王孙》《悲陈陶》《哀江头》《洗兵马》等七言古体诗，《自京赴奉先县咏怀五百字》《北征》《羌村》三首、"三吏"、"三别"等五言古体诗，都是他"诗史"的代表作。

杜甫的律诗写得极好，他自己说"晚节渐于诗律细"（《遣闷戏呈路十九曹长》），又说"为人性僻耽佳句，语不惊人死不休"（《江上值水如海势聊短述》）。他的律诗格律精工、千锤百炼而又任意舒卷、变幻莫测。《春望》《春夜喜雨》《闻官军收河南河北》《旅夜书怀》《秋兴八首》《咏怀古迹五首》《登高》《登岳阳楼》等都是脍炙人口的杰作。

杜甫诗的主体风格特征是沉郁顿挫。他忧国忧民，悲歌慷慨，诗作中有深刻的思想性。艺术上，他继承《诗经》以来的风雅传统，又转益多师，多方面吸取前人的创作经验，成为诗歌艺术的集大成者。元稹在《唐故检校工部员外郎杜君墓系铭并序》中总结道："至于子美，盖所谓上薄风骚，下该沈宋，言夺苏李，气吞曹刘，掩颜谢之孤高，杂徐庾之流丽，尽得古今之体势，而兼人人之所独专矣。"

⓭   韩愈（768—824），字退之，著名的古文大家，写诗推崇雄奇怪异之美，还以散文句法入诗。他的《山石》《石鼓歌》《八月十五夜赠张功曹》《谒衡岳庙遂宿岳寺题门楼》都是怪奇诗风的代表作。

段的生活印象的，却也不缺少暗示的力量。他也能欣赏自然，晚年所作，颇有清新的刻画的句子。他又是个有谐趣的人，他的诗往往透着滑稽的风味。但这种滑稽的风味和他的严肃的态度调和得那样恰到好处，一点也不至于减损他和他的诗的身份。❷

杜甫的影响直贯到两宋时代；没有一个诗人不直接间接学他的，没有一个诗人不发扬光大他的。古文家韩愈，跟着他将诗进一步散文化；而又造奇喻，押险韵，铺张描写，像汉赋似的。他的诗逞才使气，不怕说尽，是"沉着痛快"的诗。后来有元稹、白居易二人在政治上都升沉了一番；他们却继承杜甫写实的表现人生的态度。他们开始将这种态度理论化；主张诗要"上以补察时政，下以泄导人情"，"嘲风雪，弄花草"是没有意义的。①他们反对雕琢字句，主张诚实自然。他们将自己的诗分为"讽谕"的和"非讽谕"的两类。他们的诗却容易懂，又能道出人人心中的话，所以雅俗共赏，一时风行。当时最流传的是他们新创的谐调的七言叙事诗，所谓"长庆体"的，还有社会问题诗。❸

晚唐诗向来推李商隐、杜牧为大家。李一生辗转在党争的影响中。他和温庭筠并称；他们的诗又走回艳情一路。他们集中力量在律诗上，用典精巧，对偶整切。但李学杜韩，器局较大；他的艳情诗有些实在是政治的譬喻，实在是感时伤事之作。所以地位在温之上。杜牧做了些小官儿，放荡不羁，而很负盛名，人家称为"小杜"——"老杜"是杜甫。他的诗词采华艳，却富有纵横气，又和温李不同。然而都可以归为绮丽一派。这时候别的诗家也集中力量在律诗上。一些人专学张籍、贾岛的五言律，这两家都重苦吟，总捉摸着将平常的题材写得出奇，所以思深语精，别出蹊径。但是这种诗写景有时不免琐屑，写情有时不免偏僻，

① 白居易《与元九（稹）书》。

元稹、白居易把乐府诗发展到一个新的高度。元稹（779—831），字微之。白居易（772—846），字乐天，晚年号香山居士。二人并称"元白"。他们都自拟新题写作乐府诗，号称"新乐府"。

白居易追求诗歌的写实性和通俗性，并强调诗歌要进行美刺讽喻，起到"补察时政""泄导人情"的作用。他说："文章合为时而著，歌诗合为事而作。"（《与元九书》）这是对杜甫写实精神的继承。白居易的《秦中吟》《新乐府》组诗中，有很多作品批判了统治者的骄奢淫逸，表达了对受压迫的贫苦百姓的深深同情，《卖炭翁》就是其中杰出的作品。白居易还有《长恨歌》《琵琶行》两首长诗，集叙事、抒情为一体，语言精美，意境深远，是他极具代表性的作品。

元稹、白居易的七言长篇歌行，如《连昌宫词》《长恨歌》《琵琶行》等，被称为"元白体"，宋人又称之为"长庆体"，因为他们的诗文集名为《白氏长庆集》《元氏长庆集》。"长庆"是唐穆宗的年号。

⓮　并称"小李杜"的李商隐、杜牧是晚唐时代杰出的诗人。李商隐又与温庭筠并称"温李"，这主要是就他们都喜欢写艳情诗而言的，其实温的成就远不如李。

李商隐（813？—858），字义山，号玉溪生、樊南生。他有许多感时忧世和表达自己空怀壮志、报国无门的感慨的作品，如《安定城楼》《行次西郊作一百韵》《马嵬》《乐游原》等，都是佳作。而更加著名的，却是他的爱情诗，风格缠绵悱恻，意境迷离倘恍，辞藻瑰丽精工，风流蕴藉，极具审美价值。其中的《无题》系列诗，是他的独特创造，历来为人们所称道。

杜牧（803—852），字牧之，他的诗俊爽风流又不失深沉。七律《早雁》，运用比兴手法，表达了对时局的忧虑和对边地人民的同情。他的咏史诗写得很好，往往在咏史的同时，表达自己的感慨和见解，《过华清宫》《赤壁》《乌江亭》都是杰作。

杜牧的七言绝句尤为出色，写景的《江南春》《泊秦淮》《山行》，以及《赠别》《寄便觉不大方。这是僻涩一派。另一派出于元白，作诗如说话，嬉笑怒骂，兼而有之，又时时杂用俗语。这是粗豪一派。①这些其实都是杜甫的鳞爪，也都是宋诗的先驱；绮丽一派只影响宋初的诗，僻涩、粗豪两派却影响了宋一代的诗。❹

宋初的诗专学李商隐；末流只知道典故对偶，真成了诗玩意儿。王禹偁独学杜甫，开了新风气。欧阳修、梅尧臣接着发现了韩愈，起始了宋诗的散文化。欧阳修曾遭贬谪；他是古文家。梅尧臣一生不得志。欧诗虽学韩，却平易疏畅，没有奇险的地方。梅诗幽深淡远，欧评他"譬如妖韶女，老自有余态"，"初如食橄榄，其味久愈在"。②宋诗散文化，到苏轼而极。他是眉州眉山（今四川眉山）人，因为攻击王安石的新法，一辈子升沉在党争中。他将禅理大量的放进诗里，开了一个新境界。他的诗气象洪阔，铺叙宛转，又长于譬喻，真到用笔如舌的地步；但不免"掉书袋"的毛病。他门下出了一个黄庭坚，是第一个有意的讲究诗的技巧的人。他是洪州分宁（今江西修水）人，也因党争的影响，屡遭贬谪，终于死在贬所。他作诗着重锻炼，着重句律；句律就是篇章字句的组织与变化。他开了江西诗派。❺

刘克庄《江西诗派小序》说他"荟萃百家句律之长，究极历代体制之变，搜猎奇书，穿穴异闻，作为古律，自成一家；虽只字半句不轻出"。他不但讲究句律，并且讲究运用经史以至奇书异闻，来增富他的诗。这些都是杜甫传统的发扬光大。王安石已经提倡杜诗，但到黄庭坚，这风气才昌盛。黄还是继续将诗散文化，但组织得更经济些；他还是在创造那阔大的气象，但要使它更富厚些。他所求的是新变。他研究历代诗的利病，将作诗的规矩得失，指示给后学，教他们知道路子，自己去创造，

① 以上参用胡小石《中国文学史》（上海人文社版）说。
② 《水谷夜行寄子美圣俞》。

扬州韩绰判官》等作品，都可见其才华横溢。

⑮ 在宋代初年，杨亿、刘筠、钱惟演等人学习李商隐的风格创作诗歌，编成《西昆酬唱集》，世称"西昆体"。西昆体片面学习李商隐作品绮丽的辞藻和繁富的典故，却没有多少实际内容。所以虽然一时间大为流行，却被后世所轻视。

苏轼（1037—1101），字子瞻，号东坡居士，眉山（今四川眉山）人。他父亲苏洵、弟弟苏辙也都是当时的著名作家，和他一起并称"三苏"。在文学创作上，他各种体裁都很精通，诗、词、文都取得了卓越的成就。

苏轼在党争之中命运多舛，多次被贬谪，甚至在"乌台诗案"中差点丢了性命。但是他并不因此消沉，逆境反而使他对于社会和人生的理解更加深刻，使他的诗歌艺术达到了更高的境界。他的诗豪迈雄放，境界阔大，比喻新奇，辞采壮丽，用典精妙。从这些诗歌中，我们可以看到苏轼智慧的心灵、广博的学识和旷达潇洒的人生态度。有许多诗歌，如《题西林壁》《和子由渑池怀旧》《饮湖上初晴后雨》等，在优美的意象中表现了对世界的哲学思考，正是宋诗重理趣的杰出代表。

清代赵翼在《瓯北诗话》里对苏轼的诗给予了很高的评价："以文为诗，自昌黎始；至东坡益大放厥词，别开生面，成一代之大观。……天生健笔一枝，爽如哀梨，快如并剪，有必达之隐，无难显之情，此所以继李、杜后为一大家也。"

⑯ 黄庭坚（1045—1105），字鲁直，号山谷道人，是苏门四学士之一，与苏轼并称"苏黄"。他的诗努力求新求变，章法曲折，声律奇峭，号称"山谷体"。他喜欢指点青年诗人学习写诗，指出先要多读前人的作品，学习炼字、造句、谋篇的技巧，然后再力求突破这些技巧，进入一种自由创作的状态，形成自己的风格。他还提出"夺胎换骨""点铁成金"的理论，提倡积极学习前人作诗的思路，借鉴前人的语言艺术。

黄庭坚和陈师道（1053—1102）等人都推崇杜甫。以他们为核心的诗派，因为成员大多是江南西路人，所以被称为"江西诗派"。江西诗派有"一祖三宗"之说，一祖就是发展到变化不测的地步。所以能够独开一派。他不但创新，还主张点化陈腐以为新；创新需要大才，点化陈腐，中才都可勉力作去。他不但能够"以故为新"，并且能够"以俗为雅"。其实宋诗都可以说是如此，不过他开始有意的运用这两个原则罢了。他的成就尤其在七言律上；组织固然更精密，音调也谐中有拗，使每个字都斩绝的站在纸面上，不至于随口滑过去。❶

南宋的三大诗家都是从江西派变化出来的。杨万里为人有气节；他的诗常常变格调。写景最工；新鲜活泼的譬喻，层见叠出，而且不碎不僻，能从大处下手。写人的情意，也能铺叙纤悉，曲尽其妙；所谓"笔端有口，句中有眼"①。他作诗只是自然流出，可是一句一转，一转一意；所以只觉得熟，不觉得滑。不过就全诗而论，范围究竟狭窄些。范成大是个达官。他是个自然诗人，清新中兼有拗峭。陆游是个爱君爱国的诗人。吴之振《宋诗钞》说他学杜而能得杜的心。他的诗有两种：一种是感激豪宕，沉郁深婉之作，一种是流连光景，清新刻露之作。他作诗也重真率，轻"藻绘"，所谓"文章本天成，妙手偶得之"②。他活到八十五岁，诗有万首；最熟于诗律，七言律尤为擅长。——宋人的七言律实在比唐人进步。❷

向来论诗的对于唐以前的五言古诗，大概推尊，以为是诗的正宗；唐以后的五言古诗，却说是变格，价值差些，可还是诗。诗以"吟咏情性"③，该是"温柔敦厚"的。按这个界说，齐、梁、陈、隋的五言古诗其实也不够格，因为题材太小，声调太软，算不得"敦厚"。七言歌行及近体成立于唐代，却只能以唐代为正宗。宋诗议论多，又一味刻画，

① 周必大跋杨诚斋诗语。
② 陆游《文章诗》。
③ 《诗大序》。

杜甫，三宗就是黄庭坚、陈师道、陈与义（1090—1139）。江西派后期重要的理论家是吕本中（1084—1145），他提出"活法"理论，强调摆脱既有的规矩、理论，而追求变化和创新。

⑰ 南宋的陆游、杨万里、范成大、尤袤，并称"中兴四大诗人"。如果不算尤袤，就是朱自清所说的"南宋三大诗家"。

杨万里（1127—1206），字廷秀，号诚斋。他的诗歌主要描写自然景色和日常生活，活泼而有情趣，被称为"诚斋体"，代表作有《小池》《晓出净慈寺送林子方》等。

范成大（1126—1193），字致能，号石湖居士。他曾经出使金国，写有《州桥》等爱国诗篇。晚年退隐苏州石湖，写了《四时田园杂兴》等田园诗，风格自然清新。

陆游（1125—1210），字务观，号放翁，南宋杰出的爱国诗人。按照朱自清的说法，他的诗有两种：一种是感激豪宕，沉郁深婉之作；一种是流连光景，清新刻露之作。前一种如《秋夜将晓出篱门迎凉有感》《关山月》《书愤》等篇，突出地表达了他对宋朝失去北边半壁江山的痛惜、对统治者求和苟安的愤怒和愿意以身许国、匡复中原的壮志。后一种是一些闲适诗，如《游山西村》《临安春雨初霁》，写得优美动人。

⑱ 诗歌一直在发展，但是到了唐代，各方面都发展到了高峰，题材也都挖掘得差不多了。唐诗对于宋代人来说，既是一个取之不尽的宝库，又是一座难以逾越的高山。为了在唐诗以外独辟蹊径，求新求变，宋人费尽了心思。他们多写日常平凡琐碎的生活，开拓诗歌题材；追求平淡，追求理趣，在风格上与唐诗有所区别；情感相对内敛，不如唐诗那么张扬；文字表达也常常追求生新，不落唐人窠臼。

虽然宋诗总体上不如唐诗那么精彩，但是由于宋代诗人的努力，终于使得宋诗在唐诗之外另立一座山峰，形成双峰并峙的局面。后来的诗歌，很难再跳出唐宋的藩篱再起新峰，只能在宗唐、宗宋之间做选择。倒是新兴起的文学体裁——词，成为了宋朝的代表性文体，也获得了堪与唐诗媲美的艺术成就。

多用俗语，拗折声调。他们说这只是押韵的文，不是诗。但是推尊宋诗的却以为天下事物穷则变，变则通，诗也是如此。变是创新，是增扩，也就是进步。若不容许变，那就只有模拟，甚至只有钞袭；那种"优孟衣冠"，甚至土偶木人，又有什么意义可言！即如模拟所谓盛唐诗的，末流往往只剩了空廓的架格和浮滑的声调；要是再不变，诗道岂不真穷了？所以诗的界说应该随时扩展；"吟咏情性""温柔敦厚"诸语，也当因历代的诗辞而调整原语的意义。诗毕竟是诗，无论如何的扩展与调整，总不会与文混合为一的。诗体正变说起于宋代，唐、宋分界说起于明代；其实历代诗各有胜场也各有短处，只要知道新、变，便是进步，这些争论是都不成问题的。❸

【补充参考书目】

【清】沈德潜选，周明校注《古诗源校注》，商务印书馆，2021年。

余冠英选注《汉魏六朝诗选》，中华书局，2012年。

邬国平选注《汉魏六朝诗选》，上海古籍出版社，2005年。

曹道衡选注《两汉诗选》，商务印书馆，2022年。

余冠英选注《乐府诗选》，中华书局，2012年。

曹道衡选注《乐府诗选》，人民文学出版社，2017年第2版。

【清】蘅塘退士编选，张忠纲评注《唐诗三百首》，中华书局，2019年。

【清】蘅塘退士编选，人民文学出版社编辑部注释《唐诗三百首》，人民文学出版社，2021年。

【清】蘅塘退士编选，金性尧注释，金文男辑评《唐诗三百首新注（附辑评）》，上海古籍出版社，2014年。

顾青编撰《唐诗三百首（名家集评本）》，中华书局，2005年。

马茂元选注《唐诗选》，上海古籍出版社，2017年。

马茂元、赵昌平选注《唐诗三百首新编》，商务印书馆，2020年。

葛兆光《唐诗选注》，中华书局，2018年。

钱锺书选注《宋诗选注》，人民文学出版社，2018年。

金性尧选注《宋诗三百首》，北京联合出版公司，2017年。

李梦生《宋诗三百首全解》，复旦大学出版社，2019年。

张丽敏注《千家诗》，中华书局，2012年。

谷一然评注《千家诗》，人民文学出版社，2021年。

陆侃如、冯沅君《中国诗史》，山东大学出版社，2009年。

王力《汉语诗律学》，中华书局，2021年第2版。

王力《诗词格律》，中华书局，2018年。

【思考题】

1. 请简单描述一下从汉代到宋代中国诗歌发展的大致过程。

2. 请谈谈什么是格律诗,它和古体诗有什么不同。

3. 中国古代的诗人,你最喜欢读哪一位的作品,为什么?

商王武丁时期"有出虹自北饮于河"刻辞卜骨，中
国国家博物馆藏。

❶　这个专题写"文"的发展史。朱自清具有宽广的视野，把许多文体都纳入了
"文"的范围。对于完全不属于文章范围的小说，他也从文字表达的角度加以论述，甚
至把佛经译文、义疏等体裁都囊括了进来，这是一般文学史家不曾注意到的。

文第十三 ❶

　　现存的中国最早的文，是商代的卜辞。这只算是些句子，很少有一章一节的。后来《周易》卦爻辞和《鲁春秋》也是如此，不过经卜官和史官按着卦爻与年月的顺序编纂起来，比卜辞显得整齐些罢了。便是这样，王安石还说《鲁春秋》是"断烂朝报"①。所谓"断"，正是不成片段，不成章节的意思。卜辞的简略大概是工具的缘故；在脆而狭的甲骨上用刀笔刻字，自然不得不如此。卦爻辞和《鲁春秋》似乎没有能够跳出卜辞的氛围去；虽然写在竹木简上，自由比较多，却依然只跟着卜辞走。《尚书》就不同了。"虞夏书"大概是后人追记，而且大部分是战国末年的追记，可以不论；但那几篇"商书"，即使有些是追记，也总在商周之间。那不但有章节，并且成了篇，足以代表当时史的发展，就是叙述文的发展。而议论文也在这里面见了源头。卜辞是"辞"，《尚书》里大部分也是"辞"。这些都是官文书。

　　记言记事的辞之外，还有讼辞。打官司的时候，原被告的口供都叫

---

　　① 　宋周麟之跋孙觉《春秋经解》引王语。"朝报"相当于现在的政府公报。

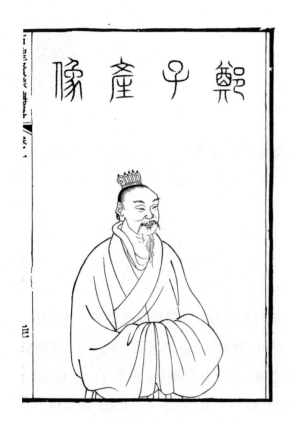

子产像。图片采自〔清〕顾沅辑录、孔莲卿绘《古圣贤像传略》，清道光十年(1830)刊本，中国国家图书馆藏。

❷　子产，是郑国的公孙氏，名侨，字子产。他是春秋时期郑国著名的贤臣，把郑国的内政外交都打理得很好。他在外交上娴于辞命，朱自清举的例子，见于《左传》襄公二十五年。

因为陈国曾经会同楚国伐郑，所以郑国在前548年讨伐陈国，打进了陈国的首都，迫使其屈服。郑国的子产到中原霸主晋国那里去献捷，也就是献上这次伐陈的战利品，希望讨伐行动获得晋国的认可。晋国人质问：陈国有什么罪？子产说了一大通历史，历数周朝对陈国的大德，郑国对陈国的大恩，接着说陈国投靠楚国，恩将仇报，进攻郑国，所以郑国才会攻打陈国。

接下来的问答，更加精彩：

晋人曰："何故侵小？"对曰："先王之命，唯罪所在，各致其辟。且昔天子之地一圻，列国一同，自是以衰。今大国多数圻矣，若无侵小，何以至焉？"晋人曰：

作"辞";辞原是"讼"的意思①,是辩解的言语。这种辞关系两造的利害很大,两造都得用心陈说;审判官也得用心听,他得公平的听两面儿的。这种辞也兼有叙述和议论;两造自己办不了,可以请教讼师。这至少是周代的情形。春秋时候,列国交际频繁,外交的言语关系国体和国家的利害更大,不用说更需慎重了。这也称为"辞",又称为"命",又合称为"辞命"或"辞令"。郑子产便是个善于辞命的人。郑是个小国,他办外交,却能教大国折服,便靠他的辞命。他的辞引古为证,宛转而有理,他的态度却坚强不屈。孔子赞美他的辞,更赞美他的"慎辞"。②孔子说当时郑国的辞命,子产先教裨谌创意起草,交给世叔审查,再教行人子羽修改,末了儿他再加润色。③他的确是很慎重的。辞命得"顺",就是宛转而有理;还得"文",就是引古为证。❷

　　孔子很注意辞命,他觉得这不是件易事,所以自己谦虚的说是办不了。但教学生却有这一科;他称赞宰我子贡,擅长言语④,"言语"就是"辞命"。那时候言文似乎是合一的。辞多指说出的言语,命多指写出的言语;但也可以兼指。各国派使臣,有时只口头指示策略,有时预备下稿子让他带着走。这都是命。使臣受了命,到时候总还得随机应变,自己想说话;因为许多情形是没法预料的。—— 当时言语,方言之外有"雅言"。"雅言"就是"夏言",是当时的京话或官话。孔子讲学似乎就用雅言,不用鲁语。⑤卜、《尚书》和辞命,大概都是历代的雅言。讼辞也许不同些。雅言用的既多,所以每字都能写出,而写出的和说出的雅言,

---

① 《说文》辛部。

② 均见《左传》襄公二十五年。

③ 《论语·宪问》。

④ 《论语·先进》。

⑤ 《论语·述而》:"子所雅言:《诗》、《书》、执礼,皆雅言也。"这里用刘宝楠《论语正义》的解释。

"何故戎服？"对曰："我先君武、庄为平、桓卿士。城濮之役，文公布命曰：'各复旧职。'命我文公戎服辅王，以授楚捷。不敢废王命故也。"士庄伯不能诘，复于赵文子。文子曰："其辞顺。犯顺，不祥。"乃受之。（《左传》襄公二十五年）

译解：

晋国人接着质问："你们为什么进攻小国？"子产回答说："先王有命令，只要有罪，就要给予惩罚。而且从前天子地方千里，各诸侯国中，公侯的地方百里，其余的伯、子、男等，按照爵位的次序，逐渐变小。现在大国的领土往往达到方圆数千里，如果没有侵犯小国，怎么能够有这么多土地呢？"言下之意是，你们晋国有今天这么大土地，不知道是吞并了多少小国的结果，你们有什么脸来质问我们进攻小国？

晋国人果然语塞，没法在这个问题上继续纠缠下去，就转而又问："你为什么穿着军服来献捷？"子产回答："我们郑国的先君武公、庄公为平王、桓王的卿士。在城濮之战中，贵国的先君晋文公发布命令说：'你们各自恢复原来的职务。'命令我国的先君郑文公穿着军装辅佐周王，接受击败楚国后献上的楚国俘虏。我这一次也同样穿上军服来献捷，这是因为不敢废弃周王的命令。"

晋国大夫士庄伯（士弱）无法继续诘问下去，于是就把谈话的内容向执政大臣赵文子（赵武）作了汇报。赵武听后，说："子产的辞命很顺。如果我们违背了这种'顺'，那是不祥的。"于是接受了郑国献上的战利品，认可了郑国讨伐陈国行动的合理性。

赵武所说的"顺"，就是顺理成章、符合情理。子产的回答，不卑不亢，有理有据，引用史事，暗藏机锋，令晋国人折服，是辞命的典范。所以孔子对此赞美有加：

仲尼曰："志有之：'言以足志，文以足言。'不言，谁知其志？言之无文，行而不远。晋为伯，郑入陈，非文辞不为功。慎辞哉！"（《左传》襄公二十五年）

译文：

孔子说："《志》上有这样的话：'言语用来表达心志，文采用来修饰语言。'如果不说话，谁能够知道他的心志？言辞没有文采，是传播不了多远的。晋国成为霸主，郑国攻入陈国，如果没有文采斐然的辞令，也是不会成功的。要慎重地使用言辞啊！"

大体上是一致的。孔子说"辞"只要"达"就成。①辞是辞命,"达"是明白,辞多了像背书,少了说不明白,多少要恰如其分。②辞命的重要,代表议论文的发展。

战国时代,游说之风大盛。游士立谈可以取卿相,所以最重说辞。他们的说辞却不像春秋的辞命那样从容宛转了。他们铺张局势,滔滔不绝,真像背书似的;他们的话,像天花乱坠,有时夸饰,有时诡曲,不问是非,只图激动人主的心。那时最重辩。墨子是第一个注意辩论方法的人,他主张"言必有三表"。"三表"是"上本之于古者圣王之事","下原察百姓耳目之实","废(发)以为刑政,观其中国家百姓人民之利";③便是三个标准。不过他究竟是个注重功利的人,不大喜欢文饰,"恐人怀其文,忘其'用'",所以楚王说他"言多不辩"。④——后来有了专以辩论为事的"辩者",墨家这才更发展了他们的辩论方法,所谓《墨经》便成于那班墨家的手里。——儒家的孟、荀也重辩。孟子说,"予岂好辩哉?予不得已也!"⑤荀子也说,"君子必辩。"⑥这些都是游士的影响。但道家的老、庄,法家的韩非,却不重辩。《老子》里说,"信言不美,美言不信",⑦"老学"所重的是自然。《庄子》里说,"大辩不言",⑧"庄学"所要的是神秘。韩非也注重功利,主张以法禁辩,说辩"生于上之不明"。⑨后来儒家作《易·文言传》,也道:"君子进德修业。忠信,所

---

① 《论语·卫灵公》:"子曰:'辞达而已矣。'"

② 《仪礼·聘礼》:"辞多则史,少则不达,辞苟足以达,义之至也。"

③ 《非命》上。

④ 《韩非子·外储说左上》。

⑤ 《滕文公》下。

⑥ 《非相篇》。

⑦ 八十一章。

⑧ 《齐物论》。

⑨ 《问辩》。

❸ 《论语》是语录体，只是记录了孔子及弟子言行的一些片段，但是文字含蓄隽永，雍容大度，有些段落也不乏深厚的情感和形象性。

《论语》中关于孔子主张"慎言"，痛恨"巧言"和"利口"的原文如下：

> 子曰："多闻阙疑，慎言其余，则寡尤；多见阙殆，慎行其余，则寡悔。言寡尤，行寡悔，禄在其中矣。"（《为政》）
>
> 子曰："巧言令色，鲜矣仁。"（《学而》《阳货》）
>
> 子曰："巧言、令色、足恭，左丘明耻之，丘亦耻之。"（《公冶长》）
>
> 子曰："恶紫之夺朱也，恶郑声之乱雅乐也，恶利口之覆邦家者。"（《阳货》）

《孟子》仍然是语录体，但是已经有了整段整篇的说理了。孟子很善于辩论，喜欢用逻辑推理，又很长于譬喻，比如："民之归仁也，犹水之就下，兽之走圹也。"（《离娄上》）又如："以若所为，求若所欲，犹缘木而求鱼也。"（《梁惠王上》）都非常富于形象性。《孟子》充满了一种至大至刚、莫之能御的"浩然之气"，这是一种长期修养而获得的巨大的人格力量。孟子藐视权贵，鄙夷贪欲，充满了道德的自信。"自反而不缩，虽褐宽博，吾不惴焉；自反而缩，虽千万人，吾往矣。"（《公孙丑上》）这种气势磅礴的感情力量极大地加强了《孟子》散文的说服力。

《墨子》特别注重逻辑性，逻辑非常严密，但是质朴无华，缺乏文采，文学性不是很强。

《荀子》和《韩非子》是战国后期的作品，是议论文成熟的代表。《荀子》擅长论辩，喜欢长篇大论，畅所欲言。行文缜密，设譬巧妙，还喜欢用大量的排比句法，以增加文章的气势。而且全书各部分互相呼应，形成一个完整的理论系统。《韩非子》语言简洁有力，文风犀利冷峻，善于分析，逻辑非常严密。

在诸子书中，最有韵律的是《老子》，凝练传神而又饱含着情感和诗意，从表现形式上来看，接近于今天的散文诗。文中采用了大量的排比、对偶句式，规整之中富于变化，读来琅琅上口，文气贯通而又不乏跌宕回环之美。我们不妨引用其中两章为例：

> 五色令人目盲，五音令人耳聋，五味令人口爽，驰骋畋猎令人心发狂，难得

以进德也；修辞立其诚，所以居业也。"这不但是在暗暗的批评着游士好辩的风气，恐怕还在暗暗的批评着后来称为名家的"辩者"呢。《文言传》旧传是孔子所作，不足信；但这几句话和"辞达"论倒是合拍的。

孔子开了私人讲学的风气，从此也便有了私家的著作。第一种私家著作是《论语》，却不是孔子自作而是他的弟子们记的他的说话。诸子书大概多是弟子们及后学者所记，自作的极少。《论语》以记言为主，所记的多是很简单的。孔子主张"慎言"，痛恨"巧言"和"利口"；他向弟子们说话，大概是很质直的，弟子们体念他的意思，也只简单的记出。到了墨子和孟子，可就铺排得多。《墨子》大约也是弟子们所记。《孟子》据说是孟子晚年和他的弟子公孙丑、万章等编定的，可也是弟子们记言的体制。那时是个"好辩"的时代。墨子虽不好辩，却也脱不了时代影响。孟子本是个好辩的人。记言体制的恢张，也是自然的趋势。这种记言是直接的对话。由对话而发展为独白，便是"论"。初期的论，言意浑括，《老子》可为代表；后来的《墨经》，《韩非子·储说》的经，《管子》的《经言》，都是这体制。再进一步，便是恢张的论，《庄子·齐物论》等篇以及《荀子》《韩非子》《管子》的一部分，都是的。——群经诸子书里常常夹着一些韵句，大概是为了强调。后世的文也偶尔有这种例子。中国的有韵文和无韵文的界限，是并不怎样严格的。❸

还有一种"寓言"，借着神话或历史故事来抒论。《庄子》多用神话，《韩非子》多用历史故事：《庄子》有些神仙家言，《韩非子》是继承《庄子》的寓言而加以变化。战国游士的说辞也好用譬喻。譬喻成了风气；这开了后来辞赋的路。论是进步的体制，但还只以篇为单位，"书"的观念还没有。直到《吕氏春秋》，才成了第一部有系统的书。①这部书成

①　上节及本节参用傅斯年《战国文籍中之篇式书体》(《中央研究院语言历史研究所集刊》第一本第二分)说。

之货令人行妨。是以圣人为腹不为目，故去彼取此。（第十二章）

知其雄，守其雌，为天下溪。为天下溪，常德不离，复归于婴儿。知其白，守其黑，为天下式。为天下式，常德不忒，复归于无极。知其荣，守其辱，为天下谷。为天下谷，常德乃足，复归于朴。朴散则为器，圣人用之则为官长。故大制不割。（第二十八章）

❹ 《庄子》一书，充满了浪漫主义精神，是先秦诸子散文里文学性最强的一部。它大量地运用寓言，《天下》篇里自称："以卮言为曼衍，以重言为真，以寓言为广。""三言"之中，"寓言十九"（《寓言》）。《庄子》寓言多用神话，表现出非凡的想象力，奇幻夸张，恢诡谲怪。如《逍遥游》篇里的几千里大的鲲鹏，"怒而飞，其翼若垂天之云"，《至乐》篇里的骷髅论道，《齐物论》篇里的庄周梦蝶，就都是极其精彩的例子。另外还有"庖丁解牛""朝三暮四""相濡以沫""螳臂当车""望洋兴叹""邯郸学步"等寓言故事，造就了许多今天人们耳熟能详的成语。寓言的使用，使逻辑思维形象化了，使深邃的哲理变得充满趣味，让读者自己去体会，去领悟。《庄子》文辞华美，汪洋恣肆，节奏鲜明，富有诗意，让人读来有酣畅淋漓之感。

韩非子开始有意识地系统收集、创作寓言，并将之分门别类。《韩非子》一书中的《内储说》《外储说》《说林》《喻老》《十过》诸篇，都是寓言故事专集。这些寓言往往形象生动，深刻幽默，如"守株待兔""自相矛盾""滥竽充数""郑人买履""买椟还珠""老马识途"等等，都已经成为脍炙人口的典故了。

《战国策》是记录战国时代的谋臣策士的纵横议论和谋略说辞的。这些人要让各国君主采纳自己的意见，就必须想办法让自己的语言富于吸引力、煽动性和说服力。所以《战国策》的文章风格都很夸张，善于渲染和比喻，还用了许多的寓言故事来加强说服力，由此形成了许多成语，如"鹬蚌相争""亡羊补牢""狐假虎威""惊弓之鸟"等。

❺ 《左传》虽然是史学著作，却有极高的文学成就。叙事写人，行人辞令，以及

于吕不韦的门客之手，有十二纪、八览、六论，共三十多万字。十二代表十二月，八是卦数，六是秦代的圣数；这些数目是本书的间架，是外在的系统，并非逻辑的秩序，汉代刘安主编《淮南子》，才按照逻辑的秩序，结构就严密多了。自从有了私家著作，学术日渐平民化。著作越来越多，流传也越来越广。"雅言"便成了凝定的文体了。后世大体采用，言文渐渐分离。战国末期，"雅言"之外原还有齐语楚语两种有势力的方言。①但是齐语只在《春秋公羊传》里留下一些，楚语只在屈原的"辞"里留下几个助词如"羌""些"等；这些都让"雅言"压倒了。❹

伴随着议论文的发展，记事文也有了长足的进步。这里《春秋左氏传》是一座里程碑。在前有分国记言的《国语》，《左传》从它里面取材很多。那是铺排的记言，一面以《尚书》为范本，一面让当时记言体恢张的趋势推动着，成了这部书。其中自然免不了记事的文字；《左传》便从这里出发，将那恢张的趋势表现在记事文里。那时游士的说辞也有人分国记载，也是铺排的记言，后来成为《战国策》那部书。《左传》是说明《春秋》的，是中国第一部编年史。它最长于战争的记载；它能够将千头万绪的战事叙得层次分明，它的描写更是栩栩如生。它的记言也异曲同工，不过不算独创罢了。它可还算不得一部有自己的系统的书；它的顺序是依着《春秋》的。《春秋》的编年并不是自觉的系统，而且"断如复断"，也不成一部"书"。❺

汉代司马迁的《史记》才是第一部有自己的系统的史书。他创造了"纪传"的体制。他的书包括十二本纪、十表、八书、三十世家、七十列传，共五十多万字。十二是十二月，是地支，十是天干，八是卦数，

夹杂在其中的少量议论，精彩之处时时可见。描写战争尤其出色，场面宏大，结构谨严，条理清晰，叙述错落有致。《左传》语言简洁精练，富于形象性，具有极强的表达力，典型的例句有："邢迁如归，卫国忘亡。"（闵公二年）"室如县罄，野无青草。"（僖公二十六年）"师人多寒，王巡三军，拊而勉之。三军之士皆如挟纩。"（宣公十二年）描写的许多人物，都具有鲜明、丰富而复杂的性格特征，如晋文公重耳、先轸、申公巫臣、楚灵王等，都是典型的例子。这对于后世小说的人物刻画有很大的启示。

❻ 人物传记是《史记》里最有文学价值的部分。司马迁具有非凡的叙事才能，历史的千头万绪，他都可以条分缕析、要言不烦地写得清清楚楚，对史料的剪裁、轻重缓急、详略处理也都很精到。他非常善于场面描写，如写荆轲刺秦王的惊心动魄（《刺客列传》），写鸿门宴的剑拔弩张（《项羽本纪》），都非常扣人心弦。写楚汉战争的规模宏大，残酷激烈："汉军却，为楚所挤，多杀，汉卒十余万人皆入睢水，睢水为之不流。"（《项羽本纪》）语句虽短，却极具震撼力。司马迁笔下的人物形象生动鲜明，富有个性和丰富性。如信陵君的礼贤下士，范雎的恩怨必报，刘邦的雄才大略与流氓无赖，灌夫的骂座使气，众刺客的"士为知己者死"，都写得非常鲜活，跃然纸上。又用"互见法"，将一个重要人物的事迹分散在几篇中来写。如对项羽的描写就是这样。在《项羽本纪》中，突出其优点，写出其盖世英雄的气概；但是在《淮阴侯列传》中，借韩信之口，又道出了他的缺陷。这样，人物形象完整了，而各篇的重点又都得以突出。在每篇末，都用"太史公曰"对历史人物作出精确的评价，充分体现了司马迁过人的史识。《史记》以其在叙事写人方面的卓越成就，滋养了后来无数的史传文学著作和小说、戏剧，鲁迅将之誉为"史家之绝唱，无韵之《离骚》"（《汉文学史纲要》），是毫不过誉的。

❼ 骈文从辞赋中来，起源于东汉，魏晋以后逐渐发展，到南北朝时达到全盛。因为它的句子讲究对仗，所以叫"骈文""骈俪文"。所谓"骈"，就是两匹马并排的意思。所谓"俪"，就是成双成对，经常指夫妇。又因其常用四字句、六字句，故也称"四六文"

三十取《老子》"三十辐共一毂"的意思，表示那些"辅弼股肱之臣""忠信行道以奉主上"①；七十表示人寿之大齐，因为列传是记载人物的。这也是用数目的哲学作系统，并非逻辑的秩序，和《吕氏春秋》一样。这部书"厥协《六经》异传，整齐百家杂语"，以剪裁与组织见长。但是它的文字最大的贡献，还在描写人物。左氏只是描写事，司马迁进一步描写人；写人更需要精细的观察和选择，比较的更难些。班彪论《史记》"善叙事理，辨而不华，质而不野，文质相称"，②这是说司马迁行文委曲自然。他写人也是如此。他又往往即事寓情，低徊不尽；他的悲愤的襟怀，常流露在字里行间。明代茅坤称他"出风入骚"③，是不错的。❻

汉武帝时候，盛行辞赋；后世说"楚辞汉赋"，真的，汉代简直可以说是赋的时代。所有的作家几乎都是赋的作家。赋既有这样压倒的势力，一切的文体，自然都受它的影响。赋的特色是铺张、排偶、用典故。西汉记事记言，都还用散行的文字，语意大抵简明；东汉就在散行里夹排偶，汉魏之际，排偶更甚。西汉的赋，虽用排偶，却还重自然，并不力求工整；东汉到魏，越来越工整，典故也越用越多。西汉普通文字，句子很短，最短有两个字的。东汉的句子，便长起来，最短的是四个字；魏代更长，往往用上四下六或上六下四的两句以完一意。所谓"骈文"或"骈体"，便这样开始发展。骈体出于辞赋，夹带着不少的抒情的成分；而句读整齐，对偶工丽，可以悦目，声调和谐，又可悦耳，也都助人情韵。因此能够投人所好，成功了不废的体制。❼

梁昭明太子在《文选》里第一次提出"文"的标准，可以说是骈体发

---

① 《史记·自序》。
② 《后汉书·班彪传》。
③ 《史记评林》总评。

或"骈四俪六"。因为对仗工整，音韵和谐，再加上辞藻美丽，注重用典，骈文在追求外在形式美方面达到了较高程度，所以逐渐为人们所喜爱，在南朝时风靡整个社会。当时的文章，除了一部分奏疏论议和史学著作以外，几乎全都是骈文。刘勰的文学理论著作《文心雕龙》也是用骈文写成的。

当时的赋也多采用骈体的写法，骈文与赋分不太清楚，所以也可称作"骈赋""俳赋"。众多的名作，如鲍照的《芜城赋》、江淹的《恨赋》《别赋》、谢庄的《月赋》、庾信的《哀江南赋》《春赋》等等，就都可以算作骈赋。

骈文注重形式技巧，讲究声韵格律，追求文采藻饰，对于汉语之美做了深入的挖掘，有其积极意义。但是走到极端，就会变成形式主义，只注重外表好看，雕章琢句，却不注重思想内容。骈四俪六的格式也容易束缚内容的表达，许多作品较为空洞，华而不实。这是骈文很常见的弊病。

较好的骈文作品有梁代丘迟的《与陈伯之书》，是劝说投降了北魏的陈伯之再归降梁朝，陈伯之果然率兵八千来降。还有些短篇的写景骈文写得隽秀清新，如陶弘景的《答谢中书书》、吴均的《与朱元思书》等。

骈体文诞生后，就展现出与散体文完全不同的风貌。此后骈文、散文对称，成为中国文章的两种主要形式。

到了唐朝，骈文仍然很盛行。如唐初王勃的骈文名作《滕王阁序》。

❽　南梁的昭明太子萧统（501—531）编选了一部《文选》，是我国现存最早的一部诗文总集。萧统在《文选序》中说了自己编选的标准，经、史、子及策士言辞基本上都不选。但是史传中的"序述""赞论"等部分，"事出于沉思，义归乎翰藻"，也有深刻的艺术构思和美丽的辞藻，是可以编选采录的。可见萧统对于整部《文选》的编选标准就是"事出于沉思，义归乎翰藻"。这充分体现了当时文学的独立意识。《文选》的"文"，并不是我们今天理解的"文章"，而是包括了诗、赋的。

萧统的弟弟、梁元帝萧绎（508—555）也是一个文学理论家，他在《金楼子·立言展的指路牌。他不选经子史，也不选"辞"。经太尊，不可选；史"褒贬是非，纪别异同"，不算"文"；子"以立意为宗，不以能文为本"；"辞"是子史的支流，也都不算"文"。他所选的只是"事出于沉思，义归乎翰藻"之作。"事"是"事类"，就是典故；"翰藻"兼指典故和譬喻。典故用得好的，譬喻用得好的，他才选在他的书里。这种作品好像各种乐器，"并为入耳之娱"，好像各种绣衣，"俱为悦目之玩"。这是"文"，和经子史及"辞"的作用不同，性质自异。后来梁元帝又说："吟咏风谣，流连哀思者谓之文。""文者，惟须绮縠纷披，宫徵靡曼，唇吻遒会，情灵摇荡。"①这是说，用典故、有对偶、谐声调的抒情作品才叫作"文"呢。这种"文"大体上专指诗赋和骈体而言；但应用的骈体如章奏等，却不算在里头。汉代本已称诗赋为"文"，而以"文辞"或"文章"称记言、记事之作。骈体原也是些记言、记事之作，这时候却被提出一部分来，与诗赋并列在"文"的尊称之下，真是"附庸蔚为大国"了。❽

　　这时有两种新文体发展。一是佛典的翻译，一是群经的义疏。佛典翻译从前不是太直，便是太华；太直的不好懂，太华的简直是魏晋人讲老庄之学的文字，不见新义。这些译笔都不能做到"达"的地步。东晋时候，后秦主姚兴聘龟兹僧鸠摩罗什为国师，主持译事。他兼通华语及西域语；所译诸书，一面曲从华语，一面不失本旨。他的译笔可也不完全华化，往往有"天然西域之语趣"②；他介绍的"西域之语趣"是华语所能容纳的，所以觉得"天然"。新文体这样成立在他的手里。但他的翻译虽能"达"，却还不能尽"信"；他对原文是不太忠实的。到了唐代的玄奘，更求精确，才能"信""达"兼尽，集佛典翻译的大成。这种新文体一面增扩了国语的词汇，也增扩了国语的句式。词汇的增扩，影响

---

　　①　《金楼子·立言篇》。

　　②　宋赞宁论罗什所译《法华经》语，见《宋高僧传》卷三。

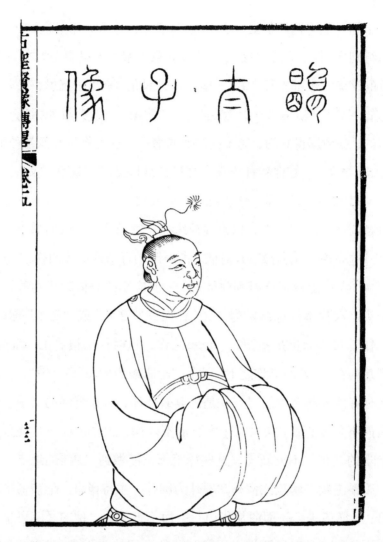

萧统像。图片采自〔清〕顾沅辑录、孔莲卿绘《古圣贤像传略》，清道光
十年（1830）刊本，中国国家图书馆藏。

篇》里说："吟咏风谣，流连哀思者谓之文。"指出"文"的抒情特质。又说："文者，惟
须绮縠纷披，宫徵靡曼，唇吻道会，情灵摇荡。"绮縠，是精美的丝织品，比喻辞藻。
纷披，形容文采繁富。宫徵靡曼，指作品的音节动听。唇吻道会，是描绘"吟咏风谣"
的情态。道会，就是聚会。情灵摇荡，也还是强调"文"的抒情性，足以动人心魄。

最大而易见，如现在口语里还用着的"因果""忏悔""刹那"等词，便都是佛典的译语。句式的增扩，直接的影响比较小些，但像文言里常用的"所以者何""何以故"等也都是佛典的译语。另一面，这种文体是"组织的，解剖的"。①这直接影响了佛教徒的注疏和"科分"之学②，间接影响了一般解经和讲学的人。

演释古人的话的有"故""解""传""注"等。用故事来说明或补充原文，叫作"故"。演释原来辞意，叫作"解"。但后来解释字句，也叫作"故"或"解"。"传"，转也，兼有"故""解"的各种意义。如《春秋左氏传》补充故事，兼阐明《春秋》辞意。《公羊传》《穀梁传》只阐明《春秋》辞意——用的是问答式的记言。《易传》推演卦爻辞的意旨，也是铺排的记言。《诗毛氏传》解释字句，并给每篇诗作小序，阐明辞意。"注"原只解释字句，但后来也有推演辞意、补充故事的。用故事来说明或补充原文，以及一般的解释辞意，大抵明白易晓。《春秋》三传和《诗毛氏传》阐明辞意，却是断章取义，甚至断句取义，所以支离破碎，无中生有。注字句的本不该有大出入，但因对于辞意的见解不同，去取字义，也有各别的标准。注辞意的出入更大。像王弼注《周易》，实在是发挥老庄的哲学；郭象注《庄子》，更是借了《庄子》发挥他自己的哲学。南北朝人作群经"义疏"，一面便是王弼等人的影响，一面也是翻译文体的间接影响。这称为"义疏"之学。

汉晋人作群经的注，注文简括，时代久了，有些便不容易通晓。南北朝人给这些注作解释，也是补充材料，或推演辞意。"义疏"便是这个。无论补充或推演，都得先解剖文义；这种解剖必然的比注文解剖经文更精细一层。这种精细的却不算是破坏的解剖，似乎是佛典翻译的影响。

---

① 梁启超《翻译文学与佛典》六之二。
② 佛教徒注释经典，分析经文的章段，称为"科分"。

❾　到了隋代，骈文的形式主义文风已经发展到了极致，只是一味地堆砌辞藻，内容却越来越空洞，引起了许多有识之士的不满。如李谔在上文帝书中说："江左齐梁，其弊弥甚……竞一韵之奇，争一字之巧。连篇累牍，不出月露之形；积案盈箱，唯是风云之状。"但是他们看到了问题，却找不到解决的办法。李谔这篇上书本身，也仍然是骈文。散文的兴起，还需要等待很长的时间。

❿　唐代萧颖士、李华、独孤及、梁肃、柳冕等人不断呼吁文体文风的改革，提倡文章复古。到了中唐，伴随着儒学复兴的思潮，韩愈、柳宗元提出"文以明道"的理论，主张除去文章中浮华空洞的形式主义的东西，写作内容充实的散体文。韩柳二人身体力行，大量写作散文，他们不仅仅是复古，而且勇于创新，将古文提高到了一个全新的艺术水准。这就是所谓韩柳"古文运动"。

韩愈痛感当时唐朝国力衰弱，藩镇割据，佛教、道教对儒家思想形成了严重挑战。而且佛教势力太大，寺庙占有大量良田，僧尼不当兵、不纳税，也大大削弱了国家的财政实力和军事实力。他想要匡救时弊，"攘斥佛老"（《进学解》），恢复儒家道统。这种经世致用的目标，需要写大量的论文来做宣传。但是，雕章琢句、形式主义的骈文是不适合畅快地表达思想、进行辩论的。所以韩愈主张恢复古文传统，来宣传儒家的大道。他说自己是"修其辞以明其道"（《争臣论》），"愈之为古文，岂独取其句读不类于今者邪？思古人而不得见，学古道则欲兼通其辞。通其辞者，本志乎古道者也。"（《题欧阳生哀辞后》）

韩愈在散文名篇《师说》中说："师者，所以传道受业解惑也。"朱自清说："他所谓'传道'，便是传尧、舜、禹、汤、文、武、周公、孔子、孟子的道；所谓'解惑'，便是排斥佛老。"前一句话是不错的，但是后一句把"解惑"仅仅理解为排斥佛（佛教）老（道教），似乎范围有点狭窄了。

韩愈长于论说，其《原道》《原毁》《论佛骨表》《师说》《讳辩》等论说文大气磅礴，笔力雄健，具有一种无坚不摧的冲击力。而《杂说》《获麟解》《进学解》《送穷文》等杂就中推演辞意的有些也只发挥老庄之学，虽然也是无中生有，却能自成片段，便比汉人的支离破碎进步。这是王弼等人的衣钵，也是魏晋以来哲学发展的表现。这是又一种新文体的分化。到了唐修《五经正义》，削去玄谈，力求切实，只以疏明注义为重。解剖字句的功夫，至此而极详。宋人所谓"注疏"的文体，便成立在这时代。后来清代的精详的考证文，就是从这里变化出来的。

不过佛典只是佛典，义疏只是义疏，当时没有人将这些当作"文"的。"文"只用来称"沉思翰藻"的作品。但"沉思翰藻"的"文"，渐渐有人嫌"浮""艳"了。"浮"是不直说，不简截说的意思。"艳"正是隋代李谔上文帝书中所指斥的："连篇累牍，不出月露之形；积案盈箱，唯是风云之状。"那时北周的苏绰是首先提倡复古的人，李谔等纷纷响应。但是他们都没有找到路子，死板的模仿古人到底是行不通的。唐初，陈子昂提倡改革文体，和者尚少。到了中叶，才有一班人"宪章六艺，能探古人述作之旨"①，而元结、独孤及、梁肃最著。他们作文，主于教化，力避排偶，辞取朴拙。但教化的观念，广泛难以动众，而关于文体，他们不曾积极宣扬，因此未成宗派。开宗派的是韩愈。❾

韩愈，邓州南阳（今河南南阳）人。❿唐宪宗时，他做刑部侍郎，因谏迎佛骨被贬；后来官至吏部侍郎，所以称为韩吏部。他很称赞陈子昂、元结复古的功劳，又曾请教过梁肃、独孤及。他的脾气很坏，但提携后进，最是热肠。当时人不愿为师，以避标榜之名；他却不在乎，大收其弟子。他可不愿作章句师，他说师是"传道授业解惑"的。②他实在是以文辞为教的创始者。他所谓"传道"，便是传尧、舜、禹、汤、文、武、周公、孔子、孟子的道；所谓"解惑"，便是排斥佛老。他是以继承

---

① 李舟《独孤常州集序》。

② 《师说》。

文，《送李愿归盘谷序》《送董邵南序》等序文，以及《祭十二郎文》《张中丞传后叙》等作品，都各有优长。韩愈的散文别开生面，破除了骈文的统治局面，改革了一代文风。苏轼在《潮州韩文公庙碑》中称赞韩愈是"文起八代之衰，而道济天下之溺"，他也确实当得起这个崇高的评价。

⓫   韩愈强调，一定要锤炼自己的语言，推陈出新，绝不能因袭古人。他在《南阳樊绍述墓志铭》中说："惟古于辞必己出，降而不能乃剽贼。"古人写文章，文辞一定都是自己独创的，做不到这一点，就是剽窃别人的语句。他又在《答李翊书》中说，"惟陈言之务去，戛戛乎其难哉！"写文章时，一定要把那些陈腐的套话都去掉，但是做到这一点是多么难啊！韩愈对于自造新语十分自觉，一直孜孜以求。唯有如此，才能创造新的散文语体，而不仅仅是简单地复古。正因为他对自己的要求如此之高，才能取得极高的创作成就，打开古文的新局面。

韩愈在《答李翊书》中提出了一个著名的理论："气，水也；言，浮物也。水大而物之浮者大小毕浮。气之与言犹是也，气盛则言之短长与声之高下者皆宜。"意思是说，只要文章有"气"，不管怎么写都可以，不论语句长短、声音高下，都可以。也就是说，用接近口语的散体语言来写就好了，不用再被骈文的那些对偶、音韵上的要求所束缚。

朱自清把"气"解释为"自然的语气，也就是自然的音节"，恐怕是不正确的。我们只要看看上文就可以明白。韩愈把"气"比作水，把语言比作水上浮动的东西。很明显，如果"气"是指语气、自然的音节的话，是和"言"在同一个层面上的，甚至只是语言的一个方面，是不能作为承载"言"的水的。

韩愈的"气盛言宜"理论是从孟子的文气说发展而来的。孟子所说的"浩然之气"，是在道德修养基础上培养起来的一种自信、豪迈、无所畏惧、无坚不摧的精神气质。韩愈的"气"，也是与此一脉相承，它既来源于深厚的儒家学养，也来自作家个人独特的性格和生命体验。作家一定要培养这种精神气质，并找到适合自己个性的表达方式，而不要用某一种文体的条条框框把自己锁死。

孟子自命的；他排佛老，正和孔子的距杨墨一样。当时佛老的势力极大，他敢公然排斥，而且因此触犯了皇帝。①这自然足以惊动一世。他并没有传了什么新的道，却指示了道统，给宋儒开了先路。他的重要的贡献，还在他所提倡的"古文"上。

他说他作文取法《尚书》《春秋》《左传》《周易》《诗经》以及《庄子》、《楚辞》、《史记》、扬雄、司马相如等。《文选》所不收的经子史，他都排进"文"里去。这是一个大改革、大解放。他这样建立起文统来。但他并不死板的复古，而以变古为复古。他说，"惟古于辞必己出，降而不能乃剽贼"②，又说，"惟陈言之务去，戛戛乎其难哉"③；他是在创造新语。他力求以散行的句子换去排偶的句子，句逗总弄得参参差差的。但他有他的标准，那就是"气"。他说，"气盛则言之短长与声之高下者皆宜"④；"气"就是自然的语气，也就是自然的音节。他还不能跳出那定体"雅言"的圈子而采用当时的白话；但有意的将白话的自然音节引到文里去，他是第一个人。在这一点上，所谓"古文"也是不"古"的；不过他提出"语气流畅"（气盛）这个标准，却给后进指点了一条明路。他的弟子本就不少，再加上私淑的，都往这条路上走，文体于是乎大变。这实在是新体的"古文"，宋代又称为"散文"——算成立在他的手里。⓫

柳宗元与韩愈，宋代并称；他们是好朋友。柳作文取法《书》《诗》《礼》《春秋》《易》以及《穀梁》《孟》《荀》《庄》《老》《国语》《离骚》《史记》，也将经子史排在"文"里，和韩的文统大同小异。但他不敢为师，"摧陷廓清"的劳绩，比韩差得多。他的学问见解，却在韩之上，并不

---

① 《谏佛骨表》触怒宪宗，被贬为潮州刺史。
② 樊绍述墓志铭。
③④ 《答李翊书》。

⑫   柳宗元（773—819），字子厚，祖籍河东郡，所以世称"柳河东"。他与韩愈共同发起古文运动，是著名的古文大家。他的杂文，如《骂尸虫文》《憎王孙文》等，嬉笑怒骂，痛快淋漓。《黔之驴》《蝜蝂传》等寓言，形象鲜明，立意警策，极富哲理意味。《捕蛇者说》《童区寄传》《种树郭橐驼传》等传记文，寄托遥深。《祭吕衡州温文》，真挚动人。而他最负盛名的还是山水游记。他被贬于永州期间，写了《钴鉧潭西小丘记》《小石潭记》《小石城山记》等"永州八记"，它们是真正的美文，具有极高的审美价值。

⑬   欧阳修是北宋的文坛领袖，倡导诗文革新。他不但自己创作了许多优秀的散文，还引荐和提拔了王安石、三苏、曾巩等散文家，把唐朝韩愈、柳宗元以来的古文运动重新推向高峰。他和这些人一起，与韩柳并称"唐宋八大家"。欧阳修的散文，形式多样，内容充实。他的《与高司谏书》《朋党论》等政论文，激情充沛，义正词严，有一种战斗的力量。记叙文有《醉翁亭记》《丰乐亭记》《泷冈阡表》等名作。他独力修了一部《五代史记》（即《新五代史》，后被列入正史），代表了他历史散文的成就，尤其是其中的一些序论，总结历史经验教训，表现了他深厚的学养和高明的史识。他还善于写辞赋，代表作是《秋声赋》，既保留了骈赋、律赋的一些基本形式特征，又加入了散体句式，两者结合得比较完美，读来舒朗有致，成为后人模仿的标杆。苏轼是欧阳修的接班人，在其之后成为文坛盟主，并更上层楼，成为宋代成就极高的文学家。他的古文也在充分吸收前人养分的基础上，贡献出了许多新的经典之作。苏轼从《孟子》和《战国策》中学到了雄放的气势，又从《庄子》中学到了汪洋恣肆的行文风格和奇诡的想象力。他的《贾谊论》《留侯论》《平王论》等史论文章，见解新颖独到，表现出很高的论说技巧。写景记游的散文里，《石钟山记》《记承天夜游》笔触真切，情思隽永，余味无穷。他的辞赋《赤壁赋》《后赤壁赋》骈散并用，意境优美，情、景、理交融，是堪称完美的佳篇。

经过欧、苏等古文大家的努力，古文最终战胜了骈文，成为了用途最广的文体。以古文为主、骈文为辅的文体格局由此确立下来，此后一直到清朝，都没有变化。

墨守儒言。他的文深幽精洁，最工游记；他创造了描写景物的新语。韩愈的门下有难易两派。爱易派主张新而不失自然，李翱是代表。爱难派主张新就不妨奇怪，皇甫湜是代表。当时爱难派的流传盛些。他们矫枉过正，语艰意奥，扭曲了自然的语气，自然的音节，僻涩诡异，不易读诵。所以唐末宋初，骈体文又回光返照了一下。雕琢的骈体文和僻涩的古文先后盘踞着宋初的文坛。直到欧阳修出来，才又回到韩愈与李翱，走上平正通达的古文的路。❷

　　韩愈抗颜为人师而提倡古文，形势比较难；欧阳修居高位而提倡古文，形势比较容易。明代所称唐宋八大家①，韩柳之外，六家都是宋人。欧阳修为首；以下是曾巩、王安石、苏洵和他的儿子苏轼、苏辙。曾巩、苏轼是欧阳修的门生；别的三个也都是他提拔的。他真是当时文坛的盟主。韩愈虽然开了宗派，却不曾有意的立宗派；欧苏是有意的立宗派。他们虽也提倡道，但只促进了并且扩大了古文的发展。欧文主自然。他所作纡徐曲折，而能条达疏畅，无艰难劳苦之态；最以言情见长，评者说是从《史记》脱化而出。曾学问有根柢，他的文确实而谨严；王是政治家，所作以精悍胜人。三苏长于议论，得力于《战国策》《孟子》；而苏轼才气纵横，并得力于《庄子》。他说他的文"随物赋形"，"常行于所当行，常止于不可不止"；②又说他意到笔随，无不尽之处。③这真是自然的极致了。他的文，学的人最多。南宋有"苏文熟，秀才足"的俗谚④，可见影响之大。❸

　　欧、苏以后，古文成了正宗。辞赋虽还算在古文里头，可是从辞赋

---

① 茅坤有《唐宋八大家文钞》，从此"唐宋八大家"成为定论。

② 《文说》。

③ 何薳《春渚纪闻》中东坡事实。

④ 陆游《老学庵笔记》。

〔金〕柳毅传书故事镜，辽宁省博物馆藏。

❶　唐朝的文言小说，被称为"传奇"，已经达到了很高的艺术水准。其中佳作有沈既济《任氏传》和《枕中记》、李朝威《柳毅传》、白行简《李娃传》、元稹《莺莺传》、蒋防《霍小玉传》、李公佐《南柯太守传》、陈鸿《长恨歌传》、杜光庭《虬髯客传》等。唐传奇作家已经是"有意为小说"（鲁迅《中国小说史略》），他们大量使用虚构手段，又注重细节的真实性，创作出了许多构思新奇、情节曲折的小说，文笔也精炼传神，让人印象深刻。

出来的骈体却只拿来作应用文了。骈体声调铿锵，便于宣读，又可铺张词藻不着边际，便于酬酢，作应用文是很相宜的。所以流传到现在，还没有完全死去。但中间却经过了散文化。自从唐代中叶的陆贽开始。他的奏议切实恳挚，绝不浮夸，而且明白晓畅，用笔如舌。唐末骈体的应用文专称"四六"，却更趋雕琢；宋初还是如此。转移风气的也是欧阳修。他多用虚字和长句，使骈体稍稍近于语气之自然。嗣后群起仿效，散文化的骈文竟成了定体了。这也是古文运动的大收获。

　　唐代又有两种新文体发展。一是"语录"，一是"传奇"，都是佛家的影响。语录起于禅宗。禅宗是革命的宗派，他们只说法而不著书。他们大胆的将师父们的话参用当时的口语记下来。后来称这种体制为语录。他们不但用这种体制纪录演讲，还用来通信和讨论。这是新的记言的体制；里面夹杂着"雅言"和译语。宋儒讲学，也采用这种记言的体制，不过不大夹杂译语。宋儒的影响究竟比禅宗大得多，语录体从此便成立了，盛行了。传奇是有结构的小说。从前只有杂录或琐记的小说，有结构的从传奇起头。传奇记述艳情，也记述神怪；但将神怪人情化。这里面描写的人生，并非全是设想，大抵还是以亲切的观察作底子。这开了后来佳人才子和鬼狐仙侠等小说的先路。它的来源一方面是俳谐的辞赋，一方面是翻译的佛典故事；佛典里长短的寓言所给予的暗示最多。当时文士作传奇，原来只是向科举的主考官介绍自己的一种门路。当时应举的人在考试之前，得请达官将自己姓名介绍给主考官；自己再将文章呈给主考官看。先呈正经文章，过些时再呈杂文如传奇等，传奇可以见史才、诗、笔、议论，人又爱看，是科举的很好媒介。这样，作者便日渐其多了。❹

　　到了宋代，又有"话本"。这是白话小说的老祖宗。话本是"说话"的底本；"说话"略同后来的"说书"，也是佛家的影响。唐代佛家向民

《水浒传》人物像。图片采自〔明〕杜堇绘《水浒全图》，清光绪时期粤东臧修堂刊本，东京艺术大学附属图书馆藏本藏。

⓯　唐朝出现了与佛教相关的俗讲和变文，这些作品都是20世纪初出土自甘肃敦煌的藏经洞。俗讲是用咏唱、讲故事等方法来讲佛经，讲者都是僧徒。而民间也有讲故事的说唱技艺"转变"，"转变"的底本就叫"变文"，或简称"变"。敦煌变文里，有讲佛教故事的，也有讲历史故事、民间传说，以及当时重大历史事件的。变文的演唱体制和题材，都影响到唐人传奇和后来的各类说唱文学、戏曲文学。

唐宋以来，市井中"说话"艺术渐趋发达。而以这些口传故事为蓝本的文字记录本，以及受这种体式影响的其他故事文本，被后世统称为"话本"。宋元话本中，有一些爱情故事，如《碾玉观音》《闹樊楼多情周胜仙》，充分表现了女性在追求爱情时的主动和大胆；还有一些公案故事，如《错斩崔宁》。讲史话本，又称"平话"，有《三国志平话》《武王伐纣平话》《五代史平话》《宣和遗事》等。

众宣讲佛典故事，连说带唱，本子夹杂"雅言"和口语，叫作"变文"；"变文"后来也有说唱历史故事及社会故事的。"变文"便是"说话"的源头；"说话"里也还有演说佛典这一派。"说话"是平民的艺术；宋仁宗很爱听，以后便变为专业，大流行起来了。这里面有说历史故事的，有说神怪故事的，有说社会故事的。"说话"渐渐发展，本来由一个或几个同类而不相关联的短故事，引出一个同类而不相关联的长故事的，后来却能将许多关联的故事组织起来，分为"章回"了。这是体制上一个大进步。❶

话本留存到现在的已经很少，但还足以见出后世的几部小说名著，如元罗贯中的《三国演义》，明施耐庵的《水浒传》，吴承恩的《西游记》，都是从话本演化出来的；不过这些已是文人的作品，而不是话本了。就中《三国演义》还夹杂着"雅言"，《水浒传》和《西游记》便都是白话了。这里除《西游记》以设想为主外，别的都可以说是写实的。这种写实的作风在清代曹雪芹的《红楼梦》里得着充分的发展。《三国演义》等书里的故事虽然是关联的，却不是连贯的。到了《红楼梦》，组织才更严密了；全书只是一个家庭的故事。虽然包罗万有，而能"一以贯之"。这不但是章回小说，而且是近代所谓"长篇小说"了。白话小说到此大成。

明代用八股文取士，一般文人都镂心刻骨的去简练揣摩，所以极一代之盛。"股"是排偶的意思；这种体制，中间有八排文字互为对偶，所以有此称。——自然也有变化，不过"八股"可以说是一般的标准。——又称为"'四书'文"，因为考试里最重要的文字，题目都出在"四书"里。又称为"制艺"，因为这是朝廷法定的体制。又称为"时文"，是对古文而言。八股文也是推演经典辞意的；它的来源，往远处说，可以说是南北朝义疏之学，往近处说，便是宋元两代的经义。但它的格律，却

⓰　　明清两代用以科举取士的文体是八股文，又称为"制艺""时文"。明初对于八股的句式要求还比较随意，明宪宗成化以后，要求渐趋严格。明孝宗弘治时，已经充分强调对偶，八股文体制逐渐趋于成熟。文章必须分为八部分，也就是八股：破题、承题、起讲、入题、起股、中股、后股、束股。每一股都要对偶。八股文的命题，专门从"四书"中选题，所以又叫"四书文"。对于经义的理解，要以朱熹《四书章句集注》为标准。八股文要阐释考题中那一条经文的义理，而且要代古人的语气来写。这样，作者并没有太多阐发自己思想的空间，而只能在篇章结构和文字修辞上下功夫。从内容上来说，八股文是宋代经义考试的延续和发展；从形式上来说，八股文又是骈文的一个分支。虽然八股文也不乏好的作品，但是这种体制限定太多，对人的思想束缚太大，其总体文学成就也很有限。

⓱　　因为八股文是用来考试的，面对的是考官，而考官代表的是皇帝，所以作文也是面对皇帝讲话。题目就是全篇主旨，并没有什么需要新增加的信息，所以八股文都是说废话。金克木《八股新论》对此有一段很精辟的论述：

>　　语言的功能是传达信息。没有信息可传达的语言便是废话。八股传达什么信息？信息都在题目里了，不许少也不许多，所以全篇都是废话。学作八股就是学讲废话，讲朱熹所解释的孔孟的话。为什么要讲废话？因为有人要听，要评论讲得好不好。什么是好？什么是坏？废话之间也大有区别。废话不废。学讲废话是一种训练。训练一种说了等于没说的说好听的话的本领。（金克木《八股新论》，生活·读书·新知三联书店，2017年，第31页。）

正因为八股文如此空洞无物，全是陈词滥调，而明清两代无数学子却为了科举一辈子研习它的写法，造成了学问空疏、才华枯萎、思想腐朽乃至荒谬、丧失独立人格。八股文对知识分子的毒害，在《聊斋志异》《儒林外史》等小说中都得到了生动的展现。更有顾炎武等无数学者对它进行了尖锐的批评和谴责。当科举考试在清末被废除后，附着于其上的八股文也很快就烟消云散了，因为它并没有什么实用的价值。

是从"四六"演化的。宋代定经义为考试科目，是王安石的创制；当时限用他的群经"新义"，用别说的不录，元代考试，限于"四书"，规定用朱子的章句和集注。明代制度，主要的部分也是如此。❶

经义的格式，宋末似乎已有规定的标准，元明两代大体上递相承袭。但明代有两种大变化：一是排偶，一是代古人语气。因为排偶，所以讲究声调。因为代古人语气，便要描写口吻；圣贤要像圣贤口吻，小人要像小人的。这是八股文的仅有的本领，大概是小说和戏曲的不自觉的影响。八股文格律定得那样严，所以得简练揣摩，一心用在技巧上。除了口吻、技巧和声调之外，八股文里是空洞无物的。而因为那样难，一般作者大都只能套套滥调，那真是"每下愈况"了。这原是君主牢笼士人的玩意儿，但它的影响极大；明清两代的古文大家几乎没有一个不是八股文出身的。❷

清代中叶，古文有桐城派，便是八股文的影响。诗文作家自己标榜宗派，在前只有江西诗派，在后只有桐城文派。桐城派的势力，绵延了二百多年，直到民国初期还残留着；这是江西派比不上的。桐城派的开山祖师是方苞，而姚鼐集其大成。他们都是安徽桐城人，当时有"天下文章在桐城"的话①，所以称为桐城派。方苞是八股文大家。他提倡归有光的文章，归也是明代八股文兼古文大家。方是第一个提倡"义法"的人。他论古文以为"六经"和《论语》《孟子》是根源，得其支流而义法最精的是《左传》《史记》；其次是《公羊传》《穀梁传》《国语》《国策》，两汉的书和疏，唐宋八家文② —— 再下怕就要数到归有光了。这是他的，也是桐城派的，文统论。"义"是用意，是层次；"法"是求雅、求洁的条目。雅是纯正不杂，如不可用语录中语、骈文中丽语、汉赋中板重字法、

---

① 周书昌语，见姚鼐《刘海峰先生八十寿序》。
② 《古文约选·序例》。

❶⑧　桐城派的主要作家有方苞、刘大櫆、姚鼐等，他们都是安徽桐城人，通过唐宋派上追韩愈，在内容方面鼓吹封建正统观念，在形式上企图建立一套艺术法则，并提倡文章与学术的沟通，其影响一直到清末。

方苞（1668—1749），字凤九，号灵皋，晚号望溪。他强调作文要有"义法"。"义"指文章的内容，要言之有物，要符合儒家经义，并服务于当代政治。"法"是指文章的作法，包括各种形式、技巧问题，如总体布局、章法、文辞等。

方苞的《狱中杂记》《左忠毅公逸事》等，都是古文名篇。

❶⑨　刘大櫆（1698—1779），字才甫，一字耕南。他强调"行文之道"，要注意"神""气""音节"，使得"义法"的理论更具可操作性。"神"是作者的精神气质，"气"是文章的气势和韵味，"音节"是行文的节奏。

姚鼐（1731—1815），字姬传，室名惜抱轩，人称惜抱先生。他主张"义理、考据、词章"合一，强调要把学问和文学结合起来。他把文章的风格归纳为"阳刚"与"阴柔"两大类，他本人的创作偏于阴柔一类。其《登泰山记》《游灵岩记》《李斯论》《袁随园君墓志铭》《刘海峰先生八十寿序》等篇，都脍炙人口。

姚鼐还编选了《古文辞类纂》，选辑了七百多篇从战国至当时的古文，作为古文的正宗典范，影响非常广，桐城派后学尤其奉为圭臬。

诗歌中俊语、"南北史"中佻巧语以及佛家语。后来姚鼐又加上注疏语和尺牍语。洁是简省字句。这些"法"其实都是从八股文的格律引申出来的。方苞论文，也讲"阐道"①；他是信程、朱之学的，不过所入不深罢了。**⑱**

方苞受八股文的束缚太甚，他学得的只是《史记》、欧、曾、归的一部分，只是严整而不雄浑，又缺乏情韵。姚鼐所取法的还是这几家，虽然也不雄浑，却能"迂回荡漾，余味曲包"②，这是他的新境界。**⑲**《史记》本多含情不尽之处，所谓远神的。欧文颇得此味，归更向这方面发展——最善述哀，姚简直用全力揣摩。他的老师刘大櫆指出作文当讲究音节，音节是神气的迹象，可以从字句下手。③姚鼐得了这点启示，便从音节上用力，去求得那绵邈的情韵。他的文真是所谓"阴与柔之美"④。他最主张诵读，又最讲究虚助字，都是为此。但这分明是八股文讲究声调的转变。刘是雍正副榜，姚是乾隆进士，都是用功八股文的。当时汉学家提倡考据，不免繁琐的毛病。姚鼐因此主张义理、考据、词章三端相济，偏废的就是"陋"儒。⑤但他的义理不深，考据多误，所有的还只是词章本领。他选了《古文辞类纂》；序里虽提到"道"，书却只成为古文的典范。书中也不选经子史；经也因为太尊，子史却因为太多。书中也选辞赋。这部选本是桐城派的经典，学文的必由于此，也只须由于此。方苞评归有光的文庶几"有序"，但"有物之言"太少。⑥曾国藩评姚鼐也说一样的话，其实桐城派都是如此。攻击桐城派的人说他们空

---

① 见雷铉《卜书》。
② 吕璜纂《吴德旋初月楼古文绪论》。
③ 刘大櫆《论文偶记》。
④ 姚鼐《复鲁絜非书》。
⑤ 《述庵文钞序》，又《复秦小岘书》。
⑥ 《书震川文集后》。

阮元像（局部）。〔清〕王学诰补图，南京博物院藏。

❷⓿　阮元（1764—1849），字伯元，号芸台、雷塘庵主、研经老人、怡性老人，江
苏仪征人。清朝中期著名的经学家、训诂学家、金石学家。他著《文言说》，鼓吹骈
文，将其视为文章的正统，与古文派形成对立。骈文一度又有了较大的发展。如汪中
（1745—1794）的骈文《哀盐船文》最为有名，写扬州江面盐船失火，死伤无数的惨状，
被人誉为"惊心动魄，一字千金"。

疏浮浅，说他们范围太窄，全不错；但他们组织的技巧，言情的技巧，也是不可抹杀的。

姚鼐以后，桐城派因为路太窄，渐有中衰之势。这时候仪征阮元提倡骈文正统论。他以《文选序》和南北朝"文""笔"的分别为根据，又扯上传为孔子作的《易文言传》。他说用韵用偶的才是文，散行的只是笔，或是"直言"的"言"，"论难"的"语"。①古文以立意、记事为宗，是子史正流，终究与文章有别。《文言传》多韵语、偶语，所以孔子才题为"文"言。阮元所谓韵，兼指句末的韵与句中的"和"而言。②原来南北朝所谓"文""笔"，本有两义："有韵为文，无韵为笔"，是当时的常言。③——韵只是句末韵。阮元根据此语，却将"和"也算是韵，这是曲解一。梁元帝说有对偶、谐声调的抒情作品是文，骈体的章奏与散体的著述都是笔。④阮元却只以散体为笔，这是曲解二。至于《文言传》，固然称"文"，却也称"言"，况且也非孔子所作——这更是傅会了。他的主张虽然也有一些响应的人，但是不成宗派。❷⓪

曾国藩出来，中兴了桐城派。那时候一般士人，只知作八股文；另一面汉学宋学的门户之争，却越来越利害，各走偏锋。曾国藩为补偏救弊起见，便就姚鼐义理、考据、词章三端相济之说加以发扬光大。他反对当时一般考证文的芜杂琐碎，也反对当时崇道贬文的议论，以为要明先王之道，非精研文字不可；各家著述的见道多寡，也当以他们的文为衡量的标准。桐城文的病在弱在窄，他却能以深博的学问、弘通的见识、雄直的气势，使它起死回生。他才真回到韩愈，而且胜过韩愈。他选了

---

① 根据《说文》言部。
② 阮元《文言说》及《与友人论古文书》。
③ 《文心雕龙·总术》。
④ 《金楼子·立言篇》

㉑　曾国藩（1811—1872），字伯涵，号涤生，湖南湘乡人。他主导镇压了太平天国，是所谓"同治中兴"的名臣之首，在当时具有很大的号召力。他在桐城派原有理论的基础上加以扩充，在"义理、考据、词章"之外又加了一项"经济"，主张文人作家要参与政治，经世济民。他又扩大了古文的范围。姚鼐《古文辞类纂》不选经史子，他则把经史子中的好文章也兼收并蓄，编选了《经史百家杂钞》。他还主张骈散兼容，各采所长。曾国藩是桐城派最后一位宗师，他眼界开阔，学问广博，修正了桐城派柔弱狭隘的弊病，使得这个逐渐没落的流派再一次焕发了生机。因为他是湘乡人，所以他和他的弟子们被称作"湘乡派"，这是桐城派的新阶段。

㉒　在中国现代，也就是朱自清所处的那个时代，经过新文学革命，白话文完全取代了文言文。同时，由于大量翻译西方著作，许多西方的语法也影响到了汉语，形成一种翻译腔。当时有许多作家在写作的时候有意地使用这种欧化的语法，一时成为风尚。当这一风潮逐渐过去，在融合、消化了外来文化之后，本土语言的主体意识重新确立起来。我们今天写作，还是要以汉语的口语为基础，不能随便采用欧美的语法，这也是文化自信的一部分。

《经史百家杂钞》，将经史子也收入选本里，让学者知道古文的源流，文统的一贯，眼光便比姚鼐远大得多。他的幕僚和弟子极众，真是登高一呼，群山四应。这样延长了桐城派的寿命几十年。❷

　　但"古文不宜说理"①，从韩愈就如此。曾国藩的力量究竟也没有能够补救这个缺陷于一千年之后。而海通以来，世变日亟，事理的繁复，有些决非古文所能表现。因此聪明才智之士渐渐打破古文的格律，放手作去。到了清末，梁启超先生的"新文体"可算登峰造极。他的文"时杂以俚语、韵语及外国语法，纵笔所至不检束，学者竞效之"。而"条理明晰，笔锋常带情感，对于读者，别有一种魔力焉"。②但这种"魔力"也不能持久；中国的变化实在太快，这种"新文体"又不够用了。胡适之先生和他的朋友们这才起来提倡白话文，经过"五四运动"，白话文是畅行了。这似乎又回到古代言文合一的路。然而不然。这时代是第二回翻译的大时代。白话文不但不全跟着国语的口语走，也不全跟着传统的白话走，却有意的跟着翻译的白话走。这是白话文的现代化，也就是国语的现代化。中国一切都在现代化的过程中，语言的现代化也是自然的趋势，并不足怪的。❷

---

　　① 曾国藩《复吴南屏书》："仆尝谓古文之道，无施不可，但不宜说理耳。"
　　② 梁启超《清代学术概论》。

【补充参考书目】

张启成、徐达等译注《文选》，中华书局，2019年。

阴法鲁主编《古文观止译注（修订本）》，北京大学出版社，2011年第2版。

中华书局编辑部编《名家精译古文观止》，中华书局，2007年第2版。

钟基、李先银、王身钢译注《古文观止》，中华书局，2011年。

吴云编《历代骈文精华》，广西师范大学出版社，2019年。

四川师范大学中国古代文学研究所选注《中国历代文选》，人民文学出版社，1980年。

郭丹等选注《先秦文选》，人民文学出版社，2020年。

刘文忠选注《汉魏六朝文选》，人民文学出版社，2020年。

高文、何法周主编《唐文选》，人民文学出版社，1987年。

李浩选，阎琦、李浩、李芳民注释《唐文选》，人民文学出版社，2020年。

四川大学中文系古典文学教研室选注《宋文选》，人民文学出版社，1980年。

丁放、武道房等选注《宋文选》，人民文学出版社，2020年。

邓绍基、周绚隆选注《金元文选》，人民文学出版社，2021年。

赵伯陶选注《明文选》，人民文学出版社，2020年。

刘世南、刘松来选注《清文选》，人民文学出版社，2020年。

陈柱著，郭畑校注《中国散文史》，华东师范大学出版社，2016年。

郭预衡《中国散文史》，上海古籍出版社，2011年。

郭预衡、郭英德总主编《中国散文通史》，安徽教育出版社，2013年。

漆绪邦主编《中国散文通史（增订本）》，首都师范大学出版社，2014年。

姜书阁《骈文史论》，人民文学出版社，2010年。

张仁青《中国骈文发展史》，浙江大学出版社，2009年。

于景祥《骈文论稿》，中华书局，2012年。

瞿宣颖《中国骈文概论》，北京出版社，2022年。

金克木《八股新论》，生活·读书·新知三联书店，2017年。

王凯符《八股文概说》，中华书局，2002年。

【思考题】

1. 请简述先秦历史散文、诸子散文的发展情况。

2. 《史记》叙事写人有什么特色？

3. 什么是骈文？它兴起于何时，有什么优缺点？

4. 请谈谈韩愈、柳宗元、欧阳修、苏轼的古文成就。

5. 什么是八股文？它有什么缺点？

6. 什么是桐城派？它有哪些代表作家，有什么理论主张？

知识链接

【文学常识】

一、作家介绍

　　朱自清（1898—1948），原名自华，号实秋，后改名自清，字佩弦。原籍浙江绍兴，出生于江苏东海（今连云港东海平明），后随父定居扬州。中国现代散文家、诗人、学者、民主战士。1920年毕业于北京大学哲学系。1925年任清华大学中文系教授。1931年留学英国，游历欧洲。1932年归国，任清华大学中文系主任。抗日战争爆发后，随校南迁，任国立西南联合大学教授。抗战胜利后，于1946年返回北平。1948年因病逝世。发表有诗文集《踪迹》、散文集《背影》《欧游杂记》《伦敦杂记》《你我》等。他的散文获得了很高的成就，《桨声灯影里的秦淮河》《绿》《春》《背影》《荷塘月色》等篇，是中国现代散文的杰出代表作。学术著作有《国文教学》《经典常谈》《诗言志辨》《新诗杂谈》等。有《朱自清全集》出版。

二、作家评价

　　我们中国人是有骨气的。……朱自清一身重病，宁可饿死，不领美国的"救济粮"。……我们应当写闻一多颂，写朱自清颂，他们表现了我们民族的英雄气概。

—— 毛泽东《别了，司徒雷登》

　　朱自清虽则是一个诗人，可是他的散文，仍能够满贮着那一种诗意，文学研究会的散文作家中，除冰心女士外，文字之美，要算他了。

—— 郁达夫《中国新文学大系·散文二集·导言》

　　佩弦先生对人处事，无时无地不见出他那坦白而诚挚的天性，对一般人如是，对朋友如是，对晚辈，对青年人，尤其如此。凡是和朱先生相识，发生过较深关系的，没有不为他的至情所感的。你越同他交情深，你就越感到他的毫无保留的诚挚与坦白。你总感觉到他在处处为你打算，有很多事，仿佛你自己还没有想到，他却早已在替你安排好了。他是这样的：既像一个良师，又像一个知友；既像一个父亲，又像一个兄长。他对于任何人都毫无虚伪，他也不对任何人在表面上表示热情，然而他是充满了热情的，他的热情就包含在他的温厚与谦恭里面。

　　……

　　凡是认识朱先生的，同朱先生同过事的，都承认朱先生是最"认真"的人。他大事认真，小事也认真，自己的私事认真，别人或公众的事他更认真。他有客必见，有信必回，他开会上课绝不迟到早退。凡是公家的东西，他绝不许别人乱用，即便是一张信笺，一个信封。……

　　……

　　朱先生有至情，可并不一天到晚缠绵悱恻；他爱真理，也并不逢人说教；他严肃而认真，却绝不板起铁面孔，叫人不敢亲近，只感到枯燥无味。他是极有风趣的，他的风趣之可爱可贵，正因为他的有至情，爱真理，严肃而认真。

——李广田《最完整的人格》

　　佩弦先生是极少数人中的一个，摸上了真正语体文的大路。他的文章简洁精练不让于上品古文，而用字确是日常语言所用的字，语句声调也确是日常语言所有的声调。就剪裁锤炼说，它的确是"文"；就字句习惯和节奏说，它也的确是"语"。任文法家们去推敲它，不会推敲出什么毛病；可是念给一般老百姓听，他们也不会感觉有什么别扭。我自己好多年来都在追求这个理想，可是至今还是嫌它可望而不可追，所以特别觉得佩弦先生的成就难能可贵。一个文学运动的最有力的推动者不是学说主张而是作品，佩弦先生的作品不但证明了语体文可以做到文言文的简洁典雅，而且向一般写语体文的人们揭示一个极好的模范。我相信他在这方面的成就是要和语体文运动史共垂久远的。

——朱光潜《敬悼朱佩弦先生》

　　他待人接物极诚恳，与他做朋友的没有不爱他，分别时深切的相思，会面时亲密的晤叙，不必细说。他在中学任教的时候就和学生亲近，并不是为了什么作用去拉拢学生，是他的教学和态度使学生自然乐意亲近他，一块儿谈话和玩儿是常事。这也很寻常，所谓教育原不限于教几本书讲几篇文章。不知道怎么，我国的教育偏有些别扭，教师跟学生俨然像个压迫者跟被压迫者，这才见得亲近学生的教师有点儿稀罕，说他好的认为难能可贵，说他坏的就不免说也许别有用心了。他在大学里也还是如此，学生就是朋友，他哪里肯疏远朋友呢？可是他决不是到处随和的好好先生，他督责功课是严的，没有理由的要求是不答应的，我们想当过他的学生的都可以证明这个话。学生对于好好先生当然不至于有什么恶感，可也不会有太多的好感，尤其不会由敬而生爱。像朱先生那样的教师，实践了古人所说的"教学相长"，有亲切的友谊，又有强固的责任感，那才自然而然成为学生敬爱的对象。据报纸所载的北平电讯说，他入殓的当儿在场的学生都哭了。哭当然由于哀伤，而在送死的时候这么哀伤，不是由于平日的敬爱已深吗？

——叶圣陶《朱佩弦先生》

我觉得朱先生的性情造成他散文的风格。你同他谈话处事或读他的文章，印象都是那么诚恳、谦虚、温厚、朴素而并不缺乏风趣。对人对事对文章，他一切处理的那末公允，妥当，恰到好处。他文如其人，风华是从朴素出来，幽默是从忠厚出来，腴厚是从平淡出来。

——杨振声《朱自清先生与现代散文》

每回重读佩弦兄的散文，我就回想起倾听他闲谈的乐趣，古今中外，海阔天空，不故作高深而情趣盎然。我常常想，他这样的经验，他这样的想头，不是我也有过吗？在我只不过一闪而逝，他却紧紧抓住了。他还能表达得恰如其分，或淡或浓，味道极正而且醇厚。

——叶圣陶《〈朱自清集〉序》

知名的学者担任行政工作者多，但是肯花费精神去了解下情者少，像朱先生这样不唯平易近人，而且能使你感到亲切可以托死生的，极为罕见。

——张清常《怀念佩弦老师》

三、作品评价

朱先生的《经典常谈》却是负起这方面的责任来的一本书。它是一些古书的"切实而浅明的白话文导言"。谁要知道某书是什么，它就告诉你个什么，看了这本书当然不就是变了古书，可是古书的来历，其中的大要，历来对于该书有什么问题，直到现在为止，对于该书已经研究到什么程度，都可以有个简明的概念。学生如果自己在一大堆参考书里去摸索，费力甚多，所得未必会这么简明。因这本书的导引，去接触古书，就像预先看熟了地图跟地理志，虽然到的是个新地方，却能头头是道。

——叶圣陶《读〈经典常谈〉》

佩弦先生的思想一直是紧跟时代步伐的，至其思路之清晰，识见之高远，尤令人叹服；而更以治学态度之谦为最难得。先生一向在发扬、介绍、修正、推进我国传统文化上做功夫，虽说一点一滴、一瓶一钵，却朴实无夸，极其切实。再加上一副冲淡夷旷的笔墨，往往能把顶笨重的事实或最繁复的理论，处分得异常轻盈生动，使人读了先生的文章，不惟忘倦，且可不费力地心领神会。这本《经典常谈》就是我这话一个确切的明证。

……

这本书中我认为写得最好的，乃是谈"诗"与"文"的两部分，抵得上一部清晰精到的文学史，甚至比那些粗制滥造的整部文学史还好。

——吴小如《读朱自清先生〈经典常谈〉》

朱先生所说的经典，指的是我国文化遗产中用文字写记下来的东西。假如把准备接触这些文化遗产的人比做参观岩洞的游客，他就是给他们当个向导，先在洞外讲说一番，让他们心中有个数，不至于进了洞去感到迷糊。他可真是个好向导，自己在里边摸熟了，知道岩洞的成因和演变，因而能够按真际讲说，决不说这儿是双龙戏珠，那儿是八仙过海，是某高士某仙人塑造的。求真而并非猎奇的游客自然欢迎这样的好向导。

——叶圣陶《重印〈经典常谈〉序》

作为文学的散文，朱先生努力运用语言文字而得其自然。作为国学的著作，他对运用语言文字亦非常努力，这一点我们应当特别指出。《经典常谈》一书，包括《说文解字》、"五经"、"四书"、《战国策》、史汉、诸子、辞赋、诗、文，共十三篇，经史子集都有，是旧时士人的基础读物。除诗、文外，其他都是逐书讲解，介绍其作者、内容，言之有据，深入浅出，意无不达，雅俗共赏，运用现代语言，讲述古史内容，令人读之不厌，确是难得的运用语言文字的妙手。诗、文不可以数举，叙述源流史迹，是诗文发展史，繁简得中，娓娓而谈，亦为不可多得之作。这是学术著作，是记叙散文的一种高品。……

从《经典常谈》包括经史子集和小学，知为清中叶乾嘉学派的余风。朱先生以散文家为国学，亦不可不从事朴学或考据学。

—— 季镇淮《回忆朱佩弦自清先生》

这部书除诗文两篇及辞赋外，经、史、子，一部一部地介绍，每部书的著者和著作时代及其基本内容和特点，都一一叙述简单而清楚，每篇几千字，最便于青年阅读学习。用白话文叙述古代文字典籍，把古书的来头和问题所在，叙述这样清楚，引读者轻便地读下去，我看通俗化的古文化读物罕有其比。读这部书不仅学习后代（按：原文如此，当误，应该是"古代"。）经籍知识，而且学习白话文语法体裁，真是可读性很强的古文献介绍的典范。现代的国学研究成绩，作者尽可能吸收进来，使读者了解学术界的发展状况。更值得注意的是，作者介绍《说文解字》并及于近代发现的甲骨文和周代的铜器铭文，说明文字学对古典研究的头等重要。实际指示了以"小学"为手段，研究经史子的清代乾嘉学派的考据学传统。这是研究古代文献必不可废的一条研究途径和方法。朱先生不以自己已为新文学作家而忽略传统的研究方法，当时西南联大教学注重研究经史子文字而不提倡新文学创作，但他的《经典常谈》，却把新文学作风巧妙熟练自然地融合于考据学之中。这部书当时备受欢迎，朱先生学风与文风的统一应当被认为是重要原因之一。

—— 季镇淮《从〈经典常谈〉谈开去 —— 与吴伯衡话读书》

考察朱自清的求学经历以及该书的著述体例、研究方法，可以明显地看出《经典常谈》与此前二十多年的"整理国故"有密切关系。……

　　博采众长和精研文本，使《经典常谈》出乎作者意料而成为其学术著述的"经典"。《经典常谈》除顾颉刚的古史研究外，还参考了陈梦家、洪业、雷海宗、郑鹤声、冯友兰、闻一多、游国恩等分别在文字学、经学、史学、哲学、楚辞学领域的最新成果，显示出朱自清开阔的学术视野。

—— 李生滨、田燕《远去的背影：朱自清及其诗学研究》

四、关于经典

　　子曰："加我数年，五十以学《易》，可以无大过矣。"

——《论语·述而》

　　子曰："兴于《诗》，立于礼，成于乐。"

——《论语·泰伯》

　　不学《诗》，无以言。……不学礼，无以立。

——《论语·季氏》

　　子曰："小子何莫学夫《诗》？《诗》可以兴，可以观，可以群，可以怨。迩之事父，远之事君；多识于鸟兽草木之名。"

——《论语·阳货》

　　古者富贵而名摩灭，不可胜记，唯倜傥非常之人称焉。盖文王拘而演《周易》；仲尼厄而作《春秋》；屈原放逐，乃赋《离骚》；左丘失明，厥有《国语》；孙子膑脚，《兵法》修列；不韦迁蜀，世传《吕

览》；韩非囚秦，《说难》《孤愤》；《诗》三百篇，大底圣贤发愤之所
为作也。此人皆意有所郁结，不得通其道，故述往事、思来者。乃
如左丘无目，孙子断足，终不可用，退而论书策，以舒其愤，思垂
空文以自见。

仆窃不逊，近自托于无能之辞，网罗天下放失旧闻，略考其行
事，综其终始，稽其成败兴坏之纪，上计轩辕，下至于兹，为十表，
本纪十二，书八章，世家三十，列传七十，凡百三十篇。亦欲以究
天人之际，通古今之变，成一家之言。草创未就，会遭此祸，惜其
不成，是以就极刑而无愠色。仆诚已著此书，藏之名山，传之其人，
通邑大都，则仆偿前辱之责，虽万被戮，岂有悔哉！

—— 司马迁《报任安书》

（杜）预常称"（王）济有马癖，（和）峤有钱癖"。武帝闻之，
谓预曰："卿有何癖？"对曰："臣有《左传》癖。"

——《晋书·杜预传》

屈平词赋悬日月，楚王台榭空山丘。

—— 李白《江上吟》

李杜文章在，光焰万丈长。

—— 韩愈《调张籍》

先生口不绝吟于六艺之文，手不停披于百家之编；记事者必提
其要，纂言者必钩其玄。贪多务得，细大不捐；焚膏油以继晷，恒
兀兀以穷年。先生之业，可谓勤矣。觝排异端，攘斥佛老；补苴罅漏，

张皇幽眇；寻坠绪之茫茫，独旁搜而远绍；障百川而东之，回狂澜于既倒。先生之于儒，可谓有劳矣。沉浸醲郁，含英咀华；作为文章，其书满家。上规姚姒，浑浑无涯；周《诰》、殷《盘》，佶屈聱牙；《春秋》谨严，《左氏》浮夸；《易》奇而法，《诗》正而葩；下逮《庄》《骚》，太史所录；子云，相如，同工异曲。先生之于文，可谓闳其中而肆其外矣。少始知学，勇于敢为；长通于方，左右具宜。先生之于为人，可谓成矣。

——韩愈《进学解》

夫六经三史，诸子百家，非无可观，皆足为治。

——苏轼《乞校正陆贽奏议进御札子》

通人物，达四海，塞天地，亘古今，无有乎弗具，无有乎弗同，无有乎或变者也，夫是之谓六经。六经者非他，吾心之常道也。是故《易》也者，志吾心之阴阳消息者也；《书》也者，志吾心之纪纲政事者也；《诗》也者，志吾心之歌咏性情者也；《礼》也者，志吾心之条理节文者也；《乐》也者，志吾心之欣喜和平者也；《春秋》也者，志吾心之诚伪邪正者也。君子之于六经也，求之吾心之阴阳消息而时行焉，所以尊《易》也；求之吾心之纪纲政事而时施焉，所以尊《书》也；求之吾心之歌咏性情而时发焉，所以尊《诗》也；求之吾心之条理节文而时著焉，所以尊《礼》也；求之吾心之欣喜和平而时生焉，所以尊《乐》也；求之吾心之诚伪邪正而时辨焉，所以尊《春秋》也。

——王守仁《尊经阁记》

在中等以上的教育里，经典训练应该是一个必要的项目。经典训练的价值不在实用，而在文化。有一位外国教授说过，阅读经典的用处，就在教人见识经典一番。这是很明达的议论。再说做一个有相当教育的国民，至少对于本国的经典，也有接触的义务。

——朱自清《〈经典常谈〉序》

【学习思考】

1.《经典常谈》里介绍的经典，你读过其中哪些书中的哪些具体篇章？这些篇章的内容是什么？你读了以后有什么体会？

2.读了《经典常谈》，你觉得朱自清介绍哪部经典的文字给你印象最深刻？为什么？

3.你以前对于中国古代的经典了解吗？读了《经典常谈》之后，你学到了哪些关于经典的新知识？你对哪几部经典最感兴趣，希望以后进一步学习？

4.读《经典常谈》的过程中，有哪些不太理解的地方？可以向师长请教，也可以和同学们交流、讨论。

（赵长征 编写）

总参考书目

梁启超《国学要籍研读法四种》，国家图书馆出版社，2008年。

钱穆《国学概论》，商务印书馆，1997年。

张衍田《国学教程》，中华书局，2013年。

葛兆光《中国经典十种（修订本）》，商务印书馆，2022年。

夏传才《十三经概论》，天津人民出版社，1998年。

〔清〕皮锡瑞著，周予同注释《经学历史》，中华书局，2012年。

〔清〕皮锡瑞著，杨世文、张行、吴龙灿、汪舒旋笺注《经学通论笺注》，上海古籍出版社，2021年。

朱维铮编《周予同经学史论著选集（增订本）》，上海人民出版社，1996年。

钱穆《两汉经学今古文平议》，商务印书馆，2001年。

叶纯芳《中国经学史大纲》，北京大学出版社，2016年。

［日］本田成之，孙俍工译《中国经学史》，漓江出版社，2013年。

钱穆《中国史学名著》，生活·读书·新知三联书店，2013年第3版。

金毓黻《中国史学史》，商务印书馆，1999年。

瞿林东《中国史学史教程》，高等教育出版社，2011年。

谢贵安《中国史学史》，武汉大学出版社，2012年。

乔治忠《中国史学史（第2版）》，中国人民大学出版社，2021年第2版。

谢保成《增订中国史学史》，商务印书馆，2016年。

游国恩、王起、萧涤非、季镇淮、费振刚主编《中国文学史（修订本）》，人民文学出版社，2002年。

袁行霈主编《中国文学史（第三版）》，高等教育出版社，2014年第3版。

北京师范大学中国古代文学研究所编著《中国古代文学史（第2版）》，北京师范大学出版社，2019年第2版。

袁世硕、张可礼主编《中国文学史（第三版）》，中国人民大学出版社，2020年第3版。

朱东润主编《中国历代文学作品选》，上海古籍出版社，2008年。

袁行霈主编，许逸民副主编《中国文学作品选注》，中华书局，2017年。

郁贤皓主编《中国古代文学作品选（第二版）》，高等教育出版社，2015年第2版。

袁世硕主编《中国古代文学作品选》，人民文学出版社，2008年。

郭英德主编《中国古代文学作品选（第3版）》，北京师范大学出版社，2019年第3版。

郭绍虞《中国文学批评史》，商务印书馆，2010年。

张少康《中国文学理论批评史》，北京大学出版社，2005年第2版。

郭绍虞主编，王文生副主编《中国历代文论选》，上海古籍出版社，2001年。